beck'sche reihe

bsr

Für alle, die sich für die Geschichte Mexikos interessieren, für seine sozialen, wirtschaftlichen und kulturellen Entwicklungen, bietet der vorliegende Band auf knappem Raum einen fundierten Überblick. Die Autoren, die in Mexiko leben, schildern die indianischen Hochkulturen – die Menschen, ihre Religion und ihre Rituale, ihre Städte, ihre Kunstwerke – bis zur Zerstörung durch die Konquistadoren, allen voran Hernán Cortés. In einem weiteren großen Kapitel gehen sie ausführlich auf die Kolonialzeit ein und setzen sich ebenso intensiv mit den Umbrüchen im 19. Jahrhundert und der Geburt des modernen Mexiko im 20. Jahrhundert auseinander.

Laura Ibarra García und *Klaus-Jörg Ruhl* sind Professoren am Departamento de Estudios Ibéricos y Latinoamericanos der Universität Guadalajara, Mexiko. Sie haben mehrere Beiträge und Bücher zur mexikanischen und spanischen Geschichte veröffentlicht.

Klaus-Jörg Ruhl
Laura Ibarra García

Kleine Geschichte Mexikos

Von der Frühzeit bis zur Gegenwart

Verlag C.H. Beck

1. Auflage. 2000

Originalausgabe

2., aktualisierte Auflage. 2007

Gesamtherstellung: Druckerei C. H. Beck, Nördlingen
Umschlagmotive und Umschlagentwurf: +malsy, Willich
Printed in Germany
ISBN 978 3 406 42166 2

www.beck.de

Inhalt

Mexiko im 19. und 20. Jahrhundert

Anhang

Vorwort

Mexiko liegt 11000 Kilometer von Mitteleuropa entfernt, das sind knapp 12 Stunden im Direktflug, immer der Sonne entgegen. Jahr für Jahr kommen Massen von deutschen Touristen nach Cancún, um ihren zweiwöchigen Urlaub an der Karibik zu verbringen und an dem üblichen Tagesausflug zu den Maya-Städten Chichén Itzá, Uxmál und Tulum teilzunehmen. Weit weniger machen die geführte „Kulturschleife" im klimatisierten Reisebus von Mexiko-Stadt über Monte Albán und Palenque ins Maya-Land mit. Zu denen, die in Mexiko für kürzere oder längere Zeit bleiben, gehören Geschäftsleute, Firmenvertreter oder Studenten, die ein Semester an einer mexikanischen Universität, was immer beliebter wird, studieren, etwa an der Massenuniversität UNAM (*Universidad Nacional Autónoma de Mexico*) in Mexiko-Stadt, in den ehrwürdigen Hallen von Guanajuato, einer kolonialen Gründung, oder an einer modernen Universität wie Guadalajara. Viele werden wiederkommen, denn Mexiko schlägt jeden in seinen Bann, und das machen das Licht, die Farben, die Menschen, das Essen, die Musik, der Tanz, die Heiterkeit.

Für die meisten Deutschen ist Mexiko ein fernes, unbekanntes Land. Ihr Bild von Mexiko wird weniger von der wissenschaftlichen Literatur geprägt, eher von den Printmedien und alten Hollywoodfilmen, in denen jedoch Klischees immer und immer wieder kolportiert werden, die dem Leser Mexiko eher als zurückgebliebenes, recht seltsames Land erscheinen lassen, kaum als ein modernes, das bei all seinen wirtschaftlichen und innenpolitischen Schwierigkeiten, voller Optimismus und Lebensfreude ist.

Aus der Geschichte kann man zwar nicht lernen, aber man kann aus der Geschichte eines Volkes viel über seinen Charakter, seine Wertvorstellungen erfahren, seine gegenwärtigen Probleme erklären und damit zum Verständnis beitragen. Dieses Buch über die Geschichte Mexikos wurde geschrieben, um Mexiko einem größeren Leserkreis nahe zu bringen. Bewußt wurde es für eine breitere Öffentlichkeit, für Schüler und Studenten konzipiert, weniger für Spezialisten, die es glücklicherweise auch im deutschsprachigen Raum gibt. Auch wenn es nur wenige sind, so haben sie doch alle ein internationales Renommee durch ihre Forschungen zur mexikanischen Geschichte erworben. Einige seien hier, pars pro todo, genannt: Berthold Riese und Hans Prem (Hochkulturen), Horst Pietschmann (Kolonialzeit), Walter Bernecker (19. Jahrhundert), Hans Werner Tobler und Manfred Mols (20. Jahrhundert).

Wer sich mit der Geschichte Mexikos beschäftigt, ist voreingenommen, das gilt für den Mexikaner ebenso wie für den Europäer oder den Nordamerikaner. Mexikos Geschichte ist so komplex, daß sich Ideologen, Enthusiasten und Antiklerikale immer das herausgesucht haben, was in ihr Konzept paßte. Wir wollen versuchen, die Geschichte Mexikos möglichst vorurteilslos zu beschreiben. Leider bietet der begrenzte Raum eines Taschenbuches nicht immer die Möglichkeit, wichtige Aspekte ausführlicher darzustellen, was an sich wünschenswert gewesen wäre. Wir mußten uns daher darauf beschränken, die wesentlichen Aspekte der mexikanischen Geschichte für ein europäisches Publikum lesbar und verständlich darzubieten.

Die wichtigsten Fragen, die sich bei der Darstellung der Geschichte eines Volkes stellen, lauten immer: Wo kamen die Menschen dieses Volkes her, wie und in welchem gesellschaftspolitischen Rahmen hat sich ihre nationale Identität gebildet? Um Antwort auf diese Fragen geben zu können, haben wir den sozialen, wirtschaftlichen und kulturellen Entwicklungen Mexikos einen zentraleren Wert beigemessen und die politische Geschichte nur dort, wo es angemessen schien, entsprechend berücksichtigt.

Die Gliederung des Stoffes folgte der klassischen Einteilung in Hochkulturen, Kolonialzeit, 19. Jahrhundert und 20. Jahrhundert. Im allgemeinen wurde der spanischen Schreibweise von geographischen Begriffen und Personen der Vorzug gegeben, im Ausnahmefall die geläufige deutsche Schreibweise herangezogen. Spezifische Begriffe wurden kursiv gesetzt und wenn nötig in Klammern erläutert.

Die indianischen Hochkulturen

Die Frühzeit

Der Ursprung des amerikanischen Menschen

Als Christoph Kolumbus (*Cristóbal Colón*) am 12. Oktober 1492 eine der Bahamas-Inseln, entweder Guanahaní oder Samana Cay, erreichte, glaubte er, er wäre in der Nähe Indiens, dem Ziel seiner Unternehmung, und nannte die Eingeborenen, die ihm begegneten, Indianer (*indios*). Erst zu Beginn des 16. Jahrhunderts erkannten die Spanier, daß sie einen neuen Kontinent entdeckt hatten, und sie begannen sich, mehr aus religiösem als wissenschaftlichem Interesse, zu fragen, welcher der bekannten Menschenrassen die Bewohner der Neuen Welt ähnelten. Es war dann der Jesuitenpater José de Acosta, der 1590 in seinem in mehreren Sprachen veröffentlichten Buch *Historia Natural y Moral de las Indias* als erster die Hypothese vertrat, daß die Ureinwohner Amerikas aus Asien eingewandert wären. Seit dieser Zeit geht man davon aus, daß die eingeborene Bevölkerung der Neuen Welt asiatischer Abstammung ist. Es gibt jedoch Sachbuchautoren, aber auch Wissenschaftler, die andere Hypothesen vertreten: Danach ist Amerika das Entstehungsgebiet der menschlichen Rasse oder aber die Eingeborenen sind entweder Emigranten des sagenumwobenen Kontinents Atlantis oder Abkömmlinge der Ägypter und Phönizier.

Die allgemein akzeptierte Theorie besagt, daß Gruppen von Jägern und Sammlern von Nordostasien nach Alaska kamen, wobei sie eine Land- oder Eisbrücke über die Beringstraße benutzten. Das schrittweise Vordringen nach Alaska erfolgte wahrscheinlich zwischen 35 000 und 9 000 Jahren v. Chr.; einige Wissenschaftler halten sogar eine Wanderungsbewegung bis 2 000 v. Chr. möglich. Während der letzten Eiszeit weitete sich die nördliche polare Eiskappe nach Süden hin aus. Als das Wasser gefror, fielen die Ozeane mehr als 90 Meter gegenüber dem heutigen Meeresspiegel. Während dieser Zeit konnte die Bering-Straße, die nur 45 Meter tief ist, zu Fuß überquert werden. In mehreren Wellen kamen asiatische Rotten in die Neue Welt, dabei drängten sie früher eingewanderte Gruppen nach Osten und Süden ab. Es ist nicht auszuschließen, daß spätere Einwanderungswellen mit dem Schiff entlang der Inselkette der Alëuten oder über den Pazifischen Ozean von Asien nach Amerika gelangten. Und ausschließen sollte man auch nicht die Möglichkeit, daß in geschichtlicher Zeit einzelne Seefahrer von Europa oder Afrika aus den Atlantik überquerten, entweder in voller Absicht oder von Winden und Meeresströmungen getrieben. Aber die amerikanische Urbevölkerung stammt aus Asien.

Die Theorie von der Einwanderung asiatischer Bevölkerungsgruppen findet in einer ganzen Reihe von physischen, linguistischen und kulturellen Ähnlichkeiten zwischen den Menschen Asiens und der Urbevölkerung Amerikas ihre Bestätigung. Im physischen Bereich weisen der bräunliche Teint, das glatte schwarze Haar, dunkle Augen, hohe Backenknochen in einem breiten Gesicht, vorstehende Zähne, geringe Körperbehaarung und der sogenannte Mongolenfleck, ein Fleck, der bei der Geburt am Ende der Wirbelsäule entsteht, auf Ähnlichkeiten hin; im sprachlichen Bereich ähneln die Otomí-Sprachen in Mexiko dem einsilbigen, tonalen Chinesischen und im kulturellen Bereich wurde auf das Lotus-Motiv in der asiatischen und amerikanischen Indianerarchitektur und auf den Töpferwaren sowie auf die Verarbeitung des Jade, ein spezifisches asiatisches und amerikanisches Phänomen, hingewiesen. Schließlich haben genetische Untersuchungen ergeben, daß die Masse der Bevölkerungsgruppen, die in Amerika ansässig ist, von Völkern Nordasiens abstammt.

Jäger und Sammler

Von Alaska aus durchquerten die Jäger und Sammler auf der Suche nach Nahrung den nordamerikanischen Kontinent auf zwei Hauptrouten: die eine verlief entlang der Pazifikküste (*Ruta del Pacífico*), die zweite quer durch den Kontinent ins Mississippi-Tal und weiter an den Golf von Mexiko und nach Florida, von wo aus die Antillen besiedelt wurden (*Ruta del Golfo*). Die verschiedenen Gruppen nomadisierender Jäger und Sammler, die über diese beiden Routen in das Gebiet kamen, das heute den Namen Mexiko trägt, und Spuren hinterlassen haben, befanden sich auf der Kulturstufe der Altsteinzeit (20000–7000 v. Chr.). Sie wanderten in Familienverbänden (Clans) von bis zu 500 Mitgliedern; ihre soziale Ordnung wurde von relativer Gleichheit unter den Mitgliedern bestimmt, und es gab erste Anzeichen von Geisterglauben (Animismus) und Magie (Schamanentum). Wenn die Clans sich für kurze Zeit niederließen, suchten sie Unterschlupf in Höhlen oder anderen natürlichen Zufluchtsorten. Die Familienverbände lebten vom Sammeln (Beeren, Bohnen, Kaktus-Früchte), Jagen (Mammut, Wildpferd, Bison) und Fischfang.

Für die Jagd benutzen sie Fallen, Schlingen und Speere, für die tägliche Arbeit große unbehauene Werkzeuge, wie Hacken, Steinmesser oder Äxte und Schaber. In der Nähe von Puebla wurde eine 20000 Jahre alte Feuerstelle mit Tierknochen sowie Stein- und Knochenartefakte ausgegraben, jedoch kein menschliches Skelett aus dieser Zeit. Die ältesten menschlichen Knochen, die man bisher gefunden hat, haben ein Alter von 10000 Jahren und wurden nördlich von Mexiko-Stadt bei Tepexpan (*El Hombre de Tepexpan*) entdeckt. Neuere Untersuchungen haben jedoch ergeben, daß es sich bei dem „Mann von Tepexpan" um eine Frau gehandelt haben muß.

Mit dem Ende der Altsteinzeit und dem Beginn der Jungsteinzeit um 7000 v. Chr. tritt die mexikanische Frühgeschichte in ihre präagrarische Phase ein, die bis etwa 4500 v. Chr. andauert. Das Aussterben der großen Beutetiere, wahrscheinlich eine Folge klimatischer Veränderungen, und der Anstieg der Bevölkerung zwangen die Menschen, ihr Nahrungsverhalten umzustellen. Zunächst blieben noch die Jagd auf kleinere Tiere (Hirsch, Nabelschwein), das Fallenstellen (Vögel, Schlangen, Hasen, Schildkröten), das Fischen in Flüssen und Seen und das Sammeln von Früchten vorherrschend bei der Nahrungsbeschaffung, aber allmählich führte die Suche nach pflanzlicher Nahrung zum Sammeln von Getreidearten, die bei den ersten, primitiven Anbauversuchen Verwendung fanden, worauf die Funde von Tehuacán (El-Riego-Periode), im Tal von Mexiko, mit Stampfer, Stößer und Möserkeule, typische Geräte zur Verkleinerung von Getreide, hinweisen. Weitere Funde aus dieser Zeit sind Schaber, Messer, Meißel, Nadeln und Sticheln aus Knochen, Pfeilspitzen mit Dornen, Wurfspeere aus Hirschgeweih oder Holz, Fallen und Netze.

Die „neolithische Revolution"

Mit der um 4500 v. Chr. einsetzenden „neolithischen Revolution" – einem Kunstwort des 19. Jahrhunderts, mit dem der deutlich erkennbare qualitative Entwicklungssprung in der Jungsteinzeit umschrieben wird – begannen sich die Indianer langsam von einer improvisierten, zufälligen Nahrungsfindung zu trennen und ihre Ernährungssicherung produktiver und vorausschauender zu gestalten, indem sie den Ackerbau zur Grundlage ihres Lebensunterhalts machten, was wiederum weitreichende soziale, demographische und kulturelle Folgen hatte.

Hauptanbauprodukt wurde der Mais, dessen Körner und Kolben durch Kreuzungsmethoden vergrößert wurden. Die indianischen Frauen entwickelten verschiedene Methoden, den Mais zu bearbeiten: sie rösteten, kochten, schälten und mahlten ihn. Er wurde dann zu Gerichten und Getränken verarbeitet, die als *tortillas*, *tamales*, *atole* und *pinole* bis auf den heutigen Tag Grundlage der mexikanischen Mahlzeiten sind. Weitere Anbauprodukte wurden unter anderem Bohnen, Kürbis und Chilipfeffer. Der neolithische Bauer weitete das Kulturland weiter aus, indem er Hänge einebnete und durch Bewässerung geeignete Parzellen schuf.

Die neue Wirtschaftsform setzte sich in einigen Gebieten Mexikos schneller durch, in anderen Gegenden langsamer, oder überhaupt nicht, wie im Norden Mexikos. Sie war Grundlage für den Beginn einer sich differenzierenden Gesellschaftsentwicklung – von einer relativen Gleichheit zwischen den Clanmitgliedern hin zu abgestuften Machtstrukturen in den Stämmen –, ein Vorgang, der sich über einen Zeitraum von rund 4000 Jahren hinzog und in zwei Phasen ablief. In einer ersten Phase fand der Zusammenschluß der Clans, die seßhaft geworden waren und kleine Siedlungen bauten, in Stämmen mit bis zu 3000 Mitgliedern statt. Die zahllosen Stämme, die ihre eigene Sprache und Kultur entwickelten, überdeckten wie ein Flickenteppich Mexiko und waren immer wieder Veränderungen durch zuwandernde Stämme aus dem Norden ausgesetzt. Die Stammesführung geriet wahrscheinlich in die Hände von Ältestenräten oder an hervorragende Personen, die sich durch Tapferkeit oder durch Verbindung zur Magie ausgezeichnet hatten, was dazu führte, daß die Schamanen zu immer größerer Bedeutung gelangten.

In einer zweiten Phase kam es zur Bildung von Häuptlingstümern oder hierarchisch strukturierten sozialen Systemen mit bis zu 20000 Mitgliedern, in denen gewisse Gruppen, wie die Häuptlinge und ihre Verwandten oder auch Schamanen, vom Rest der Bevölkerung unterhalten wurden, was auf Grund der landwirtschaftlichen Überproduktion, deren Verteilung die Häuptlinge übernahmen, möglich wurde. Der Reichtum in den Händen weniger verfestigte nach und nach die Machtstrukturen und führte zu gesellschaftlichen Unterschieden, die in der Rangordnung und den Abhängigkeitsverhältnissen unter den Clans und unter den Clanmitgliedern zum Ausdruck kamen. Zur Regelung des gesellschaftlichen Lebens wurden Normen und Gesetze geschaffen. Es entstanden Dörfer und Ortschaften, einige stiegen zu Hauptorten auf, welche die umliegenden kleineren Ortschaften kontrollierten. Die Schamanen erhielten immer mehr Besitz und gewannen immer mehr Einfluß. Sie entwickelten sich zu Priestern, die Kultstätten gründeten und sich an deren Verbreitung beteiligten. Rund um diese Heiligtümer entstanden Märkte, auf denen der Tauschhandel mit Gütern und Waren von weitentfernten Orten durchgeführt wurde.

Mitte des 2. vorchristlichen Jahrtausend lebten die einstigen Jäger und Sammler überwiegend von der Landwirtschaft und siedelten in Weilern und Dörfern. Ihre strohbedeckten Häuser bestanden aus Holzpfählen, die sie mit Flechtwerk verbanden und mit Schlamm abdichteten. Die Bearbeitung von Ton war ihnen bekannt, und sie konnten tongebrannte Kultgegenstände und Gebrauchsartikel für die Aufbewahrung von Lebensmitteln und Flüssigkeiten herzustellen. In einigen Gebieten bewässerten die Bauern ihre Felder mit Hilfe von kunstvoll errichteten Dämmen und Gräben. Pflug und Rad, soweit letzteres nicht im Kinderspielzeug oder als Kunstobjekt Verwendung fand, waren ihnen unbekannt, ebenso Zugtiere, so daß Menschen die Feldarbeit und den Lastentransport verrichten mußten. Beachtlich waren ihre Kenntnisse in der Arzneimittelkunde, auch waren weitere eßbare Pflanzen kultiviert worden, darunter Tomate, Avocado, Papaya, Vanille und Kakao. Die tägliche Mahlzeit fand ihre Ergänzung in Eiern, Fischen, Schildkröten und im Fleisch domestizierter Hunde, Enten und Truthähne. Sie hatten gelernt, sich aus Tabakblättern Zigarren zu drehen und tranken ein gegorenes Bier, das aus einer Agaven-Art hergestellt wurde. Sie trugen grobgewebte Tücher und Umhänge, die mit Farbstoffen gefärbt waren.

Die Schamanen-Priester machten astronomische Beobachtungen, um den Zeitpunkt der Aussaat und Ernte zu bestimmen, und entwickelten einen Kalender, der mathematische Berechnungen ermöglichte. Priester organisierten Feiern im Zusammenhang mit Fruchtbarkeit, Regen und Ernte und leiteten Feierlichkeiten bei Anlässen wie Geburt, Tod, Krankheit und öffentlichen Festen. Sie beaufsichtigten den Bau von heiligen Erdhügeln, die allmählich die Form von abgeflachten Pyramiden annahmen und sich zu Zentren für heilige Handlungen entwickelten. Auf die Erdhügel und in ihre Wohnungen stellten die Indianer Idole aus Feuer gehärtetem Ton, geschnitztem Holz oder gemeißeltem Stein, um ihre Gottheiten zu verehren. Menschenopfer gab es wahrscheinlich schon, sicher aber die Auffassung vom Leben nach dem Tod, wie aus den archäologischen Funden geschlossen wurde.

Der „Zivilisationssprung"

Seit Mitte des 2. Jahrtausends v. Chr. erfolgte der „Zivilisationssprung" der Indianerstämme in die Epoche der Hochkulturen. Auch dieser „Sprung" ereignete sich ebensowenig wie die „neolithische Revolution" abrupt, schon gar nicht waren daran „Außerirdische" oder Kulturvölker des östlichen Mittelmeeres beteiligt, wie gelegentlich behauptet wird, vielmehr handelte es sich bei diesem deutlichen Fortschritt der menschlichen Kultur und technologischen Entwicklung in Amerika um die Folgen einer wirtschaftlichen, sozialen und kulturellen Gesamtentwicklung, die in Jahrtausenden heranreifte, dann aber in einem geographischen Raum zur Blüte gelangte, der ideale klimatische und ökologische Bedingungen aufwies. Denn die indianischen Stämme, die vom Nomadentum zur Seßhaftigkeit übergegangen waren, entwickelten die Hochkulturen in der fruchtbarsten Region Mittelamerikas, die von den Archäologen die Bezeichnung Mesoamerika (*Mesoamérica*) erhielt, worunter das Gebiet von Zentralmexiko südwärts durch Guatemala, das westliche Honduras und Nicaragua bis nach Costa Rica hinein verstanden wird.

Das nördlich an Mesoamerika angrenzende Gebiet wird Aridamerika (*Aridamérica*) genannt, ein weitgehend wüstenähnliches Land, mit wenigen Flußtälern, ungeeignet für die Landwirtschaft, das von nomadisierenden Stämmen bewohnt wurde. Die Wanderjäger und Sammler lebten von der Jagd und vom Sammeln wilder Früchte, sie benutzten Steinmörser, um die Früchte des Mesquite, einer in dieser Gegend sehr verbreiteten Mimosenart, zu Mehl zu verarbeiten, kleideten sich in Felle und suchten in Höhlen und Hütten Schutz. In kleinen Familiengruppen durchstreiften sie die halbwüstenhaften Ebenen, um leichter für ihren Lebensunterhalt sorgen zu können. Trotz ihrer einfachen Lebensformen mangelte es den Nomaden nicht an einer gewissen Kultur und sozialen Organisation. Sie besaßen einen strengen moralischen Kodex: auf Ehebruch stand die Todesstrafe, und die Wahl des Ehepartners erfolgte nach festgelegten Regeln. Der *tlatoani* führte sie, seine Hauptfunktion bestand in der Aufteilung der Jagdbeute des Tages an die Stammesmitglieder. Dem Schamanen wurde eine Reihe übernatürlicher Fähigkeiten zugeschrieben: er stand in Verbindung mit den Göttern und Vorfahren, konnte das Schicksal vorhersagen, die Gestalt eines Tieres annehmen und die Seele, die ein Mensch verloren hatte, aus der Unterwelt zurückzuholen.

Ihre Religion setzte sich aus zwei Kulten zusammen: dem Kult der Vorfahren, die den Stamm schützten und ihm durch Offenbarungen den Weg wiesen, und dem Kult der Naturkräfte, insbesondere der Sonne und der Sterne. Der Stammesgott, wahrscheinlich ein bedeutsamer Vorfahre, wurde in Form eines Bündels, gefüllt mit symbolischen Objekten, darunter wertvolle Federn, Steine oder getrocknete Blumen, dargestellt und auf den Wanderungen des Stammes mit herumgetragen. Für die südlicher angesiedelten Stämme waren die Nomaden eine ständige Bedrohung, denn auf der Suche nach günstigeren Lebensbedingungen versuchten sie, den Platz der seßhaften Stämme einzunehmen, sie zu verdrängen. Die Azteken, selbst einmal ein nomadisierender Stamm aus dem Norden, faßten alle nördlichen Stämme unter dem Sammelbegriff *chichimecas* zusammen, eine abwertende Bezeichnung, denn sie bedeutet in ihrer Sprache „Hundesöhne“.

Unter fast idealen Umweltbedingungen konnten sich in Mesoamerika verschiedene präkolumbianische Hochkulturen, die nicht alle zur gleichen Zeit in ihrem Zenit standen, entwickeln: während einige bereits untergegangen waren, strebten andere dem Höhepunkt zu, aber die späteren übernahmen Ideen, Techniken und, wie selbstverständlich, auch die Götter ihrer Vorgänger. Jede Indianerzivilisation, die auf dem Gebiet des heutigen mexikanischen Staates zur Blüte kam, hatte deutlich ausgeprägte Eigenschaften, aber alle Kulturen hatten gewisse Dinge gemeinsam. Als übereinstimmende Charakteristika gelten die gesellschaftliche Schichtung und ein hohes Maß an Arbeitsspezialisierung, eine monumentale Architektur und eine entwickelte religiöse Hierarchie, die eng mit der politischen Struktur verbunden war; weiterhin eine intensive Landwirtschaft und effiziente Methoden für die Verteilung von Lebensmitteln und anderen Produkten sowie ein System, das Schreiben und Aufzeichnen ermöglichte. Außerdem war bei allen Indianern Mesoamerikas Mais die Hauptnahrung, und sie verarbeiteten die Maguey-Pflanze zu Papier, zu Fasern für Textilien und zu einem bierähnlichen Getränk (*pulque*); sie erbauten gestutzte Pyramiden, die ihnen als Plattform für ihre Tempel dienten und sie besaßen einen doppelten Kalender, einen zeremoniellen und einen Sonnenkalender. Ihre Kunstfertigkeit hatte einen hohen Grad in der künstlerischen Gestaltung und Technik erreicht. Viele entwickelten Kulturen besaßen darüber hinaus einen Ballspielplatz, auf dem Spiele mit einem kleinen Kautschukball ausgetragen wurden, deren Regeln nicht eindeutig geklärt sind.

Archäologen haben die verschiedenen präkolumbianischen Kulturen in drei deutliche Entwicklungsphasen unterteilt, um sie zu unterscheiden und die Artefakte besser klassifizieren zu können Die erste Phase, die präklassische Phase, geht von 1 200 v. Chr. bis zur Zeitenwende und hat ihren Höhepunkt in der Kultur der Olmeken; die nächste, die klassische Phase, umfaßt die ersten neun Jahrhunderte der christlichen Zeitrechnung und wird von den Mayas, den Zapoteken und der Stadt Teotihuacan geprägt; und schließlich die postklassische Phase von 900 bis 1521, in der die kriegerischen Tolteken und Azteken ihre Blüte erreichten.

Die präklassische Zeit

Die Olmeken

Gegen Ende des 2. Jahrtausend v. Chr. machte sich in vielen Teilen Mesoamerikas eine ganz spezifische Kunstrichtung bemerkbar: die Kunst der Olmeken, die zweifellos die Geburt einer Zivilisation, der ersten auf amerikanischem Boden, und vielleicht sogar eines echten Staates bedeutete. Ob es sich bei der olmekischen Zivilisation um eine Art „Mutterkultur" für alle nachfolgenden Kulturen Mesoamerikas gehandelt hat, oder ob die Olmeken nicht doch eher als ein integraler Bestandteil einer allgemeinen zivilisatorischen Entwicklung in Mesoamerika angesehen werden müssen, ist ebenso umstritten wie die Frage, woher die Olmeken kamen.

Soweit bis jetzt bekannt, lag das Kerngebiet der Olmeken an der Golfküste und wird heute von Teilen der mexikanischen Bundesstaaten Veracruz und Tabasco gebildet. Mit Ausnahme des Tuxtla-Gebirges ist die Region flach und ohne Steine, da sie vom alluvialen Schwemmland der großen Flüsse geformt wurde. Die Mexikaner nennen dieses Flachland, das sich an der Golfküste entlang zieht, *tierra caliente* („heißes Land"), wo tropisches Klima mit ergiebigen Regenfällen und üppiger Vegetation herrscht. Der Name des Volkes ist nicht überliefert. Die Bezeichnung *olmecas* entstammt einem Nahua-Wort, eine Sprache, die zu damaliger Zeit noch nicht gesprochen wurde, und bedeutet so viel wie „Bewohner des Kautschuklandes". In dieser Region sollen 350000 Menschen vom Maisanbau, Fischfang und einem ausgedehnten Handel gelebt haben.

Die Olmeken, deren Kultur für mehrere hundert Jahre zwischen 1200 und 400 v. Chr. ihren Zenit erreichte, bauten keine großen Städte, aber sie verschönten ihre prunkvollen, elegant geplanten Zeremonialstädte. Ihre Hauptorte waren La Venta, San Lorenzo und Tres Zapotes. In La Venta, auf einer schmalen, sumpfigen Insel im Río Tonolá gelegen, bauten ihre Gründer einen Tempelkomplex mit Monumenten und Säulen ziemlich symmetrisch entlang einer Nord-Süd-Straßenachse, die später von den Städten des Hochlandes kopiert werden sollte. Die olmekische Architektur war einfach, da Steine fehlten, wurden die Gebäude aus Lehm gebaut. Hingegen erreichten die olmekischen Steinskulpturen eine technische und künstlerische Perfektion, die von den Mayas und Azteken kaum übertroffen werden sollte. Am bekanntesten sind die bis zu 3 Meter hohen und 18 Tonnen schweren Steinköpfe, von denen dreizehn gefunden wurden. Es sind keine unvollendeten Statuen, sie wurden vielmehr ausgedacht und hergestellt als Köpfe. Archäologen nehmen an, daß sie olmekische Führer, aber auch Monumente für Tote oder Götter darstellen könnten. Die gemeißelten Köpfe tragen helmartige Mützen, und die Gesichter werden von breiten Nasen und dicken Lippen bestimmt.

Nicht minder eindrucksvoll sind die monolithischen Altäre oder Throne, von denen neun erhalten sind. Eingemeißelt in die Altäre sind Szenen, die wichtige Personen mit kunstvoll ausgeführtem Kopfschmuck darstellen; auf einem Altar tritt die Zentralfigur, ohne Zweifel ein Priester, aus einer Nische mit einem schreienden Baby auf dem Arm hervor. Das Motiv des schreienden Babys scheint auf Kinderopfer hinzudeuten. Unter den dargestellten Personen ist auch ein Typ mit klar negroiden, groben Zügen zu erkennen, ein anderer mit feinen und weichen Zügen, bei dem man sogar eine bartähnliche Verzierung ausmachen kann, was von einigen Sachbuchautoren als Beweis für Kontakte zwischen den Olmeken nach Nordafrika und den Nahen Osten gedeutet wird. Die Frage, wie die Basaltmonolithen für die enormen Köpfe, Altäre und Säulen über eine Entfernung von bis zu 120 Kilometern transportiert worden sind, kann nur mit Vermutungen beantwortet werden. Wahrscheinlich wurden Flöße auf künstlichen Kanälen oder auf Wasserwegen benutzt, die inzwischen verschwunden sind.

Der olmekische Stil äußerte sich nicht nur in den riesigen Skulpturen, sondern auch in Figuren, Reliefs und Schnitzereien aus Edelsteinen. Es überwiegen dabei die Darstellungen des Jaguars oder vielmehr einer Kombination aus Mensch und Tier. Die enge Verbindung von Mensch und Tier war grundlegend für den mesoamerikanischen, magischen Glauben, der besagt, daß das individuelle, menschliche Leben an das Schicksal eines Tieres gebunden ist und das vergötterte Tier an die Gottheit. So hatten die Olmeken den Mensch-Jaguar oder Gott-Jaguar, während Quetzalcoatl in Teotihuacan die Mensch-gefiederte Schlange oder Gott-gefiederte Schlange war. Zahlreich sind die Darstellungen von Kindern, Zwergen, Buckligen, Klumpfüßigen und Kranken, denn die Olmeken waren sehr an pathologischen Lebewesen interessiert und führten künstliche Deformationen am Kopf oder den Zähnen durch, eine Sitte, die sich in vielen Teilen Mesoamerikas wieder zeigen sollte.

Der ausgeprägte olmekische Kunststil, der an Figuren mit birnenförmigen Köpfen, breiten Nasen, Babygesichtern („baby faces“), langen Lippen und herabhängenden Mündern zu erkennen ist, fand in vielen Teilen Mesoamerikas Verbreitung, wo er auch kopiert wurde. Archäologen gruben olmekische Keramiken im zentralen Hochland, im Tal von Mexiko (*Valle de México*), in Guerrero, Oaxaca und an der Pazifikküste von Chiapas und Guatemala aus, und sogar in Costa Rica hinterließen die Olmeken ihre Spuren. Trotz der Verbreitung der olmekischen Keramik kann nicht die Rede von einem olmekischen Reich sein, das durch Kriege gewachsen war, sondern von einer Handelsmacht, die vom Verkauf von Rohstoffen und Keramiken lebte. Unter den Rohstoffen befanden sich Kautschuk, Teer, Obsidian und Hämatit.

Die Stadtplanungen, die öffentlichen Bauten in den Zeremonialzentren, ein ausgedehnter Handel, Landwirtschaft, die Entwicklung einer Hieroglyphenschrift, Kenntnisse in der Astronomie und die Existenz eines 365-Tage-Kalenders deuten auf eine komplexe olmekische Gesellschaft hin, in Klassen aufgeteilt, mit Spezialisten für die Bearbeitung von Jade und Stein, für Handel und Religion, für Landwirtschaft und Kriegswesen. Über den Alltag der Olmeken, ihre politische Organisation und die Gründe für den Untergang ihrer Zivilisation gibt es bislang keine gesicherten Erkenntnisse. Wahrscheinlich stellte das olmekische Gebiet nicht einen einzigen Staat dar, sondern war in mehrere Stadt-Staaten aufgeteilt, vielleicht in irgendeiner Form politisch vereint, was nicht ausschloß, das es zu internen Auseinandersetzungen kam. San Lorenzo wurde um 900 v. Chr. durch Gewalt zerstört, und 500 Jahre später erlitt La Venta ein ähnliches Schicksal. Die bewußte Zerstörung von Steindokumenten weist auf innere Auseinandersetzungen oder äußere Invasionen hin. Fest steht, daß die olmekische Region um 500 v. Chr. in einen langen Verfall eintrat, in dessen Verlauf sie allmählich ihren inneren Zusammenhalt und ihre überlegene Stellung nach außen hin einbüßte.

Die kulturellen Leistungen der Olmeken verschwanden nicht mit dem Untergang dieser Zentren; sie blieben in ihrem Heimatland für weitere Hunderte von Jahren lebensfähig und wurden an andere mesoamerikanischen Völker weitergereicht. Izapa, ein Tempel- und Handelszentrum nahe der mexikanisch-guatemaltekischen Grenze, scheint eine Vermittlungsstelle gewesen zu sein, von wo aus olmekische Ideen in das Hochland der Maya-Niederlassungen weiter transferiert wurden.

Die klassische Zeit

Die Entstehung der mesoamerikanischen Staaten

Die bedeutendsten kulturellen Veränderungen in Mesoamerika vollzogen sich um die Zeitenwende, als mit den Maya-Städten, mit Teotihuacan und mit Monte Albán politische Zentren entstanden, die als die ersten Staaten in diesem Gebiet bezeichnet werden können. Voraussetzung für die Umwandlung der hochentwickelten Häuptlingstümer in Staaten war ein rapider, durch verbesserte Landwirtschaftstechniken geförderter Anstieg der Bevölkerung bis zu einer Million in den jeweiligen Staaten. Das Wachstum der Bevölkerung begünstigte die Modifikation der politischen Organisation und der gesellschaftlichen Beziehungen, die notwendig wurden, um den komplexen Aufgaben eines rapide wachsenden Gemeinwesens gerecht zu werden.

Aus den Siedlungen wurden nach und nach Großstädte, die zu administrativen, politischen und religiösen Zentren einer Region aufstiegen, in der Städte, Dörfer und Ansiedlungen zu einem größeren Ganzen zusammengefaßt waren. Es gab drei Arten von Städten: Städte, in denen sich die Bevölkerung ballte; Städte, die als Zeremonialzentren galten und im Mittelpunkt einer ländlichen Besiedlung lagen, und Städte, die zugleich Stadt und Zeremonialzentrum waren. Charakteristisch für die städtische Gesellschaft war eine weitere Spezialisierung in Berufszweigen wie Keramiker, Kunsttöpfer, Steinmetze, Maurer, Bildhauer, Goldschmiede, Händler, Krieger, Priester. Außerdem fand eine ungleiche Verteilung von Privilegien, von Reichtum und Macht statt, was die hierarchische Struktur der Gesellschaft festigte. Die militärische, religiöse und administrative Gewalt wurde von Häuptlingen, Königen und Adligen ausgeübt, die ihren Reichtum den tributpflichtigen Bauern verdankten. Der sich kumulierende Reichtum in den Händen einer kleinen, herrschenden Minderheit und die Heranziehung billiger Arbeitskräfte erlaubte es dem Staat, die immensen Kosten, welche die Bewässerungsanlagen, Tempel, Verteidigungs- und Verwaltungsanlagen verschlangen, zu tragen und darüber hinaus eine große, unproduktive Masse an Kunsthandwerkern, Beamten, Soldaten und Priestern zu unterhalten.

Die ersten Staatengemeinschaften wurden offensichtlich von Königen, einige Forscher meinen von Priester-Königen, geleitet. Auf jeden Fall hatten sich die Priester bei der Entwicklung des Kalenders und der Landwirtschaft, bei rituellen Handlungen und besonders bei genauestens geplanten Zeremonien, aber auch bei der Entwicklung der Hieroglyphenschrift, Ansehen und politische Autorität verschafft, wodurch sie in der Lage waren, an der Führung in einem politischen System teilzunehmen. Im Bereich der Wirtschaft war ein starker Zuwachs der landwirtschaftlichen Produktion zu verzeichnen, eine Folge des Baus großer Bewässerungsanlagen, von Kanälen, Wasserspeichern und Reservoirs, die Überschüsse erwirtschafteten, die vom Staat verwaltet wurden. Der Handel auf den Märkten, die manchmal überregionalen Charakter hatten, wurde im allgemeinen als Warenaustausch durchgeführt, aber auch eine bestimmte Währung wurde akzeptiert. Es gab Handelsstraßen auf dem Lande und Handelsrouten auf dem Meer, und dabei bildete sich mit den Händlern eine neue gesellschaftliche Gruppe, die im Laufe der Zeit zu einer eigenständigen sozialen Klasse aufsteigen sollte.

Verbreitungsgebiet der Mayas

Die spektakulärste Zivilisation der klassischen Zeit schufen die Maya-Indianer im südlichen Mesoamerika. Sie besiedelten ein

Gebiet von ungefähr 200000 km^2, das wegen seiner ausgedehnten Urwälder, seiner fischreichen Küstenzonen und seiner reichhaltigen Flora und Fauna zu den biologisch vielfältigsten Regionen Amerikas gehört und noch heute von Millionen ihrer Nachfahren bewohnt wird, die einheimische Pflanzen anbauen, traditionelle Volkskunst pflegen und verschiedene Dialekte der Maya-Sprache sprechen. Das Maya-Siedlungsgebiet wird in drei Kulturgebiete – in Hochland, südliches und nördliches Tiefland – eingeteilt, in denen sich die verschiedenen Maya-Kulturen entwickelten. Das Hochland – mit dem Hochland von Guatemala, dem südlichen Teil des mexikanischen Bundesstaates Chiapas sowie den westlichen Hälften von El Salvador und Honduras – wird von einer Kette aktiver und erloschener Vulkane beherrscht. Die vulkanischen Ablagerungen bedeckt eine dünne Schicht fruchtbaren Bodens. Regen und Erosion haben eine stark zerschnittene Landschaft geformt, in deren höheren Lagen Nadelbäume und Gräser das Bild beherrschen, während in den tieferen Regionen Eichen wachsen. Es herrscht ein mildes Klima bei mäßigen Regenfällen. Das Gebiet ist reich an Mineralien wie Obsidian und Jade und ermöglichte seinen Bewohnern den Anbau von Mais, Bohnen und Kürbis.

Der Kontrast zwischen Hoch- und Tiefland könnte nicht größer sein. Die Petén-Yucatán-Halbinsel ist eine riesige Kalksteinplatte, die im Süden von der Sierra de Lacandones, im Norden und Westen vom Golf von Mexiko und im Osten von der Karibik begrenzt wird. Im Gegensatz zu der Sierra gibt es im nördlichen Tiefland, das die Bundesstaaten Quintana Roo, Campeche und Yucatán umfaßt, nur wenige, ständig Wasser führende Flüsse und wenige Seen. Das Fehlen von Grundwasser in vielen Gegenden macht den Wassermangel zu einem ernsten Problem. Hauptquelle des Trinkwassers ist für die Einwohner der Cenote, ein Wort, das die Spanier aus dem Maya-Wort *ts'onot* abgewandelt haben. Hierbei handelt es sich um kreisförmige, brunnenartige Wasserlöcher, die durch das Einbrechen unterirdischer Höhlen entstanden sind. Da sie ständig mit Wasser gefüllt sind, das durch den Kalksteinboden empor sickert, waren sie bei der Besiedlung des Landes ein ganz entscheidender Anziehungspunkt. Wo es diese Cenoten nicht gab, wurden in Bodenvertiefungen Zisternen, sogenannte *chultuns*, eingelassen, um das Regenwasser aufzufangen. Das Klima des südlichen Tieflandes ist heiß, der Regen aber nur mäßig, nach Norden hin nehmen die Regenfälle immer weiter ab, in schlechten Jahren fallen sie völlig aus, was zu schweren Dürren führt.

Das südliche Tiefland mit den mittleren und nördlichen Teilen des Bundesstaates Chiapas, der Zentralregion Petén im nördlichen Guatemala sowie Belize, wo die Mayas ihre größte Blüte erlebten, weist hohe Niederschlagsmengen auf. Ein hoher tropischer Urwald bedeckt das Lacandonen-Gebiet in Chiapas, das von Mahagonibäumen beherrscht wird, die fast 50 Meter Höhe erreichen, und vielen Fruchtbäumen, die für die Mayas wichtig waren, wie etwa die Avocado. Im Norden und Westen der Yucatán-Halbinsel, wo der jährliche Regenfall abrupt geringer wird, verwandelt sich der Wald in einen niedrigen dornigen Dschungel und entlang der nördlichen Küste wird er zu ausgedörrtem Gestrüpp. Im nördlichen Tiefland findet sich eine reiche Fauna, vor allem in Yucatán, das von den Mayas „das Land des Truthahns und des Hirsches" genannt wurde. Gefährlichere Tiere sind der Jaguar und der Tapir. Von größerer Bedeutung für die Entwicklung der Maya-Kultur wurde das landwirtschaftliche Potential des Tieflandes. Während der Boden des Petén relativ tief und fruchtbar ist, gilt für Yucatán das Gegenteil, da hier Brandrodung mit immer neuen Feldern üblich war. Bei dem Brandrodungsfeldbau wurde vor Ende der Trockenzeit Holz und Unterholz gefällt und verbrannt und Maissamen in Löcher gepflanzt, die mit dem Pflanzstock durch die Asche in den Boden gestoßen wurden. Dann beteten die Mayas zu den Göttern und hofften auf Regen.

Kulturelle Blütezeit

Die Vorfahren der Maya tauchten um 2500 v. Chr. im Hochland von Chiapas und Guatemala auf und breiteten sich nach und nach ins Tiefland nach Norden hin aus, teilweise als Folge von Ausbrüchen des Vulkans Ilopango um das Jahr 250 n. Chr. Es ist möglich, daß sie Mais und andere Kulturpflanzen in dieses Gebiet mitbrachten. Um das 1. vorchristliche Jahrhundert lebten sie in kleinen Dörfern und bauten Mais, Bohnen, Kürbis und andere Pflanzen an und ernteten an einigen Orten Kakao, Vanille, Sisal und

Baumwolle. Aus den Kakaobohnen wurde das Lieblingsgetränk der Oberschicht zubereitet, aber die Bohnen dienen zugleich als Zahlungsmittel auf den örtlichen Märkten. Aus Sisal und Baumwolle stellten sie Seile, Hängematten und Kleidung her. Kakao spielte neben Salz, das an den Küsten Yucatáns gewonnen wurde, eine große Rolle im Handel mit Stämmen im Norden und Süden. Hinzu kamen Quetzalfedern, Obsidian und Jade. Die meisten Güter wurden über See transportiert, weil die Lasten schwer und die Wege schlecht waren. Zeitweilig gerieten die Mayas zunächst unter olmekischen Einfluß, später in den Einflußbereich von Teotihuacan in Zentralmexiko, was die Ausgrabungen in Kaminaljuyú, heute ein Stadtteil von Guatemala-Stadt, zu Tage gebracht haben. Trotz dieser Einflüsse, die nicht immer friedlicher Art waren, konnten die Mayas eine eigenständige Kultur entwickeln.

Das „Goldene Zeitalter" der Mayas lag zwischen 300 und 900 n. Chr., als ihre Kultur vor allem im südlichen Tiefland blühte. Während dieser Zeit erbauten sie große zeremonielle Zentren wie Bonampak, Palenque, Copán, Piedras Negras, Tikal, Uaxactún und ein Dutzend andere. Ein System von schnurgeraden, aufgemauerten Dammwegen, die mehr als 100 Kilometer lang und fast 10 Meter breit sind, verbanden einige dieser Orte. Welche Funktion diese *sakbes* („weiße Wege") hatten, ist nicht sicher, wahrscheinlich waren es eher Prozessionsstraßen als Handelswege. Bei den Maya-„Städten" handelte es sich nicht um städtische Gemeinwesen im üblichen Sinn, sondern um die ungeplante Konzentration einer eigentlich verstreut lebenden Bevölkerung, mit einer leichten Zunahme der Dichte und Größe der Häuser in der Nähe des Zeremonialzentrums, wo die Wohnungen der Adligen und hohen Beamten lagen. Tikal, die größte Maya-Fundstätte, weist auf mehr als 15 Quadratkilometern 3000 Bauten auf, bei einer geschätzten Gesamtbevölkerung von 10000 bis 11000 Personen.

Das typische Zeremonialzentrum bestand aus einer Gruppe von Stufenpyramiden, die aus Kalksteinblöcken über einem Kern aus Stein und Mörtel errichtet wurden und über breite Treppenfluchten zugänglich waren. Auf den Pyramiden erhoben sich Tempel, überdacht mit spitzzulaufenden, „falschen Gewölben", die so eng waren, daß sie nur für Zeremonien benutzt wurden, die unter Ausschluß der Öffentlichkeit stattfanden. Den Tempeln wurden immer weitere Aufbauten hinzugefügt, die sogenannten

Dachkämme. Bei den meisten Bauten in einer Maya-„Stadt" handelte es sich um sogenannte „Paläste", einstöckige Gebäude, die nach dem gleichen Prinzip wie die Tempelpyramiden erbaut wurden, aber auf viel niedrigeren Plattformen stehen und mehr verputzte Räume enthielten. Gelegentlich befinden sich innerhalb der „Paläste" ein oder zwei Innenhöfe, überragt von einem Turm, wie in Palenque. Ob die „Paläste" als Wohnungen für Würdenträger, als Versammlungsorte und Regierungssitze dienten, oder ob es sich um Unterkünfte von Priestern gehandelt hat, ist nicht sicher. Weiterhin befinden sich in den Zentren Schwitzbäder, der obligatorische Ballspielplatz, Plätze, gemeißelte Steinsäulen (Stelen) und Wasserreservoirs – alles erbaut ohne Metallwerkzeuge. Im Gegensatz zu den öffentlichen Gebäuden sind die Häuser der einfachen Bewohner längst verschwunden, da sie nicht aus Stein, sondern aus Holzstangen und mit Dächern aus Palmenblättern bestanden. Jedoch konnten Spuren dieser Häuser von Archäologen im Boden ausfindig gemacht werden.

Die bedeutendsten Gebäude waren mit Friesen, Fresken und Stuckornamenten dekoriert. Spuren roter und blauer Farbe lassen vermuten, daß Säulen und Bauten und sogar die Kalkpyramiden bemalt waren. Die gleiche Neigung für leuchtende Farben konnten auf Textilresten entdeckt werden. Voller Realismus sind die wunderbaren Fresken in Bonampak, die auf die Zeit kurz nach 800 n.Chr. datiert werden. Sie stellen offenbar eine zusammenhängende Geschichte dar: eine Schlacht, ihre Folgen und die anschließende Siegesfeier. Die Bildersequenz zeigt einleitend prächtig ausgestattete Maya-Krieger, die ein Gefecht austragen, während Musikanten Kriegstrompeten blasen. Den bedauernswerten Gefangenen wird im weiteren Verlauf die Kleidung geraubt und die Nägel werden ihnen von den Fingern gerissen. In einer Schlußzeremonie tritt während eines Banketts eine Gruppe von Maskierten auf, phantastisch als Wassergottheit verkleidet, und dazu spielt Musik: Trommeln, Trompeten, Flöten, Pfeifen, Rasseln.

Bieten die Fresken schon zahlreiche Hinweise auf das alltägliche Leben der Mayas, so finden sich weitere Angaben auf den Skulpturen, Stelen, Türstürzen, Grabbeilagen und polychromen Töpferwaren. Die Stelen von Piedras Negras zeigen Würdenträger, denen man gefesselte Gefangene vorführt; auf den Skulpturen von Palenque sind teilweise geschichtliche Ereignisse dargestellt, und ebenfalls in Palenque bietet das 1952 entdeckte Königsgrab im „Tempel der Inschriften" Einblick in Begräbnisriten. Auf der Insel Jaina, einer kleinen Kalksteininsel an der Küste von Campeche, fanden sich außerordentlich lebendige, bemalte Tonfiguren, die Hunderte von Menschentypen mit ihrer Kleidung, ihrem Schmuck und ihren täglichen Verrichtungen darstellen. Das Schönheitsideal, das sich in der Kunst widerspiegelt, drückte sich in einem abgeflachten Schädel, schielenden Augen, abgefeilten Schneidezähnen und Schmucknarben oberhalb der Taille aus. Sofort nach der Geburt wurden die Köpfe der Babys zwischen zwei Bretter zusammengepreßt, so daß nach zwei Tagen vorne und hinten eine dauernde Abflachung erhalten blieb. Das Schielen erreichte man, indem man Kindern kleine Perlen vor die Nase hängte.

Die Maya-Künstler fügten ihren Arbeiten oft Zahlen und Daten bei, die recht schnell entziffert werden konnten und somit Datierungen von Kunstwerken und historischen Ereignissen zuließen. Das Zahlensystem war eine brillante Leistung, das mit nur drei Symbolen – einem Punkt für die Eins, einem Stab für die Fünf und einer stilisierten Schnecke für die Null – auskam, und den Weg ebnete für weitere Fortschritte in der Astronomie, der Technik und den kalendarischen Berechnungen. Die Auffassung der Mayas von der Null ging ihrem Gebrauch in Europa viele Jahrhunderte voraus, wo sie die Araber erst um 1200 von der Hindu-Kultur in Indien übernahmen, und der von den Mayas entwickelte Sonnenkalender war genauer als der zur gleichen Zeit benutzte Julianische Kalender in Europa.

Im Gegensatz zum Zahlensystem steht die vollständige Entzifferung der Maya-Hieroglyphenschrift noch aus; aber nach der Pionierleistung des Russen Yuri Knorozov in den 1920er Jahren gelang in den 70er Jahren der Durchbruch, so daß heute nur noch etwa 20 Prozent der Glyphen einer Entzifferung bedürfen. Die Maya-Schrift war die am weitesten entwickelte von allen indianischen Inschriftensystemen. Knapp 500 verschiedene Glyphen wurden gefunden, die in Stein gemeißelt, auf nassen Putz und Töpferwaren gemalt oder in einer Art Buch gezeichnet waren. Das Papier für diese Bücher, die Kodizes genannt werden, wurde aus der inneren Rinde des Feigenbaums hergestellt und mit Stuck überzogen. Von den zusammenfaltbaren Kodizes haben nur drei die Zeiten überlebt, der schönste, der Dresdner Kodex, ist 4 Meter lang und 20 Zentimeter breit, die beiden übrigen Kodizes befinden sich in Paris und Madrid, die im wesentlich religiöse und herrschaftliche Ereignisse wiedergeben.

Gesellschaft und Religion

Die alten Mayas lebten in einer Klassengesellschaft. Die politische Macht lag in den Händen des elitären Erbadels. Macht und Grundbesitz wurden in der männlichen Linie vererbt, die Mutterlinie war vor allem bei Eheschließungen wichtig, denn Heiraten im engsten Verwandtenkreis waren erwünscht. Es herrschte eine strenge Rangfolge der Linien: Nur wer seine Herkunft nach beiden Linien weit zurückführen konnte, gehörte dem Adel an, es sei denn, er hatte in den Adel eingeheiratet. Der Adel stellte die Könige in den Stadt-Staaten sowie die Statthalter in den Provinzorten, aber auch Priester, Kaufleute und die höheren Ränge der Krieger. Politische und religiöse Führung waren wahrscheinlich getrennt, bestimmt gab es aber eine Priesterhierarchie. Die mittlere Gesellschaftsschicht wurde von der Mehrheit der Bevölkerung gebildet; sie setzte sich aus Kunsthandwerkern, Spezialisten und Bauern zusammen, wobei letztere das wirtschaftliche Fundament der Gesellschaft bildeten. Ganz am Ende der sozialen Rangliste rangierten die Sklaven, das waren überführte Verbrecher oder Kriegsgefangene.

Die Maya waren vom Krieg geradezu besessen, Heldentaten standen hoch im Kurs. Es gab viele Gelegenheiten zur Auszeichnung: es galt Grenzstreitigkeiten zwischen den Stadt-Staaten zu bereinigen, die Ehre der Geschlechter mußte gerettet, eingedrungene Feinde abgewehrt werden. Die Fußsoldaten trugen gesteppte Baumwollpanzer oder Panzer aus Tapirhaut, Lanzen mit Feuersteinspitzen, Wurfspeere und Speerschleudern. Der Kampf wurde mit schrecklichem Getöse von Trommeln, Pfeifen und Kriegsgeschrei eingeleitet. War der Feind ins eigene Land eingedrungen, ging man zum Guerilla-Krieg über und legte Hinterhalte und stellte Fallen aller Art. Gefangene niederen Ranges endeten als Sklaven, den Anführern wurde auf dem Opferstein das Herz herausgerissen.

Die Maya-Priester lebten nicht im Zölibat. Die Söhne folgten dem Vater im Amt. Priester hatten sich sowohl um die Gelehrsamkeit wie um das Ritual zu kümmern. Dazu gehörte die Berechnung der Jahre, Monate und Tage, die Ausrichtung von Festen und Zeremonien, die Bestimmung der schicksalhaften Tage und Jahreszeiten, Wahrsagerei, Prophezeiungen und Krankenheilung, die Kenntnis der Überlieferung und die Kunst, Hieroglyphen zu lesen und zu schreiben. Jeder Ritualakt wurde durch den Kalender bestimmt, vor allem nach dem 260-Tage-Zyklus. Vor und während der Feste enthielten sich die Mayas der Nahrung und des Geschlechtsverkehrs. Gefangene, Sklaven und vorzugsweise Kinder wurden geopfert. Die Durchführung ritueller Handlungen wurde von allen Gesellschaftsschichten bereitwillig befolgt, da das Leben der Mayas von religiösen Vorstellungen tief durchdrungen war.

Der Maya-Religion lag die Idee einer zyklischen Weltschöpfung und -zerstörung zugrunde, wie das bei allen mesoamerikanischen Religionen der Fall war. Die Maya glaubten, daß nach einer gewissen Zeitspanne ein Weltuntergang die entarteten Völker der Erde und die ganze Schöpfung vernichten würde. Für sie war die Welt im Jahre 3113 v.Chr. geschaffen worden, und der Untergang würde am 24. Dezember 2011 n.Chr. erfolgen. Die Erde stellten sich die Maya flach und viereckig vor, jede Ecke entsprach einer Himmelsrichtung. Der Himmel wurde an den Ecken von Göttern getragen. Über der Erde befand sich ein Himmel aus 15 Schichten, unter der Erde die Unterwelt mit 9 Schichten. Jeder Schicht waren Götter zugeordnet. Die Götter über der Erde waren die Götter des Lichts, die unter der Erde die Götter des Todes. Sobald die Himmelskörper hinter dem Horizont verschwanden, durchquerten sie die Unterwelt.

Die Mayas waren Polytheisten. In ihrem Pantheon gab es mehr als 150 Gottheiten. Der höchste Gott war Itzmaná, der Erfinder der Schrift und Schirmherr der Gelehrsamkeit, seine Frau hieß Ix Chel, die Mondgöttin, Patronin für Heilung und Schwangerschaft. Alle Götter waren Nachkommen dieses Paares. An den Enden der Welt hausten die wohlwollenden Chacs, die Regengötter, von den Mayas tief verehrt. Außerdem gab es Schutzpatrone für verschiedene Bevölkerungsschichten und Berufe. An der Spitze stand Kukulcan, der Gott der Herrscherkaste. Die Krieger verehrten mehrere Kriegsgötter. Es gab Schutzgötter für den Wind und den Mais, für Bienenzüchter, Sänger, Tänzer, Liebende und sogar für Selbstmörder.

Der Untergang der klassischen Maya-Kultur

Nach sechshundert Jahren der Macht- und Prachtentfaltung ging die Entwicklung im südlichen Tiefland fast schlagartig zu Ende, ein Maya-Zentrum nach dem anderen wurde verlassen und verfiel. Nach dem Jahre 950 n.Chr. hörte jegliche inschriftliche Tradition auf: die klassische Maya-Kultur war erloschen, die Maya-Bevölkerung, so schien es, verschwunden. Archäologen haben sich, seitdem ihnen dieser Vorgang bekannt ist, um Deutungen bemüht, die von Sachbuchautoren um phantastische Übertreibungen erweitert wurden. Als Gründe wurden ein Mais-Virus und die Erschöpfung des Bodens durch die Landwirtschaft genannt, aber auch epidemische Krankheiten wie Gelbfieber, ein unausgeglichenes Zahlenverhältnis zwischen den Geschlechtern, Trockenperioden, Seuchen, Hurrikans, Meteoriten oder kosmische Erscheinungen, die von den Maya-Priestern als Bedrohung wahrgenommen worden waren und die Mayas veranlaßten, auszuwandern.

Als Hauptgrund für den Niedergang wird gegenwärtig von der Forschung das Eindringen auswärtiger Invasoren angesehen. Und in der Tat stießen im 9. Jahrhundert aus dem mexikanischen Zentralgebiet die Putún, Pipil und Itzá, wie sie in späteren, kolonialen Indianerquellen genannt werden, auf verschiedenen Wegen, entlang der Golfküste, der Pazifikküste und durch Chiapas, ins Maya-Gebiet vor. Nach und nach übernahmen die Eindringlinge die Macht, bis Ende des 9. Jahrhunderts im Petén, fünfzig Jahre später war auch der Norden der Yucatán-Halbinsel in ihrem Besitz. Die Mayas flüchteten in die Wälder, zogen sich ins Hochland zurück oder ergaben sich den Siegern. Die eindringenden Völker wären nicht zum Erfolg gelangt, wenn ihnen nicht innere Unruhen im Maya-Gebiet in die Hände gespielt hätten. Denn dort hatten Bevölkerungsdruck, knapper werdende Nahrungsmittelressourcen bei gleichzeitig unterbrochenem Fernhandel zu Unzufriedenheit und sozialen Unruhen bis hin zu kriegerischen Auseinandersetzungen zwischen regionalen Zentren geführt. Innen geschwächt und von außen bedroht zerbrachen die Maya-Machtstrukturen, der Adel verschwand. Das demographische und Lebenszentrum der Tieflandzivilisation verschob sich ins nördliche Yucatán. Chichén Itzá („Am Brunnen der Itzá") wurde zeitweilig Hauptstadt der Itzá.

Die Zapoteken

Fast zur gleichen Zeit wie die Maya-Staaten ging ein anderer Stadt-Staat unter: Monte Albán, der zeremonielle Mittelpunkt der Zapoteken im Tal von Oaxaca, das sich auf halbem Weg zwischen dem Maya-Territorium und dem Tal von Mexiko befindet. Die Geschichte von Monte Albán beginnt im 7. vorchristlichen Jahrhundert und wird von den Archäologen in fünf Abschnitte unterteilt, von denen die ersten beiden (500 v.Chr.–200 n.Chr.) in die präklassische Zeit fallen, der dritte (200–900 n.Chr.) in die klassische und der vierte und fünfte (900–1521) in die postklassische Zeit, in der Monte Albán dann nicht mehr von den Zapoteken, sondern ihren Nachfolgern, den Mixteken, beherrscht wird.

Der Monte Albán befindet sich südlich der heutigen Stadt Oaxaca. Er erhebt sich 400 Meter über dem Talgrund und liegt strategisch günstig im Schnittpunkt von drei Tälern, die zusammen das Tal von Oaxaca bilden. Die Namensgebung stammt von den Spaniern, die, wie einige Wissenschaftler glauben, Monte Albán von dem zapotekischen Wort *danibaan* („Heiliger Berg") ableiteten, während die Bezeichnung Zapoteken ein Nahua-Wort ist und „Volk der Region Zapote" bedeutet; die Zapoteken selbst nannten sich „Bewohner der Wolken" (*Ben 'Zaan*). Seinen Höhepunkt erreichte Monte Albán während der Jahre 200 und 900 n.Chr. Vorausgegangen war eine Entwicklung, die mit dem Erscheinen der Zapoteken im 5. vorchristlichen Jahrhundert begann. Daß sie sich das Tal von Oaxaca ausgesucht hatten, war kein Zufall, denn es ist weit und breit das fruchtbarste Gebiet, mit angenehmen Temperaturen bei genügend Niederschlägen. Die Zapoteken mußten sich erst gegen die bereits ansässige Bevölkerung durchsetzen, die hier in relativer Dichte siedelte. Den Monte

Albán erwählten sie zu ihrem zeremoniellen Zentrum, an dem sie seit 500 v. Chr. bauten.

Die Spitze des Berges wurde eingeebnet, und um einen riesigen Platz, der mehr als 300 Meter lang ist, entstanden in mehreren Bauabschnitten monumentale Steinbauten, Pyramiden, Paläste, ein Ballspielplatz, kunstvoll gearbeitete Gräber und mitten auf dem Platz ein „Observatorium". Zunächst als zeremonielles Zentrum geplant, wurde an den Hängen nach und nach eine Stadt errichtet, die mit einer zwei Kilometer langen Mauer umgeben war. Im Inneren befanden sich Märkte, Tempel, Paläste, Wasserreservoirs und ein Abwässersystem. Monte Albán wuchs schnell auf 15 000, später bis auf 30000 Einwohner an, und es entstanden weitere zapotekische Zentren im Tal von Oaxaca. In Monte Albán gab es mindestens drei soziale Schichten, deren Status sich in den Wohnbauten mit ihren unterschiedlichen Größen und Innenausstattungen äußerte. Die Gesellschaftshierarchie dominierten entweder Priester oder Krieger, die alle wichtigen Lebensbereiche durch ihr Wissen und ihre zentralen Machtpositionen beherrschten; die mittlere Klasse setzte sich aus Händlern, Handwerkern und Kunsthandwerkern zusammen, während die Bauern die unterste Klasse bildeten. Die Wirtschaft der Zapoteken beruhte auf der Landwirtschaft und dem Kunsthandwerk. Ein umfangreicher Handel bestand zu den übrigen kulturellen Zentren Mesoamerikas.

Die Machtelite ließ sich in der Nekropole aufwendig gestaltete Gräber errichten, in denen Beispiele einer bemerkenswerten Keramikkunst und einer lebendigen Wandmalerei ausgegraben wurden, die wie bei anderen Artefakten den Einfluß der Olmeken, der Mayas und Teotihuacans erkennen lassen. Wie die anderen mesoamerikanischen Kulturen besaßen die Zapoteken eine polytheistische Religion, ein Zahlensystem, in dem sie Stab- und Punkt-Glyphen benutzten, eine Schrift, und sie hatten einen dualen Kalender, einen zeremoniellen von 260 Tagen und einen, der auf dem Sonnenjahr basierte. Im 9. Jahrhundert n. Chr. wurden Monte Albán und die umliegenden zapotekischen Orte verlassen. Über die Gründe gibt es derzeit viele Spekulationen, aber auch hier dürfte es sich wie bei den Mayas um innere Auseinandersetzungen in Verbindung mit äußeren kriegerischen Einwirkungen gehandelt haben, die sich überall in Mesoamerika zu diesem Zeitpunkt nachweisen lassen und ihren Anfang in Teotihuacan, im Tal von Mexiko, nahmen.

Teotihuacan

Das Tal von Mexiko, in einer Höhe von 2300 Metern gelegen, ist ein riesiges ovales Becken, das 65 Kilometer in seiner Ost-West-Ausdehnung mißt und 98 Kilometer von Norden nach Süden. Auf dem Talgrund gab es, bevor Mexiko-Stadt sich auszudehnen begann, fünf miteinander verbundene Seen, von denen der mittlere, der Texcoco-See, der größte war. Das einzigartige landschaftliche Panorama wird von schneebedeckten Vulkanen bestimmt, von denen der Popocátepetl und der Iztaccíhuatl die bekanntesten sind. Obwohl das Tal, das die Azteken *Anahuac* nannten, in den Tropen liegt, sorgt die Höhenlage für ein gemäßigtes Klima mit einer jährlichen Regenzeit im Sommer. Die günstigen klimatischen Bedingungen und der fruchtbare Boden lockten schon früh Menschen an, die in der formativen Siedlungsperiode an verschiedenen Stellen im Tal Ortschaften errichteten, von denen sich Cuicuilco zu einem städtisch-religiösen Zentrum entwickelte. Als Cuicuilco durch einen Ausbruch des Vulkans Xitle im 2. vorchristlichen Jahrhundert unter Lava begraben wurde, nahm eine andere Siedlung seine Stelle ein, die sich im nordwestlichen Teil des Tals, 40 Kilometer von Mexiko-Stadt entfernt, zur ersten fortschrittlichen Zivilisation im zentralen Hochland entwickeln sollte.

Die Lage der Siedlung war ausgesprochen günstig: es gab reichlich Quellwasser und fruchtbaren Boden, in der Nähe befanden sich Obsidianlager, es gab Ton für Keramikprodukte und Basalt und Tuffstein für den Hausbau; außerdem befand sich der Ort an einer wichtigen Handelsroute, die vom Tal von Mexiko an die Golfküste führte, wo die Huasteken und Totonaken siedelten. Wie die Einwohner diesen Ort nannten, ist unbekannt, aber die Azteken gaben der verlassenen Stadt den Namen Teotihuacan, („der Ort, wo die Götter geschaffen wurden"), und die Spanier benannten sie in San Juan de Teotihuacan um. Außer einigen Glyphen gibt es keine geschriebenen Berichte, auch keine mündliche Tradition, die den Aufstieg und Fall von Teotihuacan dokumentiert. So konnten bisher nur an Hand der archäologischen Funde einige Aspekte dieser bedeutenden Stadt rekonstruiert werden.

Sicher ist, daß Teotihuacan zu Beginn der christlichen Zeitrechnung bereits die Form einer Stadt besaß und ein Gebiet von fast 8 Quadratkilometern bedeckte und etwa 50000 Einwohner zählte. Die Sonnenpyramide mit ihrer gegenwärtigen Höhe hatte man schon errichtet, das Innere der Mondpyramide war fertiggestellt und der nördliche Teil der „Straße der Toten" befand sich in Ausführung. 600 Jahre später, auf dem Höhepunkt ihrer Entwicklung, hatte sich die Stadt auf 20 Quadratkilometer ausgedehnt, und die Bevölkerung war auf 100000 Einwohner angewachsen, manche Wissenschaftler vermuten sogar bis auf 300000. Damit wäre Teotihuacan halb so groß gewesen wie Konstantinopel mit seinen etwa 600000 Einwohnern, der größten Stadt im damaligen Europa. Teotihuacan hatte sich zum Sitz eines mächtigen Staates, zum Religions- und Wallfahrtszentrum von überregionaler Bedeutung und zum Mittelpunkt eines weitverzweigten Handelsnetzes entwickelt. Nach einer Reihe von Eroberungszügen, die bis nach Guatemala unternommen wurden, beherrschte die Stadt die Täler von Mexiko und Puebla-Tlaxcala und hatte ihre Macht bis zur Golfküste und entlang der Pazifikküste nach Süden ausgedehnt, wobei sie zeitweise starken Einfluß auf Monte Albán und die Maya-Region ausübte.

Teotihuacan war schachbrettartig angelegt und wurde von zwei monumentalen Pyramiden beherrscht, die ohne Zweifel den Mittelpunkt religiöser Zeremonien bildeten. Sie wurden erbaut aus Erdreich, Ziegelsteinen und Schutt, von Zeit zu Zeit vergrößert und stellen somit eine Reihe sich überlagernder Bauten dar. Sie stehen entlang einer axial angelegten Hauptverkehrsstraße, 6 Kilometer lang und 40 Meter breit, die von den Spaniern später „Straße der Toten" (*Calzada de los muertos*) getauft wurde, in Anspielung an die Menschenopfer, die ohne Zweifel auf den Pyramiden den Göttern dargebracht wurden. Den nördlichen Abschluß der Straße bildet die Mondpyramide mit einem vorgelagerten Platz, der als einer der schönsten der Welt gilt, an dessen westlicher Seite der ausgegrabene Quetzalpapalotl-Palast steht. Den südlichen Abschluß der Straße, bevor sie in Richtung Puebla weiter als Handelsstraße verlief, bilden die „Zitadelle" mit dem Quetzalcoatl-Tempel und der ihr gegenüberliegende große Markt.

Zwischen diesen beiden Bauten, der Mondpyramide und der „Zitadelle", erhebt sich die gigantische Sonnenpyramide, die an der Basis eine Seitenlänge von 225 Meter hat und 64 Meter bis zu ihrer abgeflachten Spitze mißt; sie ist wie die Mondpyramide terrassenförmig angelegt mit Stufen bis zur Spitze. Alle Monumente in Teotihuacan waren in Stein eingefaßt und mit einem Stuckanstrich versehen, der mit Wandgemälden oder einfach mit Farben bemalt war.

Die kleinste Einheit der Teotihuacan-Gesellschaft war die Familie, die eine kleine Wohnung in einem der Wohnblocks bewohnte, die um einen Hof (*patio*) lagen. Die nächste, übergeordnete Einheit war das Stadtviertel (*barrio*), in dem blutsverwandte Familien oder bestimmte Bevölkerungs- und Berufsgruppen wie Ausländer, Priester, Händler und Handwerker wohnten. Mehr als 500 Werkstätten für Holz, Keramik und Obsidian wurden ausgegraben. In den *barrios* lebte die unterste Gesellschaftsschicht: die Handwerker, Markthändler und Bauern, aber auch die mittlere Gesellschaftsschicht, die sich aus Priestern, Händlern und Soldaten zusammensetzte, wobei die Bedeutung der Soldaten relativ gering war, da Teotihuacans Einflußnahme auf andere Völker eher über den Handel erfolgte. Die herrschende Schicht wohnte in Palästen entlang der „Straße der Toten". Wahrscheinlich war Teotihuacan eine Theokratie, von Priester-Königen regiert.

In Teotihuacan wurde ein eigener Kunststil gepflegt, der sich in der noch vorhandenen Mauermalerei und den Artefakten widerspiegelt: dreibeinige Keramikköpfe, geformte Tierfiguren, Steinmasken und Schmuck. Mehrere der in Fresko dargestellten Figuren zeigen Gottheiten, wie den Regengott Tlaloc und Quetzalcóatl („gefiederte Schlange"), die beiden wichtigsten Götter, aber auch Jaguare, Schmetterlinge, Blumen und Menschen in der Unterwelt. Die monumentalsten Figuren dieser Kultur sind ein 250 Tonnen schwerer Monolith, der Tlaloc darstellt, und eine riesige Statue des Wassergottes Chalchiutlicue, die Experten für die großartigste Skulptur aus Teotihuacan halten.

Zwischen 650 und 700 n. Chr. wurde Teotihuacan in Brand gesetzt und teilweise vorsätzlich zerstört. Anzeichen von Bränden sind an vielen Tempeln entlang der „Straße der Toten" und insbesondere im priesterlichen Quetzalpapalozl-Palast auszumachen. Hier gaben sich die Eindringlinge nicht mit dem Anzünden des

Dachs zufrieden, sie brannten auch die mit Götterbildern eingravierten Säulen nieder und vergruben die Steine in einer offenen Grube im Hof. Weiterhin rissen sie die großen Steine der Treppe der Mondpyramide heraus (inzwischen restauriert) und verteilten sie auf dem davorliegenden Platz. Waren das die Folgen interner Auseinandersetzungen zwischen religiösen und weltlichen Kräften oder wurde die Stadt Opfer eines Angriffs von außen? Es wird von einigen Archäologen die Ansicht vertreten, daß in breiten Kreisen der Bevölkerung Unzufriedenheit über die übertriebene Machtkonzentration in den Händen der Priester geherrscht hätte und es zur offenen Rebellion gegen die Priesterherrschaft gekommen wäre. Wahrscheinlich waren es dann nomadisierende Stämme aus Aridamerika, die diese innere Schwäche der Stadt ausnutzten und zum Angriff übergingen. Was auch immer die Ursachen und Motive für die Zerstörung gewesen sein dürften, Tatsache ist, das Teotihuacan unterging und mit ihr eine große Kultur.

Aber die Erinnerung an Teotihuacan überlebte ihr Ende. Dafür sorgten einerseits Teotihuacans einstiger, nachhaltiger Einfluß auf andere Zivilisationen Mesoamerikas und andererseits die Überlebenden der Katastrophe. Soweit sie sich nicht mit dem Sieger arrangierten, flüchteten sie nach Azcapotzalco, am Texcoco-See, wo sie die Töpfertechnik Teotihuacans am Leben erhielten, andere fanden in Cholula, im Tal von Puebla, wo die mächtigste Pyramide Mesoamerikas (mit einer kolonialen Kirche auf ihrer Spitze) steht, Aufnahme, um dort den Quetzalcoatl-Kult fortzusetzen, der neben der Konstruktionsweise der Pyramiden und der Ausrichtung des Zeremonialzentrums zu den Hinterlassenschaften Teotihuacans gehörte. Der Niedergang Teotihuacans löste in Mesoamerika eine Kettenreaktion aus, die im Laufe des 9. Jahrhunderts den Zusammenbruch des zapotekischen Monte Albán und der Maya-Zentren beschleunigte. Soziale Unruhen, kriegerische Auseinandersetzungen und Völkerwanderungen, die von Aridamerika ausgingen und die bislang seßhaften Völker in Mesoamerika miteinbezogen, kennzeichnen das Ende der klassischen Zeit und die ersten Jahrhunderte der postklassischen Zeit, in der sich ein neues Staatsmodell in Mesoamerika etablierte: der militaristische, imperialistische Staat.

Die postklassische Zeit

Die Entstehung des imperialistischen Staates

Die Archäologen teilen die postklassische Zeit in zwei Perioden ein: in die Zeit der kriegerischen Städte und Stammesgemeinschaften (900–1250) und in die Zeit der imperialistischen Metropolen und Herrschaftshäuser (1250–1521). In der ersten Periode entstanden viele kleine Königreiche, die über eine relativ starke Militärmacht verfügten, ohne daß es ihnen gelang, ihre Herrschaftsgebiete über einen längeren Zeitraum zu sichern. Unter diesen Völkern ragten die Tolteken heraus, die allgemein als Erben Teotihuacans betrachtet werden. In der zweiten Periode fielen Stämme der Chichimeken aus den Wüsten und Halbwüsten des Nordens in das zentrale Hochland ein, paßten sich aber schnell der Kultur des zentralen Hochlandes an. Sie führten ein aggressives, kriegerisches Element in die Gesellschaft ein, das bis dahin unbekannt gewesen war. Im Gegensatz dazu verfeinerten sie im Laufe der Zeit Teilaspekte der Kultur, wie die Poesie, die Bildhandschriften und einen symbolischen Stil in der Kunst, die scheinbar nicht zum kriegerischen Charakter der Gesellschaft paßten. Der Höhepunkt dieser Entwicklung war die Gründung des Aztekenstaates.

Die Klassenunterschiede waren in der postklassischen Zeit weitaus krasser als in der vorangegangenen Periode. Es existierte eine Priesterkaste und eine Kriegerkaste, die sich in Bünden zusammenschloß und ihre Benennung von Tieren ableitete, wie Jaguar-Krieger oder Adler-Krieger; und es entstand eine Händler-Kaste, die eng mit den Machthabern verbunden war. Der Krieg spielte eine große Rolle in allen Bereichen des sozialen Lebens: das Militärische wurde glorifiziert, in Reliefs und Wandmalereien festgehalten. Die Krieger waren hochangesehene Personen, sie standen an der Spitze der eindringenden Stämme und der neu gegründeten Staaten, und durch Eroberung, nicht durch Handel wurde der Einfluß einer Stadt oder eines Staates ausgedehnt. Pfeil und Bogen wurden neben der *macana*, eine Art Machete aus hartem Holz, und der Lanze die wichtigsten Waffen. Um sich vor überraschenden, feindlichen Angriffen zu schützen, wurden die Städte entlang den wichtigsten Handelsrouten und an den Grenzen befestigt und durch Stadtmauern geschützt.

Obwohl die Priester ihre Macht den Kriegern überlassen mußten, besaß die Religion ein großes Gewicht im Alltag der Bevölkerung. Der Gott Quetzalcoatl, der durch die aus dem Norden eingewanderten Nahua-Stämme Verbreitung fand, hielt Einzug in den Pantheon fast aller Völker Mesoamerikas. Das Ritual, Menschen zu opfern, wurde häufiger als in der vorangegangen Periode praktiziert, und es war mit der Ideologie des Eroberungskrieges eng verknüpft, der mit der Behauptung gerechtfertigt wurde, daß man gezwungen sei, eine gewisse Anzahl von Gefangenen zu machen, um den Forderungen der Götter nach Blut gerecht zu werden. Politische Veränderungen in einem Staat blieben in der Regel nicht ohne Folgen für die Nachbarn, zu denen enge Handelsbeziehungen bestanden. Heiraten zwischen Herrschergeschlechtern verschiedener Staaten wurde gefördert, um sich außenpolitisch abzusichern oder im gemeinsamen Bündnis imperialistische Kriege zu führen. Die Bevölkerungsdichte stieg sprunghaft an, Kleinstädte wurden zu Großstädten, die in Größe, Verschiedenheit und Schönheit den europäischen Städten jener Zeit nicht nachstanden. Im Falle Tenochtitlan-Tlatelolco kann man von einer rein städtischen Anlage sprechen, obwohl das Zeremonialzentrum in die Stadt eingegliedert war und weiterhin eine herausragende Rolle spielte.

Die Bearbeitung von Edelmetallen und Kupfer für die Herstellung von Schmuck und Handwerksgeräten wurde als Neuerung eingeführt, die Architektur erreichte ihren Höhepunkt in der Gestaltung der monumentalen Zeremonialzentren. Der Warenaustausch zwischen den einzelnen Regionen Mesoamerikas erreichte in der Postklassik seine größte Ausdehnung. Gehandelt wurde vor allem mit Kunstgegenständen, Töpferwaren, Kakao, Baumwolle, Salz und Sklaven. Es lag im Interesse der Staaten, den Handel zu kontrollieren, und sie bauten ihre Städte vorzugsweise entlang von Handelsrouten oder in ihrer Nähe. Der Warenaustausch erfolgte in sehr komplexen Märkten, in denen nach Gewohnheitsrecht gehandelt wurde. Es entstand eine Gesetzgebung, deren Befolgung eine Art Polizei kontrollierte. Der weitere Ausbau von Bewässerungsanlagen förderte eine landwirtschaftliche Produktionssteigerung, die vor allem der Oberschicht, die auch im Handel vertreten war, zugute kam, da sie sich große Reichtümer anhäufen konnte. Der Staat füllte seine Kassen vorrangig durch die Tribute unterworfener Völker, was es ihm wiederum erlaubte, kostspielige Monumentalbauten errichten zu lassen, die neben ihrer religiösen Funktion auch Ausdruck machtpolitischer Repräsentanz sein sollten.

Totonaken und Tolteken

In gewissem Sinne waren die Totonaken und die Tolteken die direkten Nachfahren von Teotihuacan in Zentralmexiko. Der Ursprung der Totonaken ist bislang ungeklärt, ihre Sprache aber mit dem Huastekischen, Olmekischen, und wie Ethnologen meinen, auch mit dem Maya verwandt. Zunächst siedelten sie in den Sierra de Puebla und nahmen später das Gebiet, das heute vom Bundesstaat Veracruz eingenommen wird, in Besitz, das an den auslaufenden Gebirgshängen sehr fruchtbar ist, während der niedrige Teil, näher am Golf von Mexiko gelegen, sumpfig und sandig ist. Eine vielfältige Landwirtschaft mit Fruchtbäumen und Vanille bot gute Voraussetzungen für einen ausgedehnten Handel mit den benachbarten Völkern und für die Entstehung einer Zivilisation. Eines ihrer wichtigsten Zentren war El Tajín mit der Nischenpyramide, Ballspielplätzen und großen Palästen, die um ein Zeremonialzentrum gruppiert sind. Quetzalcoatl, der Gott der Fruchtbarkeit und des Windes, sowie Xochipilli, der Gott der Blumen, des Gesangs, des Tanzes und der Liebe, waren die Hauptgötter. Zu Ehren der Sonne, die als Adler personifiziert wurde, begingen die Totonaken die religiöse Zeremonie des *juego del volador.* Zu diesem Zweck kletterten vier als Adler verkleidete Tänzer auf die Spitze einer langen Holzstange, die sie, an Seilen befestigt, wie Adler umkreisten.

Nachbarn der Totonaken waren die Tolteken, über die neben den archäologischen Funden auch historische Berichte in Form von Legenden und Aufzeichnungen vorliegen, die mehr oder weniger gesicherte Informationen über toltekische Siedlungen, kriegerische Ereignisse und interne Auseinandersetzungen vermitteln; sogar die Namen einiger Herrscher werden überliefert. Die Legenden sind verflochten mit Mythen, einige sind anderen Kulturen entlehnt. Die schriftlichen Aufzeichnungen wurden in frühkolonialer Zeit von katholischen Mönchen in Zusammenarbeit mit indianischen Informanten angefertigt; es handelt sich um die *Anales de Cuauhtitlan* (1570) und die *Historia tolteca-chichimeca* (1545).

Die Tolteken setzten sich aus zwei verschiedenen ethnischen Gruppen zusammen: den Nonoalcas, die von der Golfküste ins zentrale Hochland kamen, manche Archäologen meinen, sie wären direkte Nachkommen Teotihuacans, und den Tolteken-Chichemeken, die von Norden her in das Tal von Mexiko einwanderten. Beide Gruppen sprachen das Nahua (*náhuatl*), das sich mehr und mehr als Hauptsprache in Zentralmexiko durchsetzte (und sich durch die Azteken schließlich nach Süden bis Nicaragua verbreitete), obwohl es möglich ist, daß das Otomí, die zweite wichtige Sprache, auch von Teilen der toltekischen Bevölkerung beherrscht wurde. Die Hauptstadt der Tolteken war Tula, etwa 80 Kilometer nördlich von Mexiko-Stadt und nicht weit entfernt vom verlassenen Teotihuacan. Beim Zusammenfluß der Flüsse Rosas und Tula, welche die landwirtschaftliche Bewässerung möglich machten, entwickelte sich um das Jahr 800 ein kleines städtisches Zentrum (*Tula Chica*) mit einer Ausdehnung von etwa 5 Quadratkilometern. Hundert Jahre später wurde dieses Zentrum aufgegeben und weiter südlich ein neues, größeres Zentrum (*Tula Grande*) errichtet. Um 1050 war Tula eine Großstadt, die eine Fläche von 16 Quadratkilometern bedeckte und zu ihrer Blütezeit im 12. Jahrhundert bis auf etwa 70000 Einwohner angewachsen war.

Tula

Beherrscht wurde Tula von seinem Hauptplatz, dem Plaza Central, Herzstück der Stadt, religiöses, politisches und administratives Zentrum, Sitz der verehrten Gottheiten und der Regierung. Um die Plaza Central gruppierten sich zwei große Pyramiden, Ballspielplätze und Paläste. Östlich lag die Hauptpyramide (Pyramide C), mit Skulpturen und buntbemalten Flachreliefs verziert, dem Gott Tlahuizcalpantecuhtli geweiht, das höchste Bauwerk der Stadt und von jedem Punkt der Stadt aus zu sehen. Die Pyramide B, am nördlichen Rand des Hauptplatzes, war ohne Zweifel das bedeutendste Bauwerk Tulas, mit gemeißelten Steinen bedeckt, auf denen sich Reliefs mit Jaguaren, Coyoten, Adlern, Schlangen, die menschliche Herzen fressen, und Göttergestalten befinden. Auf der abgeflachten Pyramide stehen heute nur noch einzelne Säulen und Atlanten; letztere, bis zu 5 Meter hoch, stellen toltekische Krieger dar mit ihrem zylinderartigen Kopfschmuck. Auf der Brust tragen sie stilisierte Vögel und Schmetterlinge; in der einen Hand halten sie einen federgeschmückten *atlatl* (eine Wurfspeerschleuder), in der anderen ein Bündel Wurfspeere. Der linke Arm wird durch Wattepanzer geschützt, der Rücken durch einen kleinen Schild.

Die Atlanten trugen das Dach eines Tempels, der auf der abgeflachten Pyramide stand. Die Säulen, in Form der „gefiederten Schlange", bildeten den Eingang, so wie beim „Tempel der Krieger" in Chichén Itzá. Und so wie in Chichén Itzá stand in Tula vor dem Tempel eine steinerne Chac mool-Statue, in der für sie typischen Haltung: eine liegende, fast lebensgroße Figur, die sich mit den Ellbogen auf der Erde abstützt; die Knie sind angewinkelt, der Kopf seitlich gedreht und mit den Händen auf dem Bauch hält sie eine Opferschale fest. Neben einem der drei Ballspielplätze befinden sich der *tzompantli*, ein „Schädelgerüst", auf den die Schädel der Geopferten aufgespießt wurden, und hinter der Pyramide B die *coatepantli*, die „Schlangenmauer", mit Darstellungen menschlicher Skelette, die von riesigen Klapperschlangen aufgefressen werden. Die „Schlangenmauer" markierte die Grenze des heiligen Bezirks, der im weiten Bogen von den *barrios* umgeben war, in denen die nichtprivilegierte Bevölkerung lebte. Ihre Verstorbenen bestatteten die Tolteken unter dem Fußboden ihrer Wohnungen unter Beigabe von Gefäßen für Speisen. Die Wohnungen wurden weiter von den Angehörigen der Toten bewohnt; eine Sitte, die auch bei anderen mesoamerikanischen Völkern üblich war.

Von Tula aus schufen die Tolteken ein tributpflichtiges Reich, das sich südwärts durch das Tal von Mexiko ausdehnte, im Norden den Bajío (mit den heutigen Bundesstaaten Guanajuato, Jalisco und Michoacán) umfaßte sowie Teile der Golfküste Yucatáns und eine Zone entlang der Pazifikküste in Chiapas und Guatemala; insgesamt war ihr Reich wahrscheinlich größer als das ihrer Nachfolger, der Azteken. Es scheint, daß Tula ein Bündnis mit Cholula einging, das die Handelsroute zur Golfküste kontrollierte. Ihre politische Macht stärkten die Tolteken außerdem durch eine Reihe von Heiratsallianzen, in denen sie sich mit den königlichen Familien anderer Staaten verbanden. Noch nach Jahrhunderten, Tula war längst untergegangen, rühmten sich Herrscherdynastien einzelner Völker von den Tolteken abzustammen, und die Azteken konstruierten eine Abstammungslinie, um ihre Herkunft von den Tolteken zu beweisen und ihren Machtanspruch im Tal von Mexiko zu rechtfertigen.

Der Niedergang des toltekischen Imperiums erfolgte Mitte des 12. Jahrhunderts. Genauere Angaben über den Machtverfall liegen nicht vor. Jedoch scheinen eine Reihe von äußeren und inneren Faktoren den Ausschlag gegeben zu haben. Archäologen nehmen an, daß die Landwirtschaft wegen ihrer begrenzten Technologie nicht mehr in der Lage war, die wachsende Bevölkerung zu ernähren, wodurch es zu sozialen Unruhen kam; aber auch das Auftauchen anderer Machtzentren in unmittelbarer Nachbarschaft, die mit Tula rivalisierten, oder die Folgen von Chichimeken-Einfällen werden als mögliche Ursachen genannt. Die frühkolonialen Quellen berichten von internen Auseinandersetzungen zwischen verschiedenen politischen Fraktionen, von Rivalitäten innerhalb der Herrscherfamilie, die gewiß den äußeren Feinden die Möglichkeit zum erfolgreichen Angriff boten, der mit der gewaltsamen Zerstörung der Stadt endete. Es folgte eine längere Periode von Konflikten zwischen verschiedenen Gruppen im zentralen Hochland, jedoch konnte kein Staat eine dominierende Stellung erringen; das gelang erst den Azteken im 15. Jahrhundert im Rahmen einer Konföderation, die in der imperialistischen Tradition Tulas stand.

Die Maya-Tolteken

Mit der Zerstörung ihrer Hauptstadt Tula verschwand zwar das Tolteken-Imperium, aber die Tolteken hatten sich schon früher in dem 1000 Kilometer von Tula entfernten Yucatán ein Einfluß-

und Machtzentrum geschaffen, das den Untergang Tulas überlebte. Eine toltekische Legende erzählt, wie König Topiltzin, der sich den Namen und die Rolle des Gottes Quetzalcoatl („Gefiederte Schlange“) zugelegt hatte, nach internen Auseinandersetzungen aus Tula vertrieben wurde und mit einer Gruppe von Anhängern über das Meer entfloh, nicht ohne die Versicherung abzugeben, eines Tages zurückkehren und seine Rechte einzufordern. Eine parallele Maya-Legende erinnert daran, daß um das Jahr 1000 der toltekische Krieger Kukulcan, was in der Mayasprache ebenfalls „gefiederte Schlange“ bedeutet, seine Anhänger nach Yucatán führte. Die Tolteken trafen bei ihrer Landung auf die Itzá, die ein paar Jahrzehnte zuvor ihre Herrschaft über die Mayas im nördlichen Yucatán errungen und neben Chichén Itzá, ihrer Hauptstadt, weitere Städte wie Uxmál, Kabah und Sayil gegründet hatten. Zur Ausschmückung ihrer Zeremonialzentren bedienten sie sich des Puuc-Stils der höherentwickelten Mayas. Kennzeichen des Puuc-Stils, der seine Benennung von einer Gruppe niedriger Hügel im südwestlichen Yucatán ableitet, sind Schmuckfriese, runde Säulen an Gebäudeeingängen, Halbsäulen in langen Reihen und eine Verkleidung der Gebäude mit einem sehr dünnen Kalkstein über einem Kern aus Mörtel und Geröll.

Am ausgeprägtesten kommt der Puuc-Stil in Uxmál, 60 Kilometer südlich von Mérida, zur Geltung, der die architektonische Technik des Péten zur Zeit der Klassik übertrifft. Uxmál wird von zwei mächtigen Tempelpyramiden beherrscht, dem „Tempel der Zwerge“, der größere von beiden, und dem „Tempel des Magiers“, der oval geformt ist; er erhebt sich 35 Meter über dem Boden und ist über 150 steile Treppenstufen zu erreichen, der Tempeleingang wird von einer monströsen Maske gebildet. Das schönste Gebäude, der „Gouverneurspalast“, liegt auf einer künstlichen Terrasse neben dem „Tempel der Zwerge“ und stellt den Höhepunkt des Puuc-Stils dar. Der umlaufende, drei Meter hohe Fries besteht aus Mosaikarbeiten, die sich aus 20000 Steinen, zwischen 20 und 60 Kilogramm schwer, zusammensetzen und eine endlose Reihe von Stufen-, Mäander- und Gittermustern und Chac mool-Masken bilden. Neben dem „Tempel des Magiers“ befindet sich das sogenannte „Nonnenkloster“, eine Gruppe von Palästen, die aus vier getrennten rechteckigen Gebäuden besteht und um einen Innenhof herum angeordnet ist. Die Mosaikelemente der Fassaden sind Miniaturabbildungen strohbedeckter Hütten, wie sie von der Bevölkerung benutzt wurden, die in der Nähe des Zeremonialzentrums wohnte und arbeitete.

Die Eroberung Yucatáns durch die Tolteken muß äußerst gewaltsam und grausam gewesen sein. Die Wandgemälde im „Tempel der Krieger" und Reliefszenen auf geopferten Goldscheiben aus der „heiligen Cenote" in Chichén Itzá schildern den dramatischen Ablauf der toltekischen Invasion, der mit der Ankunft der Tolteken von See her beginnt. Den ersten Angriff versuchen die Verteidiger mit Flößen abzuwehren, sie werden geschlagen und in der folgenden Entscheidungsschlacht, die sich in einer größeren Siedlung abspielt, vernichtet. Die gefangenen Führer werden anschließend geopfert; über der Szene schwebt die „gefiederte Schlange", der man das Opfer darbringt. Nach der erfolgreichen Invasion der Tolteken wurden Uxmál und die meisten anderen Itzá-Zentren wahrscheinlich verlassen, Chichén Itzá zerstört und die verbliebenen Itzá zur Auswanderung gezwungen. Aber schon bald wurden die alten Zentren wieder aufgebaut und neue, nahe an Cenoten, der einzigen zuverlässigen Frischwasserquelle, gegründet.

Die Mayas haben in ihren Überlieferungen die Itzá als „Fremde, Schurken und Betrüger" bezeichnet, nicht jedoch die Tolteken. Gewiß ist, daß es während der zweihundertjährigen Toltekenherrschaft im nördlichen Yucatán, die das Ende Tulas um hundert Jahre überlebte, zu einer kulturellen Symbiose zwischen Tolteken und Mayas kam, wahrscheinlich ist auch die Akzeptanz der Tolteken durch die Maya-Oberschicht, da die Tolteken mehr und mehr von der einheimischen Bevölkerung assimiliert wurden. Das von den Tolteken beherrschte Territorium, in dem sie anfangs nur eine dünne Oberschicht bildeten, wurde von einem König regiert, der seine Macht auf seine Krieger stützte. Die Opferung von Menschen wurde quantitativ ausgedehnt, und der Quetzalcoatl-Kult stieg als Kukulcan-Kult zum Hauptkult auf, wobei die Mayas die Verehrung der alten Gottheiten beibehielten. Am sichtbarsten schlug sich die Mischkultur in der Architektur, Keramik und Wandmalerei nieder. So wurden jetzt Säulenhallen anstelle von Wänden benutzt, um Räume abzugrenzen, so daß die Hallen größer und offener wurden. Insgesamt war der neue Architekturstil, der mit dem Puuc-Stil eine Symbiose einging, nicht so verfeinert wie in der klassischen Maya-Periode, er zeichnet sich aber durch eine eigene Größe und Vollkommenheit aus, die in den Ausmaßen der Bauten und der Einfachheit der Dekoration zum Ausdruck kommt.

Chichén Itzá

Hauptstadt und religiöses Zentrum der Maya-Tolteken wurde das wieder aufgebaute Chichén Itzá. Die Stadt liegt in einem relativ fruchtbaren Gebiet, in dem es genügend Cenoten gibt, womit die Grundvoraussetzung für die Erhaltung einer dauerhaften Siedlung gegeben war. Auf halbem Weg zwischen der Golf- und der Karibikküste gelegen kontrollierte Chichén Itzá wichtige Landverbindungen und damit den Zugang zu den großen Salinen und den Handelshäfen an der Nordküste. Die Stadt bedeckte eine Fläche von 15 Quadratkilometern. Den Mittelpunkt des Zeremonialbezirks bildet ein weiter Platz, der von einer Mauer umgeben ist, dessen Durchlässe in *sakbes* übergehen. Die Bauwerke sind in wesentlichen Details eine verfeinerte Kopie der Bauwerke in Tula, jedoch weiträumiger, eleganter und handwerklich besser gearbeitet. Das wichtigste Bauwerk, die Kukulcan-Pyramide, auch „El Castillo" genannt, ist eine große vierseitige Tempelpyramide, deren Tempelgebäude mit seinen falschen Gewölben über steile Treppenrampen zu erreichen ist. Himmelsgottmasken verzieren das Äußere, Reliefdarstellungen von hochgewachsenen Kriegerhäuptlingen sind in den Türstürzen zu sehen. Auf der östlichen Seite des Platzes steht der „Kriegertempel" auf einer Stufenplattform, umgeben von weiten Säulenhallen; er ist der Pyramide B in Tula nachgebildet, aber wesentlich größer. Am oberen Ende der Zugangstreppe steht eine Chac mool-Statue, die über den Platz blickt, an dessen gegenüberliegender Seite sich der größte Ballspielplatz Mesoamerikas befindet mit parallel verlaufenen Wänden, die 168 Meter lang und 9 Meter hoch sind und in ihren Reliefs die Enthauptung von Ballspielern zeigen. Der in der Nähe des Ballspielplatzes postierte *tzompantli* deutet darauf hin, daß die Verlierer dort endeten. Außerhalb der Mauern liegen der „Caracol", der seinen Namen von der schneckenartigen Wendeltreppe im Inneren ableitet und wahrscheinlich als Observatorium diente, und der „heilige Cenote“, die mit dem Platz durch eine *sakbe* verbunden sind. Dieser Cenote gilt als Opferbrunnen, in den vor allem Kinder hineingeworfen wurden, worauf die archäologischen Untersuchungen hinweisen. Aber Opfergaben an den Regengott bestanden auch aus Jadestücken, Goldplatten und Kupferschellen.

In der 2. Hälfte des 13. Jahrhunderts brach die Toltekenherrschaft oder das, was von ihr übrig geblieben war, in Yucatán zusammen. Chichén Itzá wurde in einer Auseinandersetzung rivalisierender Städte zerstört und verlassen. Die Ursachen sind bislang unbekannt. Länger hielten sich die Tolteken im Maya-Hochland an der Macht, wo es vor ihrer Invasion zahlreiche Volksgruppen gab, von denen die bedeutendsten die Quiché und Cakchiquel waren. Nach den Überlieferungen hatte sich eine Tolteken-Gruppe von dem vertriebenen Topiltzin-Quetzalcoatl getrennt und war statt nach Norden in Richtung Chiapas und Guatemala gewandert und hatte dort die einheimische Bevölkerung unterworfen. Es scheint so, daß die Tolteken als führende Schicht von den Unterlegenen anerkannt wurden. Die Städte und Siedlungen, die sie errichteten oder neu gestalteten, folgten Vorstellungen des zentralen Hochlandes. Sie lagen vornehmlich auf gut zu verteidigenden mit Mauern umgebenen Hügeln. Das wichtigste Bauwerk war ein großer Doppeltempel, der dem Templo Mayor, der Hauptpyramide im aztekischen Tenochtitlan, sehr ähnlich war.

Die verlassene Stadt Chichén Itzá wurde bald wieder bewohnt und zwar von den Itzá. Sie waren während der Toltekenherrschaft in ihr ursprüngliches Siedlungsgebiet an der Küste von Campeche zurückgekehrt. Um 1200 wurden sie dort aber von den Tolteken vertrieben, und sie wanderten nach Osten quer durch die Halbinsel an den Petén-Itzá-See und weiter ins heutige Belize, schließlich zurück nach Chichén Itzá, wo sie sich in den Ruinen der verlassenen Stadt ansiedelten. Nach und nach festigten sie ihre Herrschaft über die Mayas und konnten einen großen Teil der Halbinsel kontrollieren. Zur Hauptstadt machten sie ihre Gründung Mayapán, im westlichen Zentralteil der Halbinsel, eine Siedlungsmetropole, die eine Fläche von etwa 6 Quadratkilometer einnimmt und von einer Verteidigungsmauer umgeben ist. Es lebten dort schätzungsweise 12000 Menschen. Im Zentrum stand der „Tempel des Kukulcán“, eine schlechte Kopie von „El

Castillo“ in Chichén Itzá. Nach zweihundertjähriger Herrschaft mußten die Itzá nach einer Revolte der unterdrückten Mayas Mitte des 15. Jahrhunderts das Land ein zweites Mal verlassen, Mayapán wurde zerstört und nicht mehr besiedelt. Die Reste der Itzá kehrten an den Petén-Itzá-See zurück und gründeten mitten im See auf einer Insel ihre neue Hauptstadt Tayasal. Mit dem Ende Mayapáns versank die ganze Yucatán-Halbinsel in einen Zustand feudaler Anarchie. Es entstanden kleine unabhängige Fürstentümer, aber ihre periodisch auftretenden Bürgerkriege beschleunigten den kulturellen Abstieg, der in der mittelmäßigen Architektur ihrer Bauwerke zum Ausdruck kommt.

Der endgültige Schlag gegen die Maya-Zivilisation erfolgte durch die Spanier, die zunächst über die Fürstentümer der Mayas im Hochland herfielen und dann in das nördliche Tiefland eindrangen. Spanische Konquistadoren und missionierende Priester waren verantwortlich für die Vernichtung der schriftlichen Zeugnisse der Mayas. In ihrer Absicht, alle religiöse Riten abzuschaffen, zerstörten sie Tempel, Idole, Stelen und Dutzende von Hieroglyphen-Kodizes. Die demontierten Bauwerke stellten sie als Baumaterial zur Verfügung, um ihre kolonialen Kirchen, Häuser und öffentlichen Gebäude zu errichten. Es gab jedoch gebildete Spanier, die an der Aufzeichnung der mündlichen Tradition der Maya interessiert waren, so Diego de Landa, ein Missionar, der später der erste Bischofs von Yucatán wurde. Er erstellte einen langen Bericht mit dem Titel *Relaciones de las cosas de Yucatán* (geschrieben 1566, veröffentlicht in Paris 1864), der als eine der Hauptquellen über die Mayas gilt. Hinzu kamen Indianer, die ihre erworbenen Spanischkenntnisse nutzten und mündliche Traditionen, Mythologien und Geschichten in drei wichtigen Büchern aufzeichneten: der *Libro de Chilam Balam de Chumayel*, das heilige Buch der Maya, das von einem gewissen Chilam Balam, einem Priester oder Weisen (*chimale*), stammt und göttliche Prophezeiungen enthält; der *Memorial de Sololá. Anales de los Cakchiqueles*, ein Bericht über die Heldentaten der Cakchiquel-Mayas; und der *Popol Vuh*, der die Geschichte der Quiché-Maya bis 1550 wiedergibt.

Insgesamt acht mixtekische Kodizes, in leuchtenden Farben auf Hirschhaut gemalt, überlebten die Zerstörungswut der Spanier und geben neben den archäologischen Funden Auskunft über wichtige Aspekte der mixtekischen Kultur seit dem 7. Jahrhundert. Die bedeutendsten Kodizes sind der *Codex Zouche-Nuttall*, der 1350 gemalt und vielleicht der älteste ist, und der *Codex Vindobonensis*, dessen Entstehung auf 1357 datiert wird. Die Piktographien enthalten Namen von Göttern, Orten, Pflanzen und Tieren, verschiedene Genealogien, kalendarische Daten, Angaben über Bräuche und Sitten. Die Mixteken drangen erst zu Beginn des 13. Jahrhunderts ins Tal von Oaxaca ein. Nach der Entvölkerung Monte Albáns im 9. Jahrhundert hatten sich die Zapoteken in rivalisierende Gruppierungen aufgelöst. Mitla, schon immer heiliger Ort und Nekropole, wurde Sitz der Priesterschaft. Die politische Führung hatte zeitweilig ihren Sitz in Zachila, was daraufhin weist, daß die ehemals theokratischen Strukturen zugunsten einer weltlichen Herrschaft abgelöst worden waren. Die Anlage von Mitla besteht aus einer Gruppe von Tempeln, die einzigartig in Mesoamerika ist, sowie aus „Palästen", Häusern und Gräbern; eine Festung, Zufluchtsort vor Angriffen, befindet sich auf einem nahegelegenen Berg. Der „Palast der Säulen" zeichnet sich durch technische Perfektion aus, seine steinernen Mosaikfriese, die aus mehr als 100000 Steinen bestehen sollen, weisen 40 verschiedene geometrische Muster auf.

Die Mixteken wanderten zunächst in kleinen Verbänden in den südlichen Teil des Tals von Oaxaca ein, wo sich einige aus ihrer Oberschicht mit den Zapoteken durch Heirat verbanden. In den folgenden Jahrhunderten kamen weitere Mixteken nach, eroberten Zachila und zwangen die zapotekischen Hauptherrscher, Zuflucht in Tehuantepec an der Pazifikküste zu suchen. Ihr politisches Zentrum wurde Cuilapan; sie errichteten einen Militärstaat, der den unterlegenen Stämmen Tribute abverlangte. Ihre Kultur nahm zapotekische Elemente in sich auf. Es gibt Mauermalereien und Artefakte in Mitla, die den mixtekischen Stil wiedergeben, und einige mixtekische Würdenträger wurden in zapotekischen Gräbern auf dem Monte Albán beigesetzt. 1932 gruben mexikanische Archäologen ein Grab (*tumba 7*) aus, in dem sie mehr als 500 Juwelenstücke, Jadeketten und -ohrringe, Gold- und Silberarmbänder, Türkis-Broschen, Perlschnüre und kleine Goldglocken entdeckten – der spektakulärste Fund in Amerika. Die Azteken drangen in der zweiten Hälfte des 15. Jahrhunderts wiederholt ins Tal von Oaxaca ein und unterwarfen nach heftiger Gegenwehr Cuilapan, Zachila und andere Städte.

Keinen Erfolg hatten die Azteken hingegen bei ihren Überfällen auf die Tarasken, die im heutigen Bundesstaat Michoacán siedelten und direkte Nachbarn waren. Woher die Tarasken kamen, bevor sie sich in Michoacán niederließen, ist bisher nicht geklärt, auch die wichtigsten kolonialen Quellen wie die *Relación de Michoacán* des Mönchs Jerónimo de Alcalá und die *Lienzo de Jucutácato* geben darüber keine gesicherte Auskunft. Die Archäologen nehmen an, daß sie zur Gruppe der Chichemeken gehören und aus dem Norden kamen. Die ebenfalls vorgetragene Ansicht, sie könnten aus Südamerika stammen, da es Ähnlichkeiten zwischen dem Taraskischen und den Sprachen, die in Peru gesprochen werden, gibt, ist wohl eher auszuschließen. Die Tarasken, die sich selbst *purépechas* nannten (ihren späteren Namen erhielten sie von den Spaniern, die das Tarasken-Wort *tarascue*, „mein Schwager", auf die Verwandten ihrer Tarasken-Frauen ausdehnten), ließen sich seit dem 14. Jahrhundert in der Nähe des Pátzcuaro-Sees nieder und beherrschten in einem Bündnis mit anderen Städten ein tributpflichtiges Gebiet, das sich weitestgehend mit dem Bundesstaat Michoacán („Ort der Fischer") deckt. Es handelt sich um ein fruchtbares, waldreiches Gebiet mit Seen und Flüssen, durchzogen von zwei Gebirgszügen, der Sierra del Centro und der Sierra del Sur, und im Süden vom Eje Volcánico begrenzt, eine Zone häufigen Erdbebens.

Die Tarasken waren Rivalen der Azteken, die zeitgleich im Tal von Mexiko ihre Macht aufbauten, aber ihr Versuch, die Tarasken in ihr Tributgebiet einzuverleiben, endete mit einer Niederlage. Trotz ihrer Nähe zu kulturellen Vorbildern entwickelten die Tarasken eine spezifische Architektur. Zwar gab es gewisse übereinstimmende Merkmale, wie etwa die Tendenz, Tempel auf Pyramiden zu errichten, aber die Konstruktionsweise der Pyramiden, die sogenannten *yácatas*, war ohne Beispiel in Mesoamerika. So setzte sich das Innere der Pyramiden nicht aus einem Gemisch aus Mörtel und Steinen zusammen, sondern aus locker aufgeschichteten Steinen, überzogen mit bearbeiteten Steinplatten und durch Ton zusammengehalten, und die äußere Form bestand aus einer stufigen Plattform, die im Falle der Pyramide von Tzintzuntzan (südwestlich von Morelia) 400 Meter lang und 250 Meter breit ist. Auf einer weiteren, kleineren Plattform erhob sich eine teils viereckige, teils kreisförmige Stufenkonstruktion, die in Abständen von vier relativ kleinen Tempeln gekrönt wurde.

Das Imperium der Azteken

Die letzte mesoamerikanische Indianerzivilisation schufen die Azteken, ein entschlossenes, aggressives Volk, das sich selbst *mexica* nannte, während die Bezeichnung Azteken von ihrem mythischen Ursprungsort Aztlan („Ort der Reiher") abgeleitet ist und erst im 18. Jahrhundert durch den Historiker und Jesuitenpater Francisco Javier Clavijero allgemein Geltung erlangte. Da die Azteken bei Ankunft der Konquistadoren auf dem Höhepunkt ihrer kulturellen Entwicklung standen, stießen sie auf das Interesse gebildeter Spanier. In den ersten Jahrzehnten der Kolonialzeit rekonstruierten sie mit Hilfe aztekischer Adliger die Geschichte und Kultur der Azteken. Es entstanden piktographische und schriftliche Darstellungen, teilweise auf der Grundlage verschollener Kodizes, die sich grob in drei Kategorien einteilen lassen. Die erste Kategorie bilden die Bilderhandschriften wie der *Códice Boturini*, der *Códice Xólotl* oder der *Códice Vaticanus* und die indianischen Texte in der Nahua-Sprache wie die *Anales de Tlatelolco* und die *Anales de Cuautetlan*, die aztekische Adlige auf Anregung von Mönchen hin verfaßten. Die zweite Kategorie umfaßt Darstellungen von spanischen Mönchen, wie das monumentale Werk *Historia General de las cosas de la Nueva España* des Franziskaners Bernardino de Sahagún und die *Historia de las Indias de Nueva España e islas de Tierra Firme* des Dominikaners Diego Durán, abgeschlossen 1581. Schließlich die Kategorie der indianerstämmigen Autoren, zu denen Fernando de Alva Ixtlilxóchitl mit seiner *Historia de la nación chichimeca* ebenso gehört wie Hernando Alvarado Tezozómoc mit seiner *Crónica mexicana*; sie beherrschten die spanische Sprache, in der sie auch ihre Texte niederschrieben.

Keines dieser Werke wurde während der spanischen Kolonialzeit veröffentlicht. Erst im 19. Jahrhundert setzte das Interesse an einer Erforschung der mesoamerikanischen Hochkulturen ein, das, wesentlich durch die Reisebeschreibungen des amerikanischen Forschungsreisenden John Lloyd Stephens und die seinen Büchern beigefügten romantischen Stichen des Engländers Frederick Catherwood geweckt, zur Veröffentlichung der Kodizes und Manuskripte führte, die in verschiedenen europäischen Archiven aufbewahrt wurden.

Trotz zahlreicher Quellen ist die frühe Geschichte der Azteken eingehüllt in widersprüchliche Legenden. Nach ihren eigenen Aufzeichnungen begann sie mit der Aufforderung ihres Stammesgottes Huitzilopochtli, ihren Wohnsitz Aztlan oder Chicomoztoc („Ort der sieben Höhlen") in Richtung Süden zu verlassen. Während Aztlán als ein Ort auf einer Insel in einem See mit Fischen und Vögeln beschrieben wird, ist Chicomoztoc ein Ort in einer kargen Landschaft mit wilden Tieren und Kakteen. Die Frage, ob es sich bei Chicomoztoc um einen bestimmten Ort in der nördlichen Halbwüste oder nur um einen mythischen Ort handelt, ist ebenso umstritten wie die Existenz von Aztlán. Einig sind sich jedoch Historiker und Anthropologen, daß die Landschaft, in der sich Chicomoztoc nach der Beschreibung befindet, der öden Umwelt des Nordens entspricht, wo die Azteken, wie vor ihnen viele seßhafte Stämme im Tal von Mexiko, als Jäger und Sammler gelebt hatten.

Auf ihrer Wanderung nach Süden eigneten sich die Azteken die Sprache, die Religion und die Sitten der Tolteken an, deren Kultur in den Hochtälern überlebt hatte. Als sie im Tal von Mexiko anlangten, stießen sie auf Völker, die das Gebiet bereits unter sich aufgeteilt hatten. Xaltocan, ein kleiner Ort der Otomí-Indianer, kontrollierte den Norden; Texcoco, bewohnt von Chichimeken, war die Hauptmacht am westlichen Ufer; Culhuacan, dessen Führer von den Tolteken abstammten, beherrschten den Süden, die Tepaneken von Azcapotzalco den Osten. Es kam zu Auseinandersetzungen, die mit der Niederlage der Neuankömmlinge endete; die Azteken gerieten in Gefangenschaft und mußten Söldnerdienste leisten. Schließlich zogen sie sich auf eine kleine Insel am westlichen Ufer des Texcoco-Sees zurück. Die Legende weiß zu berichten, daß der Stammesgott Huitzilopochtli ihnen durch ein

Zeichen die Insel als Siedlungsplatz angewiesen hatte; sie sollten sich dort niederlassen, wo sie auf einem Kaktus einen Adler sähen, der eine Schlange frißt (dieses Motiv ist heute das Staatswappen Mexikos). Der wahre Grund, warum die Azteken gerade diese Insel erwählten, war praktischer Natur: die Insel war der einzige Ort, der nicht oder kaum besiedelt war, außerdem besaß sie, was mitten in einem salzhaltigen See äußerst wichtig war, eine Süßwasserquelle und sie ließ sich im Falle eines Angriffs gut verteidigen.

Als die Azteken sich auf der Insel niederließen und begannen, ihre Hauptstadt Tenochtitlan zu erbauen (wahrscheinlich seit 1325), mußten sie den Tepaneken, denen die Insel gehörte, Tribute zahlen. Im Bündnis mit Texcoco, einem Nachbarstaat, der auch unter der Herrschaft der Tepaneken stand, konnte 1427 die Unabhängigkeit errungen werden, und nach der Einbeziehung von Tlacopan in einen Dreistädtebund, der bald von Tenochtitlan dominierte wurde, begannen die Azteken ihre imperialistischen Kriege. Moctezuma I (1440–1469), der als der bedeutendste Azteken-Herrscher gilt, vergrößerte das Reich über das Tal von Mexiko hinaus ostwärts an den Golf und südwärts über Oaxaca zum Pazifik. Die imperialistische Expansion wurde unter seinen Nachfolgern fortgesetzt, so daß sich bei Ankunft der Spanier die aztekische Herrschaft bis nach Campeche und Guatemala erstreckte. Jedoch blieben die Versuche, den westlichen Nachbarn, die Tarasken, und die Stadt Tlaxcala im Osten, ins Reich einzubeziehen, ohne Erfolg. Die Tripelallianz vereinbarte schließlich mit Tlaxcala periodisch Kriege, die sogenannten „Blumenkriege“, mit der Absicht zu führen, die Eignung junger Krieger zu testen und die Götter durch Blutvergießen auf dem Schlachtfeld und durch Opferung der Gefangenen zu ehren.

Die Eroberungskriege brachten riesige Landgewinne ein und vermehrten den Besitz an Mais, Federn, Baumwollkleidern, Kupfer und Waffen. Den besiegten Stämmen wurde jedoch erlaubt, ihre eigene lokale Regierung, Sprache und Religion beizubehalten, aber sie mußten die aztekische Oberherrschaft anerkennen, Huitzilopochtli anbeten, jährliche Tribute in Form von Waren entrichten, eine gewisse Anzahl von Menschen für die Opferung bereitstellen und Land an den aztekischen Adel abtreten. In einem gerade eroberten Gebiet wurde zeitweilig eine Militäreinheit unter einem Militärgouverneur stationiert, um einen Aufstandsversuch gegen die aztekische Herrschaft schon im Keim zu ersticken. Die Azteken versuchten dann die Beziehungen durch familiäre Bindungen dauerhaft zu festigen, indem Töchter von Adligen mit Stammeshäuptlingen vermählt wurden. Die Unterwerfung der Völker führte zur Übernahme gewisser Kulturelemente, so daß zum Beispiel die Azteken zu Beginn des 16. Jahrhunderts den Federschmuck der Indianer des südlichen Mesoamerika, die bestickten Baumwollgewänder der Totonaken und das Goldgeschmeide der Mixteken trugen. Die aztekischen Künstler entwickelten vor allem die Kunst der Völker im Tal von Mexiko weiter, indem sie das Kunsthandwerk mit neuen Formen und Stilen bereicherten. Sie hatten eine besondere Vorliebe für Steinskulpturen, die trotz ihres massiven Aussehens recht zierlich in der Ausführung sind. Neben Granit arbeiteten sie mit Obsidian, Lavagestein, Onyx und Steinkristall. Eine der interessantesten Skulpturen, die erhalten geblieben sind, ist der sogenannte „Kalenderstein", der 16 Tonnen wiegt und auf seiner gemeißelten Oberfläche eine Zusammenfassung des astronomische Wissens der Azteken wiedergibt. Die Kunsthandwerker verarbeiteten Gold, Silber und Kupfer zu rituellen Gegenständen und Ornamenten. Die Technik, wie man Bronze oder Eisen bearbeitet, war den Azteken unbekannt. Die Töpfer formten keramische Gegenstände, die in zeremoniellen Handlungen oder als architektonische Ornamente Verwendung fanden oder als Haushaltsgeschirr, Schmuck und Musikinstrumente benutzt wurden.

Tenochtitlan

Während der hundertjährigen Phase, in der den Azteken der Aufstieg zur zentralen Macht in Mesoamerika gelang, entwickelte sich die armselige Hüttensiedlung auf der kleinen Insel im Texcoco-See zu einem beeindruckenden urbanen Zentrum mit Pyramiden und Palästen, Häusern für die Bevölkerung, mit Kanälen und Straßen, Dämmen und Aquädukten. Als die Spanier 1519 Tenochtitlan zum ersten Mal erblickten, verglichen sie diese Stadt mit den ihnen bekannten spanischen Städten und mußten sich eingestehen, daß es ähnliches im Mutterland nicht gab. Voller Begeisterung beschrieben sie in ihren erhalten gebliebenen Berichten das „amerikanische Venedig“, allen voran Hernando Cortez (*Hernán Cortés*), der Bezwinger des Aztekenreiches, der in einem langen Brief an Kaiser Karl V. seine Bewunderung über die Stadt ausdrückte. Die Spanier trafen auf eine Stadt, die den Höhepunkt der aztekischen imperialen Macht widerspiegelte. Auf einer Fläche von 10 bis 15 Quadratkilometern wohnten und arbeiteten schätzungsweise 150000 bis 300000 Menschen. Die einst kleine Insel war inzwischen beträchtlich vergrößert worden. Zu diesem Zweck waren Felsen und Steine vom nahegelegenen Festland herantransportiert, in den flachen See versenkt und mit Schlamm bedeckt worden. Außerdem waren künstliche Inseln, sogenannte *chinampas*, geschaffen worden, große Holzflöße, die mit Schlamm gefüllt und an Pfählen befestigt als landwirtschaftliche Nutzflächen dienten. Aber es waren vor allem Blumen und Gemüse, die zur Aussaat kamen.

Die Erbauer Tenochtitlans hatten die Stadt sorgfältig geplant, die Symmetrie beherrschte den Grundriß. Der zentrale Punkt der Stadt war eine quadratisch angelegte Zone. In ihr befand sich der Templo Mayor, eine Pyramide von 30 Meter Höhe, auf deren Spitze zwei Tempel standen, den Hauptgöttern Huitzilopochtli und Tlaloc gewidmet; weiter gab es Tempel für andere Gottheiten, einen Ballspielplatz, den *calmecac*, die Schule für Adelssöhne, und die imperialen Paläste. Die monumentalen Bauten erforderten den Abbruch von Steinen in Steinbrüchen, den Transport der enormen Blöcke, das Versenken von Pfählen, um sie in dem weichen Boden zu stabilisieren. Das weltliche und geistige Zentrum war von einer mit Ornamenten reich verzierten Mauer umgeben, die in der Mitte jeder der vier Seiten ein Tor besaß, das in einen breiten Damm überging, der zugleich Begrenzungslinie der vier Stadtbezirke (*calpulli*) war. Diese waren wiederum in verschiedene Unterabteilungen aufgeteilt – in Erinnerung an die alte Clanverfassung. Der Adel wohnte in ein- oder mehrstöckigen Gebäuden mit Flachdächern, die sich um einen Hof (*patio*) gruppierten. Die Häuser bestanden aus Mauerwerk, die Wände waren mit bemaltem Stuck bedeckt, um sie wasserdicht zu machen. In den Außenbezirken wohnte das gemeine Volk. Obwohl jede Familie ein eigenes Haus aus Holzwänden auf einem Steinfundament und einen eigenen Garten besaß, lebte die vielköpfige Familie in nur einem Raum, während Küche, Kornspeicher und Badehaus sich im Garten befanden.

Zwischen den „schwimmenden Gärten" und Teilen der Stadt bildete ein Netzwerk von Kanälen, begrenzt von Fußwegen und gelegentlich überspannt mit leicht entfernbaren Brücken für den Fußverkehr, Wasserwege für die Kanus, das Haupttransportmittel innerhalb der Stadt und zum Festland. Durch drei steinerne Dämme, deren bewegliche Teile im Verteidigungsfalle entfernt werden konnten, und zwei Aquädukte war die Stadt mit dem Festland verbunden. Nicht lösen konnten die Azteken das Problem der Überflutung, das sich ihnen stellte, wenn der Wasserspiegel des Sees nach Regenfällen anstieg; erst im 20. Jahrhundert wurde eine entsprechende Technik entwickelt. Die Zwillingsstadt Tlatelolco, die Gründung einer aztekischen Dissidentengruppe auf einer Nachbarinsel und seit 1473 ein Stadtteil Tenochtitlans, hatte ebenfalls einen zentralen Sakralplatz und einen riesigen Markt, auf dem die Waren aus den 38 tributpflichtigen Provinzen zum Tausch angeboten wurden.

Gesellschaftsordnung

Die Ausdehnung des aztekischen Imperiums wurde von einer tiefgreifenden Umgestaltung der Gesellschaftsordnung begleitet. Der Kriegsrat und die Priesterschaft, die in der Wanderzeit den Stamm angeführt hatten, wurden durch einen mächtigen Staatsapparat ersetzt. Zusammen mit dem Staat entstand eine Bürokratie mit zahlreichen Beamten, Schreibern und Boten, und durch die Intensivierung des Handels mit den südlichen Provinzen bildete sich eine dynamische und mächtige Kaufmanns- und Händlerschicht. Obwohl die Priester keinen direkten Einfluß mehr auf die militärischen Entscheidungen ausübten, wie in der Zeit des Nomadentums, wurden sie tief verehrt. In Angelegenheiten, die sich mit der Religion und den Kulten beschäftigten, erkannte selbst der Herrscher die Hohenpriester als Autorität an, da Religion Grundlage und Rechtfertigung für alle Handlungen war. Aufgrund des prachtvollen Lebensstils der Führungsschicht wurden die Kunsthandwerker gefördert, die eine große und in korporative Verbände organisierte Klasse bildeten. Die Armee mit ihren Schulen, Logen und mächtigen Kriegsräten bot allen Mitgliedern der Gesellschaft die Möglichkeit zum sozialen Aufstieg, so daß sich die Aristokratie ständig mit verdienstvollen Männern aus dem Volk erneuerte. Und aus den nomadisierenden Jägern waren Bauern und Krieger geworden, die den Großteil der Bevölkerung in Tenochtitlan bildeten.

Zu Beginn des 16. Jahrhunderts gliederte sich die aztekische Gesellschaft in vier Klassen, die untereinander stark getrennt waren. An der Spitze der sozialen Hierarchie stand der Herrscher (*huey tecutli*), der zunächst von der Gesamtheit der Familienoberhäupter der Stadt, später von einem Gremium, bestehend aus etwa 100 wichtigen Vertretern des Adels, gewählt wurde, eher pro forma, denn die Herrscher stammten alle aus der gleichen Familie. Jedoch folgte der Sohn nicht unbedingt dem Vater, um Inkompetenz vom Amt fernzuhalten. Seine Macht stützte der Herrscher auf den Adel, der sich aus der Kriegerelite (*teteuctin*), den Kaufleuten (*pochteca*) und der Geistlichkeit (*teopixque*) zusammensetzte. Aus ihren Reihen wurden die Würdenträger entweder gewählt oder vom Herrscher ernannt. Es handelte sich bei ihnen um die höchsten Staatsbeamten in Tenochtitlan und in der Provinz, die Oberhäupter der Stadtviertel, die Richter der größten Städte und die Hohenpriester. Die Legitimation des Adels wurde mit der direkten Abstammung von den hoch verehrten Tolteken und damit von Quetzalcoatl selbst begründet, ihr Reichtum beruhte auf ihrem Landbesitz. Die Adligen erfreuten sich besonderer Vorrechte. Sie trugen Kleidung, die sie von den übrigen Volksangehörigen unterschied, sie hatten ihre eigenen Paläste, sie durften mehrere Frauen haben und ihre Kinder konnten die *calmecac*-Schule besuchen, was eine Voraussetzung war, um die höchsten Stellen im Staat zu erlangen.

Der Aufstieg in die Adelsschicht war im allgemeinen nicht möglich, es gab jedoch eine Ausnahme. Wenn sich ein Krieger aus dem gemeinen Volk im Krieg besonders ausgezeichnet hatte, etwa durch die Gefangennahme von mehr als vier Gegnern, dann wurde ihm ein nichterblicher Adelsstatus verliehen, der mit einer Reihe von Privilegien verbunden war. Auf Grund seines neuen sozialen Status wurde er Mitglied der Kriegerelite, die sonst nur Söhnen von Adligen zugänglich war. Diese Kriegerelite war in verschiedenen Militärlogen, in die Adler-Ritter, Jaguar-Ritter oder Pfeil-Ritter, organisiert. Ihre Mitglieder trugen eine besonders kunstvoll angefertigte Kleidung, durften Sklaven erwerben, mehrere Frauen haben und Menschenfleisch, die „göttliche Nahrung“, essen, denn geopferte Menschen galten als Halbgötter.

Der Glaube des aztekischen Volkes, der sich in verschiedenen Kultarten äußerte, machte eine Vielzahl von Priestern notwendig. Jeder Tempel, jeder Gott hatte einen eigenen Priester, daneben gab es Priester, die verantwortlich für die Vorbereitung und Gestaltung der Opferungen und Feste waren, oder als Wahrsager und Hüter der Stammestraditionen wirkten. Da sie lesen und piktographische Kodizes schreiben konnten, bewahrten und vermehrten die Priester das Wissen auf den Gebieten der Astronomie, der Mathematik, der Theologie, der Medizin und des Rechts. Viele Priester dienten dem Staat als Regierungsbeamte, Medizinmänner oder unterrichteten in Schulen die adlige Jugend. Als die Spanier kamen, gab es über 5000 Priester allein in Tenochtitlan. Wahrscheinlich praktizierten sie alle das Zölibat.

Die Händler waren in mächtigen Korporationen organisiert, die den Außenhandel mit fernen Provinzen leiteten. Zu diesen Korporationen hatten die zahlreichen Bauern, Fischer oder mittleren Händler, die auf dem Markt ihre Produkte verkauften, keinen Zugang. Unter der Führung der Händler brachen die Trägerkarawanen mit den Erzeugnissen Tenochtitlans auf dem Rücken von Sklaven südwärts auf und kamen Monate später mit exotischen Luxusartikeln in die Hauptstadt des Reiches zurück. Auf ihrem Marsch waren diese Karawanen ständig von Raubüberfällen bedroht. Die Fernhändler dienten dem Herrscher oft als Spione, ihre Kinder waren berechtigt, zusammen mit den Kindern der Würdenträger die *calmecac*-Schule zu besuchen. Sie bemühten sich, ihren Reichtum so wenig wie möglich zur Schau zu stellen, denn ihr langsamer, aber stetiger Aufstieg in der Gesellschaft weckte das Mißtrauen und den Neid der Würdenträger.

Die Kunsthandwerker bildeten eine recht starke Schicht. Sie waren in der Regel gut bezahlt und genossen ein gewisses Ansehen, gerieten aber nicht wie die Händler mit den Würdenträgern in Konflikt, vermutlich deswegen nicht, weil sie eine statische Klasse waren, denn sie begnügten sich damit, in der Gesellschaftsordnung über dem gemeinen Volk zu stehen und unternahmen keine Versuche, in der sozialen Rangordnung aufzusteigen. Die Kunsthandwerker waren wie die Händler in Korporationen organisiert, deren Vorstände sie beim Staat vertraten. Sie waren von

Landarbeiten und persönlichen Staatsdiensten befreit, mußten aber Steuern bezahlen. Einige der Kunsthandwerker arbeiteten im Palast, andere mit ihren Frauen zusammen zu Hause.

Die größte Schicht der Bevölkerung bildete das gemeine Volk (*maceualtin*), das mit Ackerbau oder Fischerei beschäftigt war. Es war die wirklich produktive Klasse in der aztekischen Gesellschaft. Als Mitglied der *calpulli* hatte der *macenalli* Anrecht auf Ackerland. Am Tag seiner Verheiratung erhielt er eine Parzelle Land, deren Nutznießung ihm niemand entziehen konnte. Der Boden selbst blieb allerdings Besitz des *calpulli*. Seinen Kindern standen die Schulen des Stadtviertels offen. Der *maceualli* war militärdienstpflichtig, was er allerdings als Ehre empfand, da ihm dadurch die Möglichkeit zum sozialen Aufstieg geboten wurde. Wenn er aber an zwei oder drei Feldzügen teilgenommen hatte, ohne sich auszuzeichnen, mußte er die Armee verlassen und zur Arbeit auf dem Acker zurückkehren. Abgesehen vom Militärdienst wurde er zur Gemeinschaftsarbeit, wie der Stadtreinigung, der Instandhaltung von Brücken und dem Tempelbau herangezogen, und er mußte Steuern bezahlen. Da aber Tenochtitlan Tribute von den unterworfenen Städten erhielt, war die Verpflichtung für die aztekischen Bauern und Fischer keine große Last.

Auf der untersten Stufe der sozialen Hierarchie standen die Sklaven (*tlacotli*), die etwa 5% der Bevölkerung stellten. Zu Sklaven wurden Kinder, die von ihren Eltern verkauft wurden, Kriminelle, die zur Sklaverei verurteilt worden waren, Männer, die sich selbst in die Sklaverei verkauften, und Kriegsgefangene, die gewissermaßen als stille Reserve gehalten wurden und immer damit rechnen mußten, geopfert zu werden. Die Lage der Sklaven unterschied sich wesentlich von den Zuständen der Sklaverei im mittelalterlichen Spanien oder in der Antike. Sklaven bekamen Wohnung, Kleidung und Essen von ihrem Herrn, wurden aber für ihre Arbeit oder Dienste nicht entlohnt, dafür durften sie Besitz haben und sogar Sklaven halten, konnten freien Männern befehlen, freie Frauen heiraten und Ersparnisse ansammeln. Der *tlacotli* konnte seine Freiheit von seinem Herrn erkaufen oder sich durch ein Familienmitglied auslösen lassen. Manche Sklaven wurden beim Tode ihrer Herren testamentarisch freigelassen oder erlangten ihre Freiheit durch eine vom Herrscher verordnete Massenamnestie.

Die große Mehrheit der aztekischen Frauen waren Ehefrauen und Mütter, die mit den gewöhnlichen Haushaltspflichten wie Essensvorbereitung und Kindererziehung beschäftigt waren. Aber es gab auch andere weibliche Tätigkeiten für Frauen: sie waren Priesterinnen, Tempeljungfrauen, Hebammen, Weberinnen, Naturheilkundige, Töpferinnen, Musikerinnen, Tänzerinnen, Marktfrauen und Prostituierte. Eine aztekische Frau hatte bestimmte rechtsgültige Rechte. So durfte sie über Besitz verfügen oder Verträge in ihrem eigenen Namen abschließen, sie konnte sich scheiden lassen, wenn ihr Ehemann sie im Stich ließ, grausam war oder es unterließ, sie und ihre Kinder zu unterstützen. Wenn sie geschieden war, konnte sie wieder heiraten. Für aztekische Männer war die Scheidung relativ leicht zu bekommen. Sie mußten nur erklären, daß ihre Frau steril wäre oder ihre Haushaltspflichten vernachlässigte, es reichte aber auch schon die Feststellung, daß die Ehefrau ständig schlechte Laune hätte.

Religion und Weltanschauung

Die Azteken waren tiefgläubig. Sie folgten gewissenhaft den Anweisungen der Priester und nahmen Teil an den zahlreichen Festen zu Ehren der Götter oder naturhafter Ereignisse. Als die Spanier begannen, ihre Heiligtümer und Tempel, ihre Kodizes und Idole zu zerstören, waren ihre religiösen Vorstellungen aber noch nicht so weit entwickelt, um die Götter, Kulte und Glaubensvorstellungen, die sie den besiegten Völker entlehnt hatten, in ein zusammenhängendes System zu integrieren. Dies ist auch der Grund, warum sich in der aztekischen Religion die Funktionen der Götter überlagern, sich widersprechen oder mehrere Gottheiten unter verschiedenen Namen bekannt sind.

Die Erde stellten sich die Azteken als einen großen Fisch oder ein Krokodil vor. Den Himmel unterteilten sie in dreizehn, die Unterwelt in neun Bereiche. Die ersten fünf Himmel durchliefen der Mond und die Sterne, die Sonne und die Wolken; im neunten bis dreizehnten Himmel hielten sich die Götter auf. Die neun Stufen der Unterwelt waren schreckliche Wege, die Verstorbene durchwandern mußten, bis sie die tiefste Ebene, das Reich der Toten *(mictla)* erreichten, aus dem es keine Hoffnung auf Rückkehr gab. Dem Gott Otemetecuhtli und seiner Ehefrau Omeciuatl, die den höchsten, den dreizehnten Himmel bewohnten, schrieben die Azteken die Schöpfung des Universums, der Nahrung und der Menschen zu, gleiches behaupteten sie aber auch von Quetzalcoatl, dem Stammesgott der Tolteken. Der wichtigste Gott war ihr Stammesgott Huitzilopochtli, der sie immer wieder zu neuen Kriegstaten aufforderte. Der wichtigste Gott der Bauern war der Regengott Tlaloc, den sie von den seßhaften Völkern übernommen hatten. Wie alle anderen mesoamerikanischen Zivilisationen hatten auch die Azteken eine Endzeit-Katastrophen-Vorstellung. Sie glaubten, daß der Welt, in der sie lebten, vier Weltperioden, die sogenannten „Sonnen", vorausgegangen wären, die alle durch eine Naturkatastrophe zerstört worden waren. Auch der gegenwärtigen, fünften Welt stand mit einem vernichtenden Erdbeben ein solches Ende bevor, doch es konnte durch Menschenopfer hinausgezögert werden. Opferungen waren auch notwendig, um durch menschliche Blutzufuhr die Sonne zu stärken, die nach ihrem nächtlichen Kampf morgens als bleiche Scheibe am Horizont aufging.

Die Opferung von Menschen war dann auch ein Höhepunkt der zahlreichen Kulte und Feste, die sich über das ganze Jahr hinzogen. Die Opfertechniken variierten und hingen von dem Ritus ab. Zu Ehren des Regengottes Tlaloc wurden Kinder ertränkt in der Hoffnung, daß ihre Tränen reichliche Regenfälle sicherstellten; auf dem der Erdgöttin gewidmeten Fest wurden junge Mädchen enthauptet; für den Feuergott wurden Männer dem Scheiterhaufen übergeben; Priester begingen den Frühjahrsritus, indem sie sich die Haut der abgehäuteten Opfer überzogen. Kinder mit zwei Haarwirbeln waren ebenso sichere Opferkandidaten wie die Gefangenen. Um Gefangene zu machen, hatten sich die aztekischen Krieger eine Reihe von Listen ausgedacht, da ihre Gegner eher den Tod im Kampf suchten als das Los der Gefangenschaft, dessen Folgen ihnen bekannt waren. Die häufigste Form der Opferung fand auf dem Templo Mayor statt. Zu diesem Zweck wurde das Opfer auf einen gewölbten Opferstein gelegt, von vier Priestern an Armen und Beinen festgehalten, während ihm ein fünfter mit einem Messer in die Brust stieß, das noch zukkende Herz herausriß und dem jeweiligen Gott darbot. Über die Anzahl der Geopferten läßt sich nur spekulieren, da die überlieferten Zahlen spanischen Quellen entstammen, die mit Absicht übertrieben.

Die Azteken besaßen einen Sonnenkalender und daneben einen weiteren Kalender, in 18 Monate zu je 20 Tage eingeteilt, den sie als eine Art Horoskop benutzten. Dieser Kalender beruhte auf einer Kombination von 13 Zahlen und 20 Namen, vor allem von Tiernamen, die zusammen 260 Tage ergaben. Jedem Tag wurde eine besondere Eigenschaft zugeschrieben, die auf den überging, der an diesem Tag geboren wurde. Wenn ein Kind im Zeichen „2-Kaninchen" auf die Welt kam, war es im späteren Leben ein Trunkenbold. Da die Tage auch noch bestimmten Göttern zugeordnet waren, wurde der spätere Lebensweg wesentlich von diesem Gott bestimmt. Gewisse Tage waren besonders günstig für Maler, Schreiber, Hebammen. Kein Fernhändler machte sich auf den Weg, ohne vorher den Priester-Wahrsager zu konsultieren. Alle 52 Jahre, wenn die beiden Kalender zeitlich zusammenfielen und damit der 52-Jahre-Zyklus oder das „Jahrhundert" endete, befürchteten die Azteken, daß die Welt in einer Katastrophe untergehen könnte. Sie taten Buße, fasteten, zerschlugen ihre tönernen Kochgeschirre und löschten ihre Herdfeuer aus. Wenn die Priester entschieden hatten, daß ein neuer Zyklus begonnen hatte, entzündeten sie ein neues Feuer in der Brust eines Menschenopfers, und Läufer trugen Fackeln in alle Teile des Reiches.

Der Aufenthaltsort des verstorbenen Azteken wurde nicht durch die individuellen Leistungen, die er im Leben verbracht hatte, bestimmt, sondern von der Todesart, die er erlitten hatte. Die in der Schlacht gefallenen Krieger und der Kaufmann, der auf seiner Reise umgekommen war, aber auch die im Kindbett verstorbene Frau, wurden zum Begleiter der Sonne, um nach vier Jahren als Kolibris wieder aufzuerstehen. Wen der Gott Tlaloc durch Ertrinken oder Blitzschlag ausgezeichnet hatte, der kam in eine Art Paradies. Für alle übrigen Toten blieb nur die Unterwelt, die sie nach einer beschwerlichen, langen Wanderung, die mit großen Gefahren und schmerzhaften Erlebnissen verbunden war, ohne Hoffnung auf eine Wiedergeburt erreichen konnten.

Cortez und das Ende des Azteken-Imperiums

Der Untergang ihres Reiches kam für die Azteken plötzlich und unerwartet: Von der Landung der Konquistadoren in der Nähe von Veracruz im April 1519 bis zur Einnahme Tenochtitlans im August 1521 vergingen gerade mal 28 Monate. Die aztekischen Quellen vermitteln zwar den Eindruck, als hätte sich die Katastrophe in Zeichen und Erscheinungen schon frühzeitig angekündigt, aber in dieser Darstellung spiegelt sich in erster Linie das Bemühen wieder, das Unfaßbare, das in die Welt der Azteken einbrach, nachträglich erklärbar zu machen. Die letzte mesoamerikanische Zivilisation war die erste indianische Hochkultur, die nicht durch zugewanderte indianische Völker zerstört wurde, sondern durch den Zusammenprall mit einer europäischen Zivilisation, die ebenso wie die aztekische eine expansionistische war, auch wenn wie im Fall des Konquistadors Hernando Cortez das individuelle Streben nach Erfolg und Beute, nach Ruhm und Anerkennung (ganz im Zeichen der europäischen Renaissance) im Vordergrund seines Handelns stand. Cortez war gewiß ein Abenteurer und Draufgänger, aber ein Glücksspieler, der sich nur auf sein Glück und seine Kaltblütigkeit verließ, das war er nicht. Einen Staat mit nur 500 Soldaten, ein paar Kanonen und Pferden anzugreifen, war mehr als verwegen, aber Cortez erkannte, nachdem er sich einen Überblick über die politische Situation im zentralen Hochland verschafft hatte, daß er eine reelle Chance besaß, gegen einen gut organisierten, stets kriegsbereiten Staat mit Erfolg vorzugehen.

Der Schlüssel seines Erfolgs war die Unzufriedenheit der von den Azteken unterdrückten Stämme, die bereit waren, jede sich bietende Gelegenheit zu nutzen, um sich vom Joch der Tributzahlungen zu befreien. Zu den Unzufriedenen gehörte auch die Stadt Tlaxcala, die sich einem immer stärkeren aztekischen Druck ausgesetzt sah, mit dem Ziel, ihre Unabhängigkeit zu beenden. Diese unterdrückten Stämme und die Stadt Tlaxcala wurden die Hauptverbündeten der Konquistadoren, stellten ihnen Tausende und Abertausende von Soldaten und Trägern zur Verfügung und versorgten die Kämpfenden mit Nahrungsmitteln. Moctezuma II (1502–1520), der letzte Azteken-Herrscher, taktierte und zögerte, als er die Gefahr erkannte, die von der Streitmacht, die sich ständig vergrößerte, für sein Reich ausging. Seine Unentschlossenheit wurde wahrscheinlich auch durch seine tiefreligiöse Einstellung beeinflußt, die ihn glauben ließ, bei den fremden Ankömmlingen könnte es sich um Abgesandte oder um Quetzalcoatl selbst handeln, der, als er Tula in östlicher Richtung verließ, angekündigt hatte, er würde eines Tages zurückkehren, um seine Rechte auf den Thron einzufordern.

Spätestens in der *noche triste*, der „traurigen Nacht“, als die Spanier und ihre Verbündeten in einer für sie kritischen Situation Tenochtitlan im Juni 1520 fluchtartig verlassen mußten, erkannten die Azteken, daß es sich bei den „weißen Göttern“ um sterbliche Menschen handelte. Cortez kehrte mit verstärkter Streitmacht zurück, und im Endkampf um die Stadt zeigte sich, daß neben den indianischen Hilfstruppen die spanische Waffentechnik Vorteile erbrachte, die auch nicht durch Tapferkeit und Tollkühnheit ausgeglichen werden konnten. Um aber den aztekischen Widerstand zu brechen, sah sich Cortez gezwungen, die Häuser Tenochtitlans Straße für Straße niederzureißen, mit dem Ergebnis, daß die Sieger die von ihnen so sehr bewunderte Stadt in ein Ruinenfeld verwandelten. Dieses Vorgehen haben die Nachfahren der *mexica* dem Konquistador nie verziehen: in ganz Mexiko gibt es kein öffentliches Denkmal von Cortez.

Die Kolonialzeit

Konquistadoren und Missionare

Die Kolonie Neu Spanien

Auf den Trümmern des Aztekenreiches errichteten die siegreichen Konquistadoren eine Kolonie, die sie Neu Spanien (*Nueva España*) nannten, ein Name, den Cortez vorgeschlagen hatte. Neu Spanien wurde die reichste Kolonie, Herzstück des spanischen Kolonialreiches in Amerika, und Mexiko-Stadt der glanzvolle Sitz eines spanischen Vizekönigs. Die Kolonie hatte 300 Jahre Bestand – dreimal so lange wie die Azteken das zentrale Hochland beherrschten – und auf ihrem Höhepunkt im 18. Jahrhundert betrug ihre geographische Ausdehnung das Dreieinhalbfache der gegenwärtigen Größe Mexikos. Die nördliche Grenze reichte weit in die heutigen Vereinigten Staaten von Amerika hinein, gebildet von einer fast geraden Linie, die sich vom Pazifik (nördlich von San Francisco) quer durch den nordamerikanischen Kontinent bis zum Atlantik (nördlich von Saint Augustine) hinzog. Daß es der spanischen Kolonialverwaltung gelang, dieses riesige Territorium erfolgreich zu verwalten und zu missionieren, gehört ohne Zweifel zu den weltgeschichtlichen Leistungen der spanischen Kolonialherrschaft.

Die Historiker unterteilen die Kolonialzeit in drei Zeitabschnitte. Der erste Abschnitt reicht von der Niederlage der Azteken 1521 bis zur Ankunft des ersten Vizekönigs im Jahre 1535. Es war die formative Zeit der Kolonie, die ganz im Zeichen der Konquistadoren und ihrer Bemühungen stand, sich zu bereichern. Auf der Suche nach sagenhaften Reichen, die noch prunkvoller als das Azteken-Imperium sein sollten, unternahmen sie gefährliche Landexpeditionen nach Mittel- und nach Nordamerika und befuhren mit Schiffen den Pazifik. Sie errichteten Gewaltherrschaften in vorübergehend eroberten Territorien und beuteten rücksichtslos die Indianer aus, indem sie ihnen das Land raubten und sie zur Zwangsarbeit verpflichteten. Es gab erste Versuche, in dem Chaos der Eigenmächtigkeit und Rücksichtslosigkeit ein koloniales Verwaltungssystem aufzubauen und die Missionierung der Indianern einzuleiten.

Mit der Ankunft des ersten Vizekönigs in der Kolonie Neu Spanien, die in ein Vizekönigreich umgewandelt worden war, beginnt die zweite Phase, die fast 200 Jahre dauerte. Die Übergriffe der Konquistadoren wurden eingeschränkt, und der Verwaltungsaufbau wurde systematisch vorangetrieben, um die Kolonie fest an das Mutterland anzubinden und nach seinen fiskalischen und wirtschaftlichen Interessen auszurichten. Die Übernahme europäischer Techniken revolutionierte die koloniale Landwirtschaft und förderte den Abbau von Edelmetallen, die Haupteinnahmequelle der spanischen Krone. Die restriktive Wirtschafts- und Handelspolitik des Mutterlandes ließ den Aufbau einer eigenen Industrie nicht zu, auch wurde der Handel der Kolonie mit anderen Staaten untersagt. Die feudale Gesellschaftsstruktur, die sich in der Kolonie bildete, war offen rassistisch, zerfiel in streng abgegrenzte Kasten, in Spanier, Kreolen, Mestizen und Indianer, wobei die Europäer die Indianer dominierten. Die Erziehung war das Privileg weniger. Die Kirche förderte Malerei und Architektur, aber nur in ihrer christlichen Ausprägung; ansonsten war die koloniale Kultur ein Abbild der spanischen, während die Indianer ihre Volkskulturen trotz der Hispanisierung beibehielten.

Die nahezu völlige Abschnürung der Kolonie fand mit den Bourbonen-Reformen im 18. Jahrhundert ihr Ende. Der letzte Abschnitt der Kolonialzeit stand unter dem Einfluß des aufgeklärten Absolutismus, der erfolgreichen Revolutionen in den Vereinigten Staaten von Amerika und Frankreich sowie den politischen Veränderungen im Mutterland. Der Gedanke, die Kolonie von Spanien unabhängig zu machen, griff unter den Kreolen um sich, die sich durch die spanische Kolonialpraktiken in ihrer wirtschaftlichen Entfaltung behindert sahen. Der Aufstand des Paters Miguel Hidalgo fand jedoch wegen seiner sozialrevolutionären Ausrichtung nicht ihre Zustimmung und scheiterte. Erst zehn Jahre später, als liberale Reformen im Mutterland den Einfluß und die Vorrechte der Kirche und der Kreolen zu gefährden schienen, kam es zum Bündnis von spanischen Offizieren und kreolischen Royalisten mit dem Ziel, die Loslösung vom Mutterland herbeizuführen, die 1821 erfolgte.

Nach der Eroberung Tenochtitlans befanden sich die zentralen Provinzen des Aztekenreiches in der Gewalt der Spanier. Mit der gleichen Energie und Entschlossenheit, die Cortez bei der Zerstörung der Azteken-Hauptstadt aufgebracht hatte, setzte er sich für den Wiederaufbau und die Reorganisation der ihm zugefallenen Gebiete ein. Als abschreckendes Beispiel war ihm Kuba gegenwärtig, wo er mit eigenen Augen verfolgen konnte, wie es den Spaniern in wenigen Jahren gelungen war, das Land auszuplündern und die einheimische Bevölkerung auszurotten. Er wollte das eroberte Gebiet in eine spanische Provinz umwandeln, mit einer spanischen Bevölkerung, die den Indianern die spanische Zivilisation aufdrücken sollte. Mittelpunkt dieser spanischen Provinz sollte das wiederaufgebaute Tenochtitlan sein, noch größer und schöner gestaltet und in Mexiko-Stadt (*México*) umbenannt.

Die indianischen Kaziken im Tal von Mexiko wurden angewiesen, einheimische Arbeitskräfte zum Wiederaufbau der zerstörten Stadt bereitzustellen. Die alten Gebäude wurden abgerissen, der Tempelbezirk eingeebnet und zu einem zentralen Platz und Markt umgestaltet. Der riesige Platz, der von Norden nach Süden 367 Meter und von Westen nach Osten 240 Meter maß, wurde in den folgenden Jahrhunderten mehrmals umbenannt. Zunächst hieß er Plaza Real, dann Plaza Mayor, wie der Hauptplatz in Madrid, und seit der Unabhängigkeit Mexikos Plaza de la Constitución, von den Mexikanern spöttisch-liebevoll Zócalo (Sockel) genannt, in Erinnerung an den Versuch, König Karl IV gegen Ende der Kolonialzeit ein Denkmal zu setzen; dieses Vorhaben kam aber nicht über die Errichtung eines Sockels hinaus. An der östlichen Seite des Platzes ließ Cortez auf den Grundmauern des Palastes von Moctezuma einen Regierungspalast errichten, der nach seiner Fertigstellung dem Vizekönig (*virrey*) als Regierungssitz diente und heute als Palacio Nacional der Amtssitz des mexikanischen Präsidenten ist. Im Süden entstand ein Rathaus (*ayuntamiento*), im Westen eine Reihe von Geschäften und im Norden eine Kirche, die später durch eine Kathedrale ersetzt wurde (an der Nordostecke des Platzes, zwischen der Kathedrale und dem Regierungspalast, konnten Archäologen zwischen 1978 und 1981 die Basis des Templo Mayor freilegen).

Der Grundriß der neuen Stadt folgte dem spanischen Vorbild: schachbrettartig angelegte, schnurgerade Straßen, die viereckige Häuserblocks einschlossen. Die Spanier, die ihre zweistöckigen Häuser aus *tezontle*, einem braunen Lavagestein, erbauen ließen, teilweise mit wehrhaften Türmen zum Schutz vor Indianeraufständen, wohnten in den Häuserblocks in unmittelbarer Nähe der Plaza Real, während die Azteken in für sie eigens reservierten Stadtteilen lebten. Bis Ende 1522 war Coyoacán der Sitz der Regierung, danach bezog sie ein Gebäude an der Plaza Real. Ein Stadtrat entstand, der sich mit der Regulierung der Preise und mit Hygienemaßnahmen beschäftigte. Um 1524 lebten mehr als 30000 Menschen in Mexiko-Stadt, und der Markt funktionierte wieder, aber es sollte mehr als drei Jahrhunderte dauern, bis die Stadt die Bevölkerungszahl der präkolumbianischen Zeit erreicht hatte.

Intensiv beschäftigte sich Cortez mit dem Verwaltungsaufbau der Kolonie, indem er alle Aspekte des politischen und wirtschaftlichen Lebens reglementierte und dafür sorgte, daß europäische Pflanzen und Tiere eingeführt wurden. Er schuf eine Regierung, in der er die militärische und richterliche Gewalt als *capitán general* und *justicia mayor* übernahm. Die alten zentralistischen Funktionen, wie sie die Azteken eingeführt hatten, beließ er, somit auch die Kontrolle der Kaziken über die indianischen Gemeinden, während er die Gemeinderäte in den Städten nach spanischem Vorbild organisierte. Er versuchte die Beziehungen zwischen Siegern und Besiegten zu verbessern, indem er die Heirat zwischen den Konquistadoren und den Töchtern adliger Azteken förderte. Die einfachen Soldaten brauchten erst gar nicht gebeten werden, sie gingen in Ermangelung spanischer Frauen Verbindungen mit einheimischen Frauen ein. Von der Niederlage geschockt und ihrer Führung beraubt verhielten sich die Azteken ruhig und folgten den Anweisungen der Spanier, wie sie früher den Anweisungen des aztekischen Adels gefolgt waren.

Als schwierig erwies sich die Entlohnung der Offiziere und Soldaten, die alle Strapazen und Gefahren in der Hoffnung auf Gold ausgehalten hatten, denn das, was die Spanier durch Erpressung und Plünderung erbeuteten, war relativ wenig. Die Azteken waren niemals so reich gewesen, wie die Spanier erhofft hatten, zudem war ein Großteil des Aztekenschatzes in der *noche triste* verlorengegangen. Da wenig Gold zur Verfügung stand, und die Verteilung der Beute im Verhältnis zu den Vorleistungen erfolgte, die von den Soldaten in Form von Waffen und Pferden für das Unternehmen erbracht worden waren, ging die Mehrzahl der einfachen Soldaten leer aus. Sie nahmen in der Folgezeit an weiteren Unternehmungen der Konquistadoren teil oder ließen sich in ihrem angestammten Beruf als Schmid, Schreiner oder Schuhmacher in der Kolonie nieder. Als Ersatz für die geringen Goldbeträge erhielten die höheren Militärränge Stadtgrundstücke, vor allem aber Landbesitz, den die Spanier den Besiegten wegnahmen, indem den Indianern entweder das Land, das sie nicht kultivierten, enteignet wurde, oder man zwang verstreut lebende Familien und kleine Gemeinschaften, sich in Städten niederzulassen (aus Sicherheitsgründen, wie die offizielle Begründung lautete), und das freigewordene Land wurde eingezogen. Obwohl viele Spanier dadurch zu großen Landbesitzern wurden, zogen sie es vor, in der Stadt zu leben, während ein Aufseher ihren ländlichen Besitz bewirtschaftete. Der Landbesitz erwies sich bald als die Hauptquelle für Prestige, Reichtum und politische Macht in der Kolonie.

Encomiendas und Repartimientos

Mit der Landverteilung gaben sich die Hauptkonquistadoren aber nicht zufrieden, sie wollten weitere Vergünstigungen, so daß sich Cortez gezwungen sah, indianische Tribute nach dem sogenannten Encomienda-System zuzulassen, um Rebellionen unter seinen Gefolgsleuten zu verhindern. Mit der Encomienda wurde ein Dorf oder eine Indianergruppe einem Spanier, einem Encomendero, anvertraut (= *encomender*), der sich seinerseits verpflichtete, die Indianer zu beschützen, zu christianisieren und zu zivilisieren. Als Gegenleistung konnte er Tribute und Steuern von seinen Schützlingen einziehen, die von der Dorfgemeinschaft aufgebracht werden mußten. Wenn die Indianer die Abgaben, was häufig der Fall war, nicht bezahlen konnten, weil zum Beispiel die Ernte schlecht ausgefallen war, verlangte der Encomendero anstelle der

Abgabe persönliche Dienstleistungen. Die Encomenderos nutzten diese Gelegenheit, um die Arbeitskraft der ihnen anvertrauten Indianer auf ihrem Landbesitz brutal auszubeuten. Von der Encomienda waren die Stadt Tlaxcala und andere loyale indianische Verbündete ausdrücklich ausgenommen. Dörfer, die nicht dem Encomienda-System angehörten, mußten die Tribute an die spanische Krone abführen, in der gleichen Höhe, wie sie früher an die aztekischen Adligen erfolgt waren. Aztekische Tributlisten in Bilderschrift identifizierten über 400 unterworfene Städte und gaben die Art und die Höhe der zu leistenden Tribute an.

Cortez, der die Rücksichtslosigkeit seiner Kameraden kannte, versuchte die Auswüchse der Encomienda durch Bestimmungen in den *Ordenanzas de un Buen Gobierno* (1524) abzumildern, in denen er unter anderem festlegte, welche Personengruppen zur Arbeit herangezogen werden durften, welche Tätigkeiten ausgeschlossen waren und welche Pflichten der Encomendero gegenüber den Indianern zu übernehmen hatte. Die Kolonialverwaltung war aber entweder nicht in der Lage oder nicht willens, da sie mit den Encomenderos zusammenarbeitete, den Bestimmungen gebührende Geltung zu verschaffen. Karl V war mit dem Fait accompli, das Cortez mit der Zulassung von Encomiendas geschaffen hatte, nicht einverstanden. Dem Kaiser war das Problem der Arbeitskräftebeschaffung in den amerikanischen Kolonien durchaus bekannt. Nach den Erfahrungen mit den Encomiendas auf Kuba und La Española und ihren katastrophalen Folgen für die einheimische Bevölkerung, aber auch aus wirtschaftlichen Überlegungen war ihm daran gelegen, die Indianer zu schützen, sie als Arbeitskräfte zu erhalten. Die Indianer sollten durchaus für die Spanier arbeiten, da diese körperliche Arbeit im allgemeinen ablehnten, jedoch sollten die Indianer für Lohn arbeiten und unter angemessenen Bedingungen. Die Krone unterstützte deswegen die Arbeitsverpflichtung im Rahmen des Zuteilung (= *Repartimiento*)-Systems, demzufolge die Indianerdörfer verpflichtet waren, wöchentlich eine bestimmte Anzahl von Indianern für öffentliche Arbeiten abzustellen. Diese Arbeitskräfte, denen ein geringer Lohn bezahlt wurde, errichteten Regierungsgebäude und Kirchen und wurden schließlich beauftragt, auf dem Grundbesitz der Spanier oder in ihren Gold- und Silberminen zu arbeiten.

In der Folgezeit war Karl V mit Unterstützung der Kirche bemüht, die von Cortez bewilligten 300 Encomiendas abzuschaffen oder doch zumindest der Regierungskontrolle zu unterstellen. Bei der Einschränkung des Encomienda-Systems handelte es sich aber nur vordergründig um ein humanitär-christliches Anliegen, denn im Kern ging es um eine Machtauseinandersetzung zwischen dem absolutistisch-zentralistischen Anspruch des Monarchen, der die neue Kolonie fest in seinen Herrschaftsbereich integriert wissen wollte, und den feudalistisch-separatistischen Tendenzen unter den Konquistadoren.

Die Entmachtung der Konquistadoren

Cortez hatte nicht im Auftrag der spanischen Krone, sondern in eigener Verantwortung das Aztekenreich angegriffen und zerstört, gewissermaßen als freier Unternehmer auf eigenes Risiko. Er versuchte in langen Briefen sein Handeln gegenüber Kaiser Karl V zu rechtfertigen. Der mißtrauische Kaiser bestätigte Cortez als *capitán general* und ernannte ihn 1522 zum Gouverneur (*gobernador general*) von Neu Spanien, da er ihn zu diesem Zeitpunkt nicht einfach entfernen konnte; später erhielt Cortez auch noch den Titel Graf von Oaxaca *(marqués del Valle de Oaxaca)*, was den Besitz riesiger Ländereien und die Tribute Zehntausender Indianer einschloß.

Ziel Karls V blieb es jedoch, Cortez Schritt für Schritt zu entmachten (wie das mit allen Konquistadoren geschah, die zu mächtig geworden waren). Als Anlaß dienten dem Kaiser die skandalösen Vorgänge in der Kolonie. Streitereien zwischen Beamten, die Cortez während seiner zeitweiligen Abwesenheit von Mexiko-Stadt eingesetzt hatte, lösten bürgerkriegsähnliche Unruhen aus. Die Parteinahme für oder gegen Cortez spaltete die spanische Bevölkerung, und die Habsucht der königlichen Beamten führte zur Massenausbeutung und Versklavung vieler Indianer, einige rebellierten gegen die Europäer. Cortez mußte sich einer Überprüfung seiner Amtsgeschäfte (*juicio de residencia*) durch königliche Beamte unterziehen, was zur Folge hatte, daß ihm die Regierungsgewalt entzogen wurde. Vergeblich versuchte er den Kaiser von seiner Loyalität zu überzeugen. Was ihm blieb, war der Titel *capitán general*, eine militärische, aber keine politische Funktion.

Die Regierungsgeschäfte wurden einer Audiencia übertragen, einem Verwaltungsgerichtshof, bestehend aus einem Vorsitzenden und vier Richtern (*oidores*). Während der Reconquista, der Wiedereroberung der von Moslems besetzten Teile Spaniens im Mittelalter, diente die Audiencia als Gerichtshof, in der Neuen Welt wurde sie zusätzlich mit Regierungsfunktionen ausgestattet. Die Primera Audiencia unter ihrem Vorsitzenden Nuño Beltrán de Guzmán, dessen Ausschreitungen als Gouverneur von Pánuco, im heutigen Bundesstaat Veracruz, den Verantwortlichen in Spanien unbekannt geblieben waren, benutzte in den Jahren 1528 bis 1530 ihre Machtfülle, um das ihr unterstellte Gebiet auszuplündern und die Indianer auszubeuten. Der Kaiser kam schließlich zu der Erkenntnis, daß als Gegenmittel gegen die unhaltbaren Zustände in Neu Spanien nur noch die Einrichtung eines Vizekönigtums in Frage kam, das von einem Vizekönig geleitet werden sollte, der, als persönlicher Vertreter des Monarchen mit fast absoluter Macht ausgestattet, die Kolonie fest an das Mutterland anbinden sollte.

Bis zur Ernennung eines geeigneten Vizekönigs, der über Prestige und Verwaltungserfahrungen verfügte, wurde eine zweite Audiencia unter der Leitung von Sebastián Ramírez Fuenleal, dem Bischof von Santo Domingo (der Hauptstadt von La Española), geschaffen. Die Segunda Audiencia der Jahre 1530 bis 1534 war effektiv und verantwortungsbewußt, aber sie war in ihrem Bemühen, die Encomiendas abzuschaffen, womit sie beauftragt worden war, nur bedingt erfolgreich. Fuenleal mußte vorsichtig agieren, wenn er nicht den Widerstand der Encomenderos herausfordern und den Abfall der Kolonie riskieren wollte. Die Encomiendas, die Guzmán zugelassen hatte, konnte er ohne Schwierigkeiten einziehen. Die alten Encomiendas unterstellte er teilweise Corregidores, Verwaltungsbeamten, deren Aufgabe es unter anderem war, eine angemessene Behandlung der Indianer sicherzustellen. Da jedoch die Encomenderos, denen die Encomienda entzogen worden war, mit der Ernennung zum Corregidor entschädigt wurden, blieb alles beim alten. Teilweise verschlechterte sich die Situation der Indianer sogar noch, denn die Corregidores verschärften zum Zweck der persönlichen Bereicherung die Ausbeutung der Indianer im gleichen Maße wie die Spanier, die im Besitz einer Encomienda geblieben waren, und die versuchten, so viel wie möglich aus den Indianern herauszupressen, bevor sie ihre Encomienda abgeben mußten.

Die schlechte Behandlung der Indianer veranlaßte Papst Paul III zur Stellungnahme. In einer Reihe von Enzykliken verbot er unter Androhung der Exkommunikation die Versklavung der Indianer und die Beschlagnahme ihres Besitzes. Zur gleichen Zeit führte eine Reformbewegung in Spanien zu den Indianerschutzgesetzen von 1542. Einer der Hauptagitatoren dieser Bewegung war der Dominikanerpater Bartolomé de las Casas, ein früherer Encomendero, der sich aktiv für die Indianer einsetzte und zu ihrem Schutz die Einfuhr afrikanischer Sklaven befürwortete. Vorausgegangen war in Spanien eine kritische Diskussion unter Theologen und Juristen über die Rechtmäßigkeit der spanischen Kolonialherrschaft und die Behandlung der Indianer. Für die in der Naturrechtslehre der Scholastik geschulten Theologen, wie den Dominikaner Francisco de Vitoria, war die Herrschaft über heidnische Gebiete legitim, jedoch waren christliche Gebote und humanitäre Grundsätze zu befolgen. Gegen diese Auffassung argumentierte der Humanist und Hofjurist Juan Ginés de Sepúlveda. Seiner Meinung nach waren die rohen und barbarischen Menschen, so wie die Indianer, geboren, um den Vernunftbegabten zu dienen. Mit dieser Lehre rechtfertigte er indirekt die Diskriminierung der indianischen Rasse.

Das Indianerschutzgesetz in den *Leyes Nuevas* untersagte die Sklaverei von Indianern und forderte die Einziehung der im Privatbesitz befindlichen Encomiendas. Wegen der Opposition der Kolonisten gegen das Gesetz mußten die Bestimmungen in Neu Spanien zeitweilig ausgesetzt werden (im Vizekönigreich Peru ermordeten die aufgebrachten Encomenderos den Vizekönig). Es gelang der Kolonialverwaltung aber, den Encomiendas ihre wirtschaftliche Grundlage zu entziehen, indem Tausende versklavte Indianer ihre Freiheit erhielten und der persönliche Dienst von Indianern anstelle von Tributen verboten wurde. In die Enge getrieben, planten die Encomenderos unter der Führung der Brüder Alonso und Gil González de Ávila einen Staatsstreich: der Vizekönig sollte abgesetzt und Martín Cortez, der Sohn des Konquistadors, in der vom Mutterland abgefallenen Kolonie zum König ausgerufen werden. Das Vorhaben wurde 1562 aufgedeckt, die Ávila-Brüder auf der Plaza Real in Mexiko-Stadt hingerichtet und gegen andere Mitverschworene wurden harte Strafen verhängt.

Mit diesem letzten, vergeblichen Versuch war der Widerstand der Encomenderos gebrochen und die Krone hatte sich gegenüber den Konquistadoren und ihren Erben durchgesetzt und konnte für die nächsten 250 Jahre ihre Position in der Kolonie Neu Spanien unangefochten behaupten. An die Stelle der Gesellschaft der Konquistadoren trat eine neue Kolonialgesellschaft, dominiert von spanischen Verwaltungsbeamten, die sich nur auf Zeit in Neu Spanien aufhielten. Das Encomienda-System blieb, stark eingeschränkt, bis ins 18. Jahrhundert bestehen, aber die Encomenderos, zu Großgrundbesitzern und Hacendados aufgestiegen, brauchten diese Einrichtung nicht mehr. Sie bedienten sich anderer, legaler Methoden, um weiterhin die Arbeitskraft der Indianer ausbeuten zu können.

Eroberung und Absicherung

Die Spanier begnügten sich nicht mit der Eroberung des Aztekenreiches. Bald nach der Einnahme Tenochtitlans begannen sie mit der Ausweitung ihres Machtbereichs. In den Gebieten, die von den Azteken beherrscht worden waren, stießen die Spanier auf keinen nennenswerten Widerstand, da die Niederlage der aztekischen Armee, die als unbesiegbar gegolten hatte, Verwirrung und Ängste unter den mesoamerikanischen Völkern auslöste und somit die Unterwerfung unter die Spanier beschleunigte. Begünstigt wurde der Eroberungsprozeß auch durch Krankheiten, die, von den Europäern eingeschleppt, sich schnell ausbreiteten und die Indianer dahinrafften, da sie keine Antikörper dagegen besaßen. Und außerdem machte es für die Indianer keinen Unterschied, wem sie Tribut zahlen mußten. Seit langem an wirtschaftliche Ausbeutung gewöhnt, sahen die Völker in der spanischen Herrschaft nur den Austausch des gehaßten Ausbeuters durch einen anderen. Außerhalb des ehemaligen aztekischen Machtbereichs stießen die Spanier teilweise auf erheblichen Widerstand, einige unzugängliche Gebiete konnten sogar jahrhundertelang ihre Unabhängigkeit bewahren.

Verschiedene Motive gaben den Anlaß zur territorialen Ausdehnung Neu Spaniens. Zunächst galt es die westlichen und östlichen Gebiete, die an das Tal von Mexiko angrenzten, zu erkunden, um das eroberte Kernland der Azteken gegen mögliche indianische Angriffe abzusichern. 1522 marschierten Abteilungen unter Cristóbal de Olid in das Land der Tarasken, während Gonzalo de Sandoval einige Gebiete entlang des Golfs von Mexiko der spanischen Herrschaft einverleibte. Es folgten Expeditionen in den südlichen und nördlichen Teil des heutigen Mexiko und darüber hinaus auf der Suche nach den großen Königreichen, die es, so das Gerücht, irgendwo noch unentdeckt geben sollte. Im Süden unterwarf Francisco de Orozco die Zapoteken, während ihre in den Bergen wohnenden Nachbarn, die Mixteken, erfolgreich Widerstand leisteten, bis Pedro de Alvarado einen Feldzug gegen sie führte, sie besiegte und über die Landenge von Tehuantepec nach Süden vordrang, wo er in den Jahren 1523 bis 1524 das Gebiet bis El Salvador eroberte. Die Unterwerfung der Maya auf der Yucatán-Halbinsel und ihre kulturelle Assimilation erwiesen sich schwieriger als die der Azteken. Der Widerstand der Maya dauerte zwei Jahrzehnte, da die Mayas einen Guerillakrieg führten, der den Spaniern sehr zu schaffen machte. Als Francisco Montejo 1542 die Stadt Mérida gründete, befand sich der größte Teil der nördlichen Region unter spanischer Kontrolle, aber fünf Jahre später gab es einen Aufstand der Mayas, der mit aller Brutalität blutig niedergeschlagen wurde. Während der Kämpfe in Yucatán verloren fast 500 Spanier ihr Leben; zahllose Mayas wurden getötet, und ihre Häuptlinge, die sich weigerten, zu kapitulieren, wurden nach ihrer Gefangennahme bei lebendigem Leib verbrannt.

Nach Norden zog Francisco Vázquez de Coronado, der ein Expeditionskorps befehligte, das sich aus 225 Kavalleristen, 62 Fußsoldaten, 1000 verbündeten Indianern und einem Kontingent indianischer und schwarzer Sklaven zusammensetzte, deren Aufgabe darin bestand, tausende von Rindern zu treiben, um die Spanier vom Nachschub unabhängig zu machen. Coronados Männer verbrachten die Jahre 1540 bis 1542 mit dem Erforschen von Teilen der heutigen Staaten Arizona, New Mexico, Texas, Oklahoma und Kansas. Was sie fanden, war enttäuschend: die sieben Städte von Cíbola entpuppten sich als armselige Dörfer der Zuñi, und die sagenhafte goldene Stadt von Quivira erwies sich als eine Ansiedlung der Witicha mit grasbedeckten Hütten. Auch zwei von Coronados Hilfsexpeditionen fanden nicht die erhofften Reichtümer: eine maritime Expedition unter Hernando de Alarcón segelte den Golf von Kalifornien entlang und erforschte den Colorado, während eine Überlandexpedition unter García López de Cárdenas den Grand Canyon fand. Etwas früher als Coronado erforschte eine andere Gruppe von etwa 600 Spaniern, die von Hernando de Soto geführt wurde, die Region zwischen Florida und Arkansas.

Da es im Süden wie im Norden die erhofften Reichtümer nicht gab, wandte sich das Interesse dem Pazifik zu. Ergebnislos blieb die Suche nach der Straße von Anian, einem Wasserweg, der angeblich den Pazifik mit dem Atlantik verbinden sollte. Rodríguez Cabrillo fuhr deswegen 1542 an der Küste von Kalifornien entlang und ankerte in der San Diego Bay. Jedoch konnte die Verbindung mit Asien hergestellt werden, wobei Miguel López de Legazpi die Philippinen annektierte. Die Philippinen wurden Neu Spanien zugeschlagen und von Mexiko-Stadt aus verwaltet.

Nachdem 1546 ein Suchtrupp unter Juan de Tolosa ein reiches Silberlager in Zacatecas entdeckt hatte, begann als Folge weiterer Silberfunde, die sich in nördlicher Richtung fortsetzten, die systematische Besiedlung der nördlichen Gebiete, die durch militärische Befriedungsaktionen gegenüber Indianerstämmen mit der Errichtung von Militärstützpunkten (*presidios*) und befestigten Städten wie San Miguel und San Felipe 1554 ihre Absicherung erfuhren. Die kolonisierten Gebiete wurden zu Verwaltungseinheiten zusammengefaßt. In den 60er Jahren wurde Nueva Vizcaya gegründet, das die späteren Bundesstaaten Sinaloa, Sonora, Durango und Chihuahua umfaßte, es folgten Coahuila und Nuevo León. Bereits in den 30er Jahren hatte der ehemalige Vorsitzende der Primera Audiencia, Nuño Beltrán de Guzmán, der sich durch Flucht seiner Festnahme entzog, Nueva Galicia mit den heutigen Staaten Jalisco, Zacatecas, Aguascalientes und Guanajuato gegründet, wo es ihm und seinen Anhängern gelang, eine Gewaltherrschaft auszuüben, bis er gefangengenommen werden konnte und nach Spanien überführt wurde.

Am Ende des 16. Jahrhunderts erreichte die nördliche spanische Ausdehnung New Mexico, 3000 Kilometer von Mexiko-Stadt entfernt. Die Befürchtungen der spanischen Krone, daß die europäischen Seemächte England und Frankreich sich in Nordamerika festsetzen und damit das spanische Imperium bedrohen könnten, führte schließlich zu defensiven Sicherungsmaßnahmen, wozu die militärische Präsenz in New Mexico ebenso gehörte wie in Florida, die als defensive Außenposten ausgebaut wurden. Spanische Militärstützpunkte entstanden in Saint Augustine und Pensacola, die nicht nur die spanischen Interessen auf der Halbinsel Florida schützten, sondern auch die Route der spanischen Schiffe nach Europa. Gegen die Piraten, die nicht selten im Auftrag der englischen und französischen Krone Kaperfahrten unternahmen, konnten die Spanier zunächst wenig unternehmen. Francis Drake setzte den Spaniern über 25 Jahre zu. Seine Angriffe auf Schiffe und küstennahe Städte verärgerte die Spanier und verletzte ihren Stolz, aber ihre dominierende Position in Amerika blieb über ein Jahrhundert unangetastet.

Die Missionierung

Während die Konquistadoren das Territorium der Kolonie Neu Spanien vergrößerten, waren die Missionare dabei, die eroberten Gebiete zu christianisieren oder – wie einige Historiker meinen – die geistige Eroberung der Indianer durchzuführen. Die Missionierung der Indianer begann mit der Ankunft von 12 Franziskanern (*los Doce*) im Jahre 1524, auch wenn erste Bekehrungsversuche von Bartolomé de Olmeda, der sich Cortez angeschlossen hatte, und Pedro de Gante, der später zu den Konquistadoren gestoßen war, schon vorher stattgefunden hatten. In den folgenden Jahren trafen die Angehörigen anderer Orden ein: 1526 die Dominikaner, 1533 die Augustiner und zuletzt 1572 die Jesuiten. Die Päpste gestanden den Orden weitgehende Privilegien zu, so daß die gesamte apostolische Gewalt in den Händen der Missionare lag, aber nur solange, wie sich im Missionsgebiet noch kein Bischof befand.

Alle Ordensgemeinschaften gründeten Klöster im Tal von Mexiko, von wo aus sie Missionsreisen unternahmen. Die Franziskaner hatten ihren Missionsschwerpunkt im Tal von Mexiko und im Gebiet von Puebla und Tlaxcala. Von dort aus gründeten sie Klöster in Michoacán und Jalisco und folgten den Konquistadoren auf ihrem Zug nach Norden, um in Zacatecas und Durango ihre Missionstätigkeit fortzusetzen. Die Dominikaner gründeten eine Art Klosterkette, die vom Südwesten des heutigen Bundesstaates Mexico bis nach Oaxaca und zur Landenge von Tehuantepec reichte. Die Augustiner ließen sich in den noch freien Gebieten um Mexiko-Stadt nieder. Von dort aus gingen sie bis ins nördliche Guerrero, zu den Otomí in Hidalgo und nach Michoacán. Die Jesuiten gründeten die Mission von Sinoloa und weitere Missionen, von denen sie die Gebiete westlich von Zacatecas, El Paso und New Mexico missionierten.

Jeder Orden hinterließ in seinem Missionsgebiet einen unverwechselbaren Abdruck. Die franziskanischen Klöster mit ihren plateresken Fassaden, einem Schmuckstil, der Elemente der spanischen Spätgotik mit der italienischen Frührenaissance vereint, glichen Festungen, was sie auch waren, um sich vorsorglich vor Indianeraufständen zu schützen. Sie standen im freien Gelände, wo heute noch ihre Ruinen zu sehen sind. Die Bauten der Dominikaner waren ausgesprochen luxuriös, sie befanden sich in den Städten. Die Missionare ließen mit Hilfe der Indianer riesige Dämme und komplexe Bewässerungsanlagen bauen, die teilweise noch in Betrieb sind, und Schulen, Kollegien, Universitäten sowie Kirchen, die oft auf oder in der Nähe von heiligen Orten der Indianer errichtet wurden.

Die Missionare der ersten Stunde waren in der Regel hochgebildet, besaßen innere Disziplin und führten ein asketisches Leben, von Ausnahmen, die es auch gab, einmal abgesehen. Viele waren Idealisten und von den religiösen Auseinandersetzungen zwischen Katholiken und Protestanten abgestoßen. Sie glaubten, die Reinheit des Urchristentums, die in Europa längst korrumpiert worden war, könnte in Neu Spanien mit Hilfe der Indianer neu erstehen, und so versuchten diese Missionare eine Utopie umzusetzen. Aus franziskanischer Sicht bedurften die Indianer zwar der christlichen Heilslehre, nicht aber der Vermittlung eines umfassenden christlichen Kulturkonzepts. Denn die Indianer, so die Missionare, zeichneten sich durch Tugenden wie Demut, Gehorsam und Friedfertigkeit aus, die sie geradezu für eine Lebensgemeinschaft nach urchristlichem Vorbild vorbestimmt erscheinen ließen, und deswegen plädierten die Franziskaner für eine getrennte koloniale Gesellschaft, für eine christlich-spanische und eine christlich-indianische. Daß sie damit die Diskriminierung der Indianer förderten, konnten sie nicht ahnen, denn das gut gemeinte, duale Gesellschaftsmodell erfuhr in den Schutz- und Rassegesetzen der *Leyes Nuevas* eine Abwertung: den Indianern wurde der Status geschützter Minderjähriger zuerkannt, was ihre Abstufung innerhalb der kolonialen Gesellschaft bedeutete, die in den 50er Jahren des 16. Jahrhunderts durch kirchliche Konzilien für die Dauer der Kolonialzeit festgeschrieben wurde.

Aber bevor es soweit war, arbeiteten die Franziskaner weiter an ihrer Utopie. Dazu gehörte die Wiederbelebung gewisser Praktiken des frühen Christentums, wie etwa die Taufe durch Eintauchen des Körpers, wozu ein riesiges Taufbecken benutzt wurde, wie jenes, das sich im Kloster Tzintuken in Michoacán befindet. Vor allem widmeten sie sich der Erziehung indianischer Jugendlicher in eigens für sie errichteten Schulen mit dem Ziel, sie durch eine umfangreiche Bildung in die Lage zu versetzen, ihre eigene, indianische Welt zu bekehren und zu hispanisieren.

Die Franziskaner waren es dann auch, die sich intensiv mit der Sprache, den Sitten und der Geschichte der Indianer beschäftigten, um über das Verstehen der andersartigen Kultur Zugang zu den Indianern zu finden und um ihnen die Unterschiede zwischen den alten religiösen Praktiken und dem Christentum besser erklären zu können. Viele detaillierte Studien über regionale Gebräuche und Zeremonien der Indianer entstanden, Grammatiken wurden verfaßt und Wörterbücher geschrieben. Die wichtigste Arbeit war ohne Zweifel das Werk von Bernardino de Sahagún, der zehn Jahre lang Informationen von den Indianern sammelte, die er dann zu einer vollständigen Geschichte der Azteken verarbeitete, wodurch spätere Wissenschafter in die Lage versetzt wurden, einzelne Aspekte der aztekischen Hochkultur zu rekonstruieren.

Die Missionierung folgte einem bewährten Muster: erstens versuchten die Missionare die Indianer von der Falschheit und Schwäche ihrer Gottheiten zu überzeugen, indem sie ihre Götzenbilder zerstörten und um ihnen dann, zweitens, die Wahrheit des Christentums zu verdeutlichen, wobei sie sich der Argumentation der Bibel bedienten. Dieser Vorgang erfolgte anfangs rein mimisch und durch Abbildungen, wie sie dem Katechismus des Pedro de Gante, der erhalten geblieben ist, zu entnehmen sind. Auch die religiösen Wandgemälde in den frühen Kirchen wurden weniger als Schmuck begriffen, sondern als wirkungsvolles evangelisatorisches Werkzeug. Nachdem die Missionare die Sprache der Indianer beherrschten, begann die eigentliche Evangelisierungsarbeit: Die Kinder mußten täglich, die Erwachsenen dreimal pro Woche einen Religionsunterricht besuchen. Zuerst hatten sie den Katechismus auswendig zu lernen, ihn dann mit Vergleichen und Bildern zu erklären. Neben der Katechese, dem Religionsunterricht, stand die Predigt als Mittel der Verkündung, die, bevor Kirchen erbaut waren, in sogenannten offenen Klosterkapellen stattfanden, um mehr Menschen Platz zu bieten. Ein besonders schönes Beispiel einer offenen Klosterkapelle befindet sich im Franziskanerkloster in Cuenavaca.

Die Verabreichung der Sakramente wurde von den einzelnen Orden unterschiedlich gehandhabt. Die Franziskaner und die Augustiner zogen es vor, so früh wie möglich zu taufen, ohne besonders auf die christliche Bildung der Täuflinge zu achten; die Dominikaner hielten es für besser, etwas länger zu warten. Die Eucharistie (Abendmahl) schränkten die Dominikaner soweit wie möglich ein, die Augustiner und Jesuiten waren großzügiger, die Franziskaner nahmen eine Zwischenstellung ein. Ansonsten wurde den Indianern die Ausübung des Christentums sehr erleichtert. Sie hatten Privilegien bei der Heirat, und die Fastenzeit war nicht so streng. Auf der anderen Seite versuchten die Missionare die Arbeit der Medizinmänner soweit wie möglich zu unterbinden, sie bekämpften jeden Götzendienst und verboten harmlose heidnische Praktiken wie Tänze und Folklore. Die Gebiete, in denen im 16. Jahrhundert das Evangelium richtig gepredigt wurde, blieben christlich, während sich in den Regionen, in denen der Glaube schlecht oder unzureichend verkündet wurde, Heidentum und Sekten bis auf den heutigen Tag erhalten haben.

Erleichtert wurde die Bekehrung der Indianer ohne Zweifel durch die Vision des christianisierten Indianers Juan Diego im Dezember 1531. Gemäß der Überlieferung erschien ihm die Jungfrau Maria dreimal auf dem Hügel Tepegacac, einem alten heiligen Platz der Indianer, der Tonantzin, der Mutter der Götter gewidmet war, unweit von Mexiko-Stadt gelegen, und forderte ihn auf, an dieser Stelle, die später in Guadalupe umbenannt wurde, eine Kirche errichten zu lassen. Er mußte dann frische Rosen schneiden, auf einem ansonsten kahlen Hügel, die er seinem

Bischof bringen sollte. Als Diego den Umhang öffnete, war darin das Bild seiner Vision zu sehen, eine dunkelhaarige, dunkelhäutige Frau, Nuestra Señora de Guadalupe, die unter dieser Bezeichnung die Patronin Mexikos wurde und in der Psyche der Mexikaner eine besondere Rolle spielt. Eine Kapelle wurde an der Stelle, an der sich die Vision ereignete, gebaut, später eine Basilika, die bei dem Erdbeben von 1985 so schwer beschädigt wurde, daß eine moderne Basilika in einiger Entfernung von der alten errichtet werden mußte. Damals wie heute wird die Wallfahrtsstätte alljährlich von Hunderttausenden von Indianern besucht.

Koloniale Verwaltung und Wirtschaft

Vizekönig und Audiencia

Private Abenteurer hatten Neu Spanien erobert, aber die Verwaltung dieses riesigen Territoriums übertrug die Krone einer despotischen Bürokratie, deren Mitglieder, von Spanien entsandt, Macht und Prestige monopolisierten. Im Gegensatz zum Mutterland, wo das zentralistische Prinzip des Absolutismus vorherrschte, wurde das koloniale Amerika von dezentralisierten und halbautonomen Institutionen verwaltet, die aber unter der Oberaufsicht der spanischen Krone standen. An der Spitze der Kolonialverwaltung stand der Vizekönig. Der erste hieß Antonio de Mendoza, ein erfahrener Diplomat und hochangesehener Aristokrat. Mendoza war nicht die erste Wahl Karls V, aber er erwies sich als ein kluger Administrator, der zwischen 1535 und 1550 die Verwaltung effizienter gestaltete und für Ruhe und Ordnung in der Kolonie sorgte. Ihm sollten 61 Vizekönig bis zum Abfall Neu Spaniens vom Mutterland im Jahre 1821 folgen. Ihre Porträts befinden sich im Museum der mexikanischen Geschichte (*Museo de Historia Nacional*) im Chapultepec-Schloß in Mexiko-Stadt: sie zeigen magere und feiste Gesichter, meistens alte, hin und wieder ein jugendliches, aus der Zeit vor 1700 mit echtem Haar oder mit Ansatz zur Kahlheit, nach 1700 mit einer weißen Perücke, einige im Gewand von Kirchenfürsten. Im 16. Jahrhundert waren die Vizekönige vornehmlich gewissenhaft, von Karl V und Philipp II sorgfältig ausgewählt. Nach 1650 gelangten nicht selten Schwächlinge in diese Position, denen die Krone irgendeinen Gunstbeweis schuldig war.

Der Vizekönig regierte wie ein europäischer Monarch in einem prachtvollen Palast, umgeben von livrierten Dienern. Er war mit beträchtlicher Autorität ausgestattet und erfreute sich höchster Ehren und Hochachtung. Er war aber nur König auf Zeit, seine Amtszeit betrug zunächst drei Jahre, später fünf Jahre, und er mußte sich viele Beschränkungen und Kontrollen gefallen lassen, die ihm von der Krone auferlegt wurden, damit er sein Amt nicht zur eigenen Bereicherung oder zum Schaden des Mutterlandes benutzte. So war es dem Vizekönig untersagt, Untertanen zu heiraten, Land zu besitzen oder sich in finanzielle Geschäfte einzulassen. Am Ende seiner Amtsperiode wurde er (und andere hohe königliche Beamte) einer *juicio de residencia* unterzogen; diese öffentliche Überprüfung seiner Verwaltung und seines Rechenschaftsberichts wurde normalerweise von seinem Nachfolger durchgeführt.

Der Vizekönig war oberste Exekutive und Oberbefehlshaber der Truppen innerhalb seines Regierungsbereichs, weiterhin Gouverneur, Aufseher der königlichen Finanzen, Präsident der Audiencia von Mexiko und Patron der Kirche. Er führte königliche Gesetze und Dekrete durch, erließ Verordnungen, die sich mit lokalen Angelegenheiten beschäftigten, ernannte untere Kolonialbeamte (die Ernennung der höheren Kolonialbeamten behielt sich die Krone vor), verteilte Land und Titel, förderte die Kolonisation und Besiedlung und hatte die Indianer zu schützen. Seine Anordnungen erhielt der Vizekönig vom Indienrat (*Consejo Real y Supremo de las Indias*), der seinen Sitz in Sevilla hatte und dessen Räte die königlichen Gesetze, Anordnungen und Dekrete entwarfen und darüber wachten, daß sie in der Kolonie ordnungsgemäß ausgeführt wurden. Auf Anordnung Karls II wurden 1680 die mehr als 6300 Gesetze und Vorschriften gesammelt und unter dem Titel *Recopilación de Leyes de los Reynos de las Indias* veröffentlicht.

Da das Vizekönigtum Neu Spanien so riesig war (es umfaßte neben den Philippinen und den Antillen das Gebiet zwischen Zentralamerika und den südlichen Teilen der Vereinigten Staaten), wurde es fünf Audiencias unterstellt. Die Audiencia für das zentrale Königreich Neu Spanien war in Mexiko-Stadt ansässig; für die nördliche Region, Nueva Galicia, war sie in Guadalajara; für Zentralamerika in Guatemala-Stadt; für die karibischen Inseln und Florida in La Havana; und in Manila für die Philippinen. Der Vizekönig führte den Vorsitz über die Audiencia in der Hauptstadt. Die anderen hatten eigene Präsidenten, im allgemeinen den Generalkapitän der Region.

Die Audiencias, Hauptstützen der Regierung und Verwaltung in Neu Spanien, waren Berufungsgerichte, die strafrechtliche und zivilrechtliche Angelegenheiten entschieden, sie waren aber auch Beratungsgremien in Verwaltungsangelegenheiten. Im 17. Jahrhundert hatte die Audiencia von Mexiko-Stadt 12 Richter (*oidores*) und zwei *fiscales* oder Bevollmächtigte der Krone. Anfangs verhandelten die Audiencias auch Fälle, in denen die Indianer verwickelt waren, aber 1592 wurde ein indianisches Oberstes Gericht (*Juzgado General de Indios*) in Neu Spanien geschaffen. Als Staatsrat trat die Audiencia mit ihrem Präsidenten an gewissen Tagen der Woche zu Sitzungen zusammen, um administrative und finanzielle Angelegenheiten zu diskutieren. Wenn der Vizekönig starb oder ernsthaft erkrankte, übernahm die Audiencia in Mexiko-Stadt während der ersten Phase der kolonialen Ära die Regierung bis zur Ankunft des neuen Vizekönigs. Später brachten die Vizekönige versiegelte Order mit, die ihre Nachfolger für den Fall einer Notlage benannten. Oidores und ihre Kinder benötigten die königliche Erlaubnis, um in der Kolonie zu heiraten; sie durften kein Grundeigentum besitzen, keine Geschäfte nebenher betreiben und auch nicht an Hochzeiten und Beerdigungen von Personen teilnehmen, die in der Kolonie geboren waren. Solche Maßnahmen waren ein Versuch, die Richter von örtlichem Einfluß freizuhalten, der sie in der Ausübung von Gerechtigkeit beeinflussen konnte.

Provinz- und Lokalregierungen

Als Audiencia wurde auch das Zuständigkeitsgebiet einer Audiencia bezeichnet. Um die einzelnen Audiencias besser verwalten zu können, wurden sie in kleinere Gerichtsbarkeiten unterteilt, die von Beamten geleitet wurden, die Namen wie Gouverneur, Corregidor oder Alcalde mayor trugen. Spärlich besiedelte, riesige Grenzprovinzen unterstanden einem Gouverneur; diejenigen mit vielen Indianerdörfern einem Corregidor; und ein Alcalde mayor kontrollierte die Gebiete mit europäisierten Siedlungen. Obwohl den Gouverneuren und Corregidores eingeschärft worden war, den Besitz und die Menschen in ihrer Region zu schützen, waren sie für ihre Tyrannei und Ausbeutung der Eingeborenen bekannt. Sie zwangen die Indianer zu persönlichen Dienstleistungen, zum Verkauf von Produkten unter dem üblichen Marktpreis oder zur Bezahlung überhöhter Tribute, ohne sich der Gefahr auszusetzen, dafür zur Rechenschaft herangezogen zu werden.

Das einzige demokratische Element in der Kolonialverwaltung befand sich auf der Ebene der Gemeindeverwaltungen. Die kolonialen Städte, Landstädte und Dörfer, in denen überwiegend Europäer oder Mischlinge wohnten, wurden von einem Gemeinderat oder *cabildo*, manchmal auch *ayuntamiento* genannt, regiert, der sich je nach Größe aus 5 bis 12 Gemeinderäten (*regidores*) zusammensetzte und jährlich einen Bürgermeister, einen *alcalde ordinario*, wählte. Seine Aufgaben entsprachen denen der heutigen Gemeinderäte mit Steuereinzug, Baugenehmigungen und Überwachung der öffentlichen Märkte. Gebiete, in denen mehrheitlich Indianer lebten, wurden aufgeteilt in *cabeceras* oder Distrikte, die aus den einheimischen Dörfern (*pueblos*) mit ihren umliegenden Gebieten bestanden. Geleitet wurde jede *cabecera* von einem Richter-Gouverneur oder *juez gobernador*; diesem unterstanden nach spanischem Vorbild die Gemeinderäte oder *cabildos indígenas*, die sich jedoch in einem wesentlichen Punkt von den Gemeinderäten in den kolonialen Siedlungen unterschieden: der Alkalde und der erbliche Stammeshäuptling, der Kazike, teilten sich die Rechtsprechung. Die Beamten wurden wahrscheinlich jährlich gewählt, wobei es Beschränkungen bei der Wiederwahl gab, im allgemeinen aber dienten die indianischen Beamten mehrere Jahre, womit sie die vorspanische Tradition der lebenslangen Wahl oder Ernennung beibehielten.

Regulare und Säkulare

Die wichtigste und einflußreichste Institution in Neu Spanien war die römisch-katholische Kirche. Ihre Aufgabe war es, zusammen mit dem Staat den besiegten Indianern spanische Kultur und Zivilisation aufzuoktroyieren. Darüber hinaus war sie maßgeblich daran beteiligt, die innere Stabilität in der Kolonie über Jahrhunderte zu sichern, indem sie die Kolonisten in Loyalität und Rechtgläubigkeit hielt. Die Kirche in Neu Spanien befand sich in direkter Abhängigkeit von der Krone, vertreten durch den Vizekönig. Nachdem der Papst dem spanischen König unter gewissen Voraussetzungen das Recht, den sogenannten *Real Patronato Eclesiástico,* zugestanden hatte, war es dem Monarchen erlaubt, alle geistlichen Ämter zu besetzen, den Missionaren bestimmte Gebiete zuzuweisen, die Grenzen der Diözesen festzulegen und den Zehnten, die Steuerabgabe für die Kirche, einzusammeln. Nur in der Auslegung der Dogmen hatte die Kirche freie Hand, und sie behielt das Sonderrecht (*fuero*), daß sich Geistliche, die eine kriminelle Straftat begangen hatten, vor kirchlichen Gerichten verantworten mußten.

Die kirchliche Organisation in Neu Spanien gliederte sich in zwei Hauptzweige: in die Regulare oder *regulares*, das waren die Mitglieder der Mönchs- und Nonnenorden, und in die Säkulare oder *seculares*, die den Klerus stellten, dessen Mitglieder direkt in der Öffentlichkeit als Gemeindepriester oder in den höheren Funktionen als Erzbischof und Bischof wirkten. Gegen Ende der Kolonialzeit gab es bei einer Gesamtbevölkerung von 6 Millionen schätzungsweise 10000 Geistliche, die sich aus 4000 Säkularen und 6000 Regularen zusammensetzten. Wer zum Erzbischof und Bischof ernannt wurde, war fast immer in Spanien geboren, stammte aus vornehmer Familie, besaß große Fähigkeiten und hatte eine hervorragende Erziehung aufzuweisen. Zehn dieser hohen kirchlichen Würdenträger wurden zu Vizekönigen ernannt. Die in der Kolonie geborenen Spanier mußten sich mit Positionen als Kustoden, Priester und Missionare zufriedengeben.

Unter dem Bischof amtierten die Würdenträger des Domkapitels, da jede Diözese eine eigene Kathedrale mit zahlreichen Kanonikern und Prälaten besaß. Auf der untersten Stufe standen die

Gemeindepriester, die in den über die ganze Kolonie verteilten Stadt- und Dorfkirchen ihren Dienst taten. Die Priester waren außerdem für Schulen und Hospitäler, soweit man solche unterhalten konnte, verantwortlich, vor allem für die Kirchengebäude, die laut Gesetz in jeder Stadt, gleichgültig ob indianisch oder spanisch, gebaut werden mußten; bis zum Ende der Kolonialzeit waren es 12000. Viele Priester verband mit der Bevölkerung eine enge Beziehung, so daß sie während des Unabhängigkeitskampfes auf Seiten der Aufständischen standen, während die Bischöfe immer Royalisten waren.

Im Laufe der Zeit traten in Neu Spanien fünfzehn verschiedene Ordensorganisationen auf, bereit, Millionen von Indianern zu bekehren, die über ein riesiges Gebiet verstreut waren. Die Mitglieder der Orden teilten sich die Aufgabengebiete auf: die Missionare waren in den Grenzmissionen mit der Bekehrung der Indianer beschäftigt, und die Mönche und Nonnen, die in der Nähe der europäisierten Städte in Klöstern und Konventen lebten, widmeten sich sozialen Aufgaben oder verbrachten ihr Leben in abgeschiedener Meditation.

Mit großem Eifer erfüllten die Missionare an den äußeren Grenzen der Kolonie im Norden ihre Aufgabe. Ohne Furcht nahmen sie Kontakt zu den Indianerstämmen auf, eigneten sich Sprachen und Sitten dieser Gebiete an, erduldeten Mühsal, Hunger, Krankheit und Martyrium. Die Indianer wurden in Missionsstationen angesiedelt und in den Grundlagen des bürgerlichen und religiösen Lebens unterwiesen, aber auch mit verbesserten landwirtschaftlichen und handwerklichen Techniken vertraut gemacht. In eigens errichteten Missionsschulen, wie etwa dem Franziskanerkolleg in Querétaro, wurden die Missionare für diese Aufgaben vorbereitet. War ein Gebiet für die christliche Religion gewonnen, wurde es der Obhut der Priester übergeben, während die Mönche weiterzogen. Auch die Mönche und Nonnen in den größeren Städten führten ein arbeitsreiches Leben als Fürsorger und Lehrer, da alle sozialen Aufgaben in den Kolonien, die Betreuung der Schulen, Hospitäler und Waisenheime, die Versorgung von Armen, Alten und Behinderten von den religiösen Orden durchgeführt wurden.

Der Reichtum der Kirche

Während der Kolonialzeit erwarben alle Zweige der Kirche beträchtlichen Reichtum, der sich vor allem aus Geschenken frommer Einzelpersonen zusammensetzte, darunter viele Frauen, die Stiftungen einrichteten oder Geldspenden gaben. Die Masse des Kirchenbesitzes bestand aus Landbesitz, entweder geschenkt oder durch Verpfändungen in kirchlichen Besitz gelangt; er gehörte vornehmlich den Regularen und durfte nicht veräußert werden, eine Anordnung, die zur Akkumulation des kirchlichen Landbesitzes beitrug. Am Ende des 18. Jahrhunderts war die Kirche der größte Landbesitzer in Neu Spanien. Die Indianer auf den kirchlichen Gütern waren genauso dem Mißbrauch, der Schwerarbeit und den drückenden Abgaben ausgeliefert wie ihre Schicksalsgenossen, die für irgendeinen Privatmann arbeiten mußten. Viele Klöster nannten große Stadtgrundstücke ihr Eigentum. In Mexiko-Stadt war fast der gesamte Bereich zwischen der Plaza Real und der Alameda geistlicher Besitz, heute das Geschäftszentrum der Stadt, damals beherrscht von dem großen Konvent San Francisco.

Eine weitere Quelle des Kirchenreichtums war der Zehnte oder *diezmo*. Der Zehnte, der zehnte Teil der landwirtschaftlichen und Viehproduktion, wurde von Steuereintreibern eingesammelt, die von der Regierung ernannt wurden und für dieses Privileg im voraus eine Pauschalsumme zahlten und dann versuchten, so viel wie möglich von den Steuerzahlern einzutreiben. Die Weltgeistlichen erhielten zudem für ihre Amtstätigkeiten wie Messfeiern, Hochzeiten, Taufen, Begräbnisse große Mengen von Naturalien und auch Bargeld. Manchmal kam es über diese kirchlichen Dienstleistungen zu Auseinandersetzungen, wenn nämlich politische Stellen wie Audiencias und Cabildos versuchten, dafür feste Preise anzusetzen, während der einzelne Kleriker bestrebt war, alles herauszuholen, was herauszuholen war.

Die Kirche benutzte ihre Einnahmen zum Unterhalt ihrer Organisation, für karitative Zwecke und zum Bau und Erhalt von Kirchen, Kathedralen, Kapellen, Klöstern, Konventen und Oratorien. Die meisten Gebäude sind noch vorhanden, auch wenn sie als Folge der Säkularisation im 19. und 20. Jahrhundert nicht immer für religiöse Zwecke benutzt werden. Der Erzbischof bezog ein Gehalt, das dem des Vizekönigs vergleichbar war, während ein armer Priester niedrigen Rangs für einen Hungerlohn arbeitete. Erzbischof und Bischöfe lebten wie Könige in Palästen mit kostbaren Einrichtungen und regierten wie Feudalherren über ausgedehnte Ländereien.

Die Inquisition

Um die Orthodoxie der Kirche vor häretischen Ansteckungen in Neu Spanien zu bewahren, wurde 1571 ein Inquisitionstribunal (*Tribunal del Santo Oficio*) in Mexiko-Stadt eingerichtet. Erklärtes Ziel der Inquisition war die Bestrafung von Blasphemie und Amoralität unter dem Klerus, von Ehebruch und Hexenwesen unter Laien, die Überwachung der Sitten und vor allem die Reinheit des Glaubens sowie die Bewahrung des Volkes vor Häresie. Während der gesamten Kolonialzeit gab es nur wenige Häresieprozesse, da Ungläubigen selten die Einreise in die Kolonie gestattet wurde. Strafen für geringere Delikte, wie Blasphemie oder Unmoral, sahen unter anderem Geldstrafen, Bußen oder Auspeitschungen vor, Bigamisten drohte Galeerenarbeit und Exilierung, während auf Häresie und Hexerei der Feuertod stand. In den drei Jahrhunderten kolonialer Herrschaft wurden in Mexiko-Stadt 43 Häretiker verbrannt, das prominenteste Opfer war Luis de Carvajal, der Gouverneur von Nuevo León, der heimlich dem mosaischen Glauben anhing. Einige der Opfer waren Piraten, die auf ihren Beutezügen entlang der Küste aufgegriffen worden waren und der protestantischen Häresie angeklagt wurden; sie endeten wie alle anderen auch auf einem Autodafé (*auto de fe*) in Gegenwart des Vizekönigs und vieler Schaulustiger auf der Alameda, die heute im Herzen Mexiko-Stadts ein Erholungspark ist. Indianer waren von der Gerichtsbarkeit der Inquisition ausgeschlossen, bis auf einen, der, wie es hieß, wegen „Rückfalls in heidnische Gebräuche“ zum Tode verurteilt wurde.

Das Anliegen der Inquisition bestand nicht nur darin, überführte Häretiker zu bestrafen, es galt auch, dem Unglauben vorzubeugen. Ein Mittel, dieses Ziel zu erreichen, war der Index, eine Liste von Büchern, die in der Kolonie weder gelesen noch gedruckt noch verkauft und selbstverständlich auch von Europa aus nicht dorthin verschifft werden durften, darunter sämtliche Schriften von Juden, Mohammedanern und Protestanten. Jedes Buch, das die Idee der Volkssouveränität enthielt, galt als häretisch. Bischöfe und Priester unterstützten die Inquisition, indem sie die Bücher ihrer Gemeindemitglieder streng überwachten. Kirchenbeamte durften in Privathäuser eindringen, Schiffsbesatzungen über ihre Ladung befragen, ein wachsames Auge auf alle möglichen geschmuggelten Bücher und Papiere haben und die Waren der Buchläden in den Kolonialstädten kontrollieren. Hunderte von indizierten Büchern passierten dennoch diese Kontrolle und wurden teilweise sogar von Angehörigen des Klerus gelesen.

Bergbau

Die Wirtschafts-und Steuerpolitik war ein weiterer Aspekt der spanischen Kontrolle über Neu Spanien. Noch bevor politische Ökonomisten die Philosophie des Merkantilismus formulierten, die in der Lehrmeinung gipfelte, daß Kolonien mit ihrer Arbeit und ihren Bodenschätzen zum Wohl des Mutterlandes beizutragen hätten, hatte die spanische Krone bereits dieses Prinzip in paternalistischen Vorschriften für Handel, Industrie und Steuerabgaben umgesetzt. In der Folgezeit, bis zum Ende der Kolonialzeit, bestand die Aufgabe der Wirtschaft Neu Spaniens darin, die Krone mit Staatseinnahmen zu versorgen, wobei der Silberbergbau von zentraler Bedeutung war und die besondere staatliche Förderung erfuhr.

1531 wurden in Michoacán die ersten Silberminen entdeckt. In den Jahren bis 1550 kamen Zacatecas, San Luis Potosí und Guanajuato hinzu, später Taxco. Die Silberfunde lockten viele Spanier nach Neu Spanien, und die Suche nach zusätzlichen Adern führte zur Ausdehnung der Kolonialgrenzen im Norden. Da die Minen Lebensmittel für die Minenarbeiter und Maultiere für den Transport benötigten, entstanden landwirtschaftliche und Viehbetriebe im Umkreis der Minenstädte, die sich zu wohlhabenden Gemeinden entwickelten. Umfangreiche Verordnungen für die Ausbeutung der Minen wurden verfaßt und in der *Ordenanza del Nuevo Cuaderno* von 1584 kodifiziert. Nach dem Gesetz gehörte der

Boden Neu Spaniens der Krone, die, ohne auf die Bodenrechte zu verzichten, zustimmte, daß derjenige zum Besitzer einer Mine wurde, der sie gefunden hatte.

Die Minen produzierten so reichlich und gewinnbringend, daß ihre Besitzer sich keine Gedanken um eine rationellere und technisch verbesserte Förderung zu machen brauchten. Um das Erz an die Oberfläche zu bringen, wurden senkrechte Schächte ohne Verbindungsgalerien gegraben; indianische Träger schleppten das Erz über Leitern in die Höhe. Überflutete Schächte wurden mit Hilfe von Ledersäcken ausgeschöpft, die ein Indianer dem anderen die Leiter hinaufreichte. Das Erz wurde dann in einem offenen *patio* mit einer drehbaren Steinschaufel zermahlen, die ein Maultier mit verbundenen Augen im Kreis zog. Silber gab es zwar auch in reiner Form, aber meistens in silberhaltigem Mineral, vor allem in Galenit. Die Minen verwendeten verschiedene Techniken, um das wertvolle Metall aus dem geförderten Erz herauszubekommen. Anfangs trennte man das Silber, indem man das Erz in Öfen erhitzte. Dieses Verfahren verbrauchte viel Brennholz und führte zur Abholzung der nahegelegenen Wälder mit der Folge, daß die Minenstätte heute von kahlen Hügeln umgeben sind. Erst die Einführung der Amalgam-Quecksilbermethode im Jahre 1555, bei der flüssiges Quecksilber über das zerkleinerte Erz gegossen wird, bedeutete einen entscheidenden Fortschritt in der Silbergewinnung.

Anfangs mußte das Quecksilber aus Spanien eingeführt werden, was wiederholt dazu führte, daß die Silberproduktion ins Stocken geriet, wenn Piraten mit Erfolg die Transportschiffe abgefangen hatten. Die Situation verbesserte sich, nachdem Quecksilberlager im peruanischen Huancavelica entdeckt wurden.

Die letzten Jahrzehnte des 16. Jahrhunderts waren die Blütezeit des Bergbaus in Neu Spanien, die dann im frühen 17. Jahrhundert endete. Von 1650 bis 1780, bevor die Bourbonenkönige die Produktion mit neuen Techniken ankurbelten, stagnierte der Silberabbau nahezu völlig, da das peruanische Silber kostengünstiger gefördert werden konnte, und die alten Silberadern sich erschöpften hatten oder zu tief lagen. Der Gewinn, den die Krone aus dem Silber Neu Spaniens zog, war gewaltig, und setzte sie in die Lage, die kostspieligen europäischen Kriege zu führen.

Landwirtschaft

Der Bergbau war wichtig für die Krone; die Basis des kolonialen Lebens war jedoch der landwirtschaftliche Sektor mit Ackerbau und Viehzucht. Die Ankunft der Spanier leitete eine Agrarrevolution ein: Pflug, Metallschaufel, Gabel, Karren mit Rädern auf der einen und Pferd, Esel und Ochse auf der anderen Seite ersetzten und erleichterten die Anbaumethoden der Indianer; der Import von Rind, Schwein, Schaf, Ziege und Gans aus Europa, von Bananen, Süßkartoffeln, Artischocken, Wassermelonen und Kaffee aus Afrika und Kokospalmen und Mango aus Asien und Ozeanien vermehrten das Nahrungsangebot, Schafswolle und Rindsleder boten neue Verarbeitungsmaterialien. Neu waren auch die Züchtung von Bullen für den Stierkampf und die Haltung riesiger Viehherden auf unbegrenzten Weideflächen. Die Rinder wurden nur von *vaqueros*, dem spanischen Gegenstück des nordamerikanischen Cowboy, begleitet und verwüsteten nicht selten die Anbauflächen der indianischen Bauern.

Bezeichnend für den landwirtschaftlichen Sektor war das Nebeneinander von selbstversorgender und kommerzieller Landwirtschaft. Das indianische dörfliche Kommunalland, von den Spaniern *ejidos* genannt, wurde in der traditionellen Art mit präkolumbianischen Produkten, vor allem Mais und Bohnen, bewirtschaftet. Die *ejidos* erzeugten genug, um die Gemeinden zu ernähren und etwas darüber hinaus, um die Tribute zu bezahlen. Außerhalb des aztekischen Gebietes bestellten die Indianer ihre schmalen Parzellen nach den alten Methoden mit den gewohnten Kulturpflanzen – ebenfalls für den Eigenbedarf. In den kommerziellen Betrieben hingegen, den Plantagen im Tiefland der tropischen Zone, die von Spaniern und Kreolen geleitet wurden, pflanzte man unter Zuhilfenahme von indianischen Arbeitstrupps und schwarzen Sklaven Zuckerrohr, Kakao und Indigo an. Die Haziendas (*hacienda*) im zentralen Hochland spezialisierten sich auf Weizen, Mais und Agave (für den gegorenen *pulque*), während in den nördlichen Gebieten der Kolonie auf der Ranch (*rancho*) Rinderherden gehalten wurden. Am Ende der Kolonialzeit gab es rund 1 000 Ranchos und 3 750 Haziendas.

Die Hazienda war die charakteristische wirtschaftliche und soziale Institution Neu Spaniens. Es handelte sich um einen riesigen Landbesitz, der seinem Besitze, dem Hacendado, soziales Prestige und politische Macht verlieh. Häufig wohnten die Besitzer die meiste Zeit des Jahres in den Provinzstädten oder in der vizeköniglichen Hauptstadt, während ein Aufseher den Besitz leitete. Die Haziendas entstanden aus kleinen Besitzungen, entweder durch den Erwerb von Farmen oder Ranchos oder durch Heiratsfusionen, durch Regierungsbewilligungen und häufig durch die widerrechtliche Aneignung des angrenzenden Landes, das den Indianern weggenommen wurde, indem sie so lange schikaniert wurden, bis sie freiwillig ihr Land räumten. Die Hazienda bestand aus einer imponierenden Residenz für den Hacendado, Wohnungen für den Verwalter und Reihen von Hütten für die indianischen Landarbeiter, die *peones*, es gab Lagergebäude, einen Kaufladen, die sogenannte *tienda de raya*, in dem Artikel gekauft werden konnten, die nicht auf dem Besitz produziert wurden, eine Bar oder *cantina*, eine Kapelle (oder Kirche) mit einem Priester, vom Hacendado bezahlt, und einen Friedhof.

Die Haziendas waren das Ergebnis eines langen Anpassungsprozesses an die speziellen Bedingungen der kolonialen Wirtschaft mit begrenztem Absatzmarkt und unregelmäßiger Ernte. Denn als Abnehmer für den Weizen, das Hauptprodukt der Haziendas, kamen nur die städtische Bevölkerung, die Minenarbeiter und die Halter von Zugtieren in Frage. Da die Unbilden der Natur mit Überschwemmungen und Trockenheit gesicherte Ernten verhinderten, war es das Bestreben der Hacendados, sich so viel Land wie möglich anzueignen, möglichst in verschiedenen Klimazonen, wodurch sie in die Lage versetzt wurden, bis zu zwei Ernten jährlich einzufahren und sich damit ein stabiles Einkommen zu sichern und – in guten Erntejahren – beachtliche Profite. Haziendas, die diese Möglichkeit nicht besaßen, gerieten bei schlechten Ernten (oder durch die Verschwendungssucht ihrer Besitzer) in finanzielle Engpässe, die sie mit Darlehen der Kirche überbrückten mit dem Ergebnis, daß am Ende der Kolonialzeit viele der Haziendas hoch verschuldet waren.

Die Vergrößerung der Haziendas hatte für die Indianer, die in der Nähe der Hazienda lebten, zunächst einmal negative Auswirkungen. Um so mehr Land sich die Hacendados aneigneten, um so geringer wurde für die Indianer die Möglichkeit, Land für ihre eigenen Zwecke zu nutzen. Des Gemeindelandes beraubt, wurden sie gezwungen, entweder in die Städte abzuwandern oder als Landarbeiter auf der Hazienda zu arbeiten. Aus diesem Arbeitsverhältnis konnten sich die *peones* nicht mehr befreien, denn die Hacendados bedienten sich einer erlaubten Praxis. Bereitwillig gewährten sie den *peones* Darlehen zur Austragung privater Feste oder Kredite für den Einkauf in der *tienda de raya*, wohl wissend, daß die Landarbeiter auf Grund ihrer niedrigen Löhne die Schulden nicht begleichen konnten und somit ein Leben lang an die Hazienda gebunden waren. Auf der anderen Seite bot die Hazienda den Indianern eine gewisse soziale Sicherheit, die sie auf dem Gemeindeland nicht hatten. Während die Hazienda die Existenz ihrer Familie sicher stellte, waren sie als unabhängige Bauern auf ihre eigenen Ressourcen angewiesen und damit von der Instabilität des Marktes und den Wetterunbilden abhängig. Bei einer schlechten Ernte waren sie gezwungen, ihr Land aufzugeben, und um zu überleben, zogen sie in die Stadt, wo sie sich in das Heer der städtischen Arbeitslosen einreihten.

Manufakturen und Handwerk

Weiterverarbeitende Manufakturen konnten sich in der Kolonie kaum entfalten, da die spanische Krone alle Manufakturen, die ähnlichen Betrieben im Mutterland Konkurrenz machten, verbot. In einem Bereich mußte sie jedoch nachgeben. Die spanischen Textilmanufakturen waren nicht in der Lage, eine ausreichende Menge billiger Textilien für Kleidung, die insbesondere die städtische Bevölkerung benötigte, nach Neu Spanien zu transportieren. Aus diesem Grund wurde die Produktion billiger Woll- und Baumwollgewebe in der Kolonie erlaubt, die in den sogenannten *obrajes* hergestellt wurden, während kostbare Textilien weiterhin aus Spanien eingeführt werden mußten. Die *obrajes*, die sich in Mexiko-Stadt, Guadalajara, Querétaro und Puebla konzentrierten, waren Orte der Ausbeutung menschlicher Arbeitskraft. Arbeitszeiten bis zu sechzehn Stunden täglich waren nicht ungewöhnlich. Von Zeit zu Zeit versuchten Vizekönige oder Gouverneure mit direkten Anordnungen die Ausbeutungsmethoden einzudämmen, aber ohne anhaltenden Erfolg.

Weitere wichtige Industriezweige neben der Textilmanufaktur waren die Transportindustrie in Form von Schiffs- und Wagenbau. Für den eigenen Gebrauch wurden auch raffinierter Zucker, Seife, Schießpulver, Schuhleder, Glas und Töpferwaren in Neu Spanien produziert. Viele Handwerker, die diese Produkte herstellten, waren nach mittelalterlichem Muster in Gilden oder *gremios* organisiert. Die Silberschmiede in Mexiko-Stadt waren die ersten, die eine solche Gilde organisierten; um 1685 gab es 71 eingetragene Silberschmiede in Mexiko-Stadt. Die Mitglieder der Gilden führten in der Öffentlichkeit Zeremonien und religiöse Prozessionen an; beitreten konnten allerdings nur reinrassige Spanier, und die Lehrlings- und Gesellenjahre waren ebenso lang und mühsam wie in jeder Handwerksgilde Europas. Nach zwei Jahrhunderten spanischer Herrschaft gab es in Neu Spanien 100 weitere Gilden, unter anderem für Goldschmiede, Pferdegeschirr- und Sattlermeister, Töpfer, Weber, Hutmacher, Kerzenzieher.

Handel

Die Kontrolle des Handels mit Spanisch-Amerika unterstand der *Casa de Contratación.* Sie war eine gigantische Behörde, die alle Schiffe und Kaufleute, alle Passagiere und Waren, Mannschaften und Ausrüstungen von und nach der Neuen Welt freigab und überwachte. Der Handel selbst war das Monopol einer kleinen Gruppe spanischer Großhändler, die sich in Sevilla und in Spanisch-Amerika in *consulados*, eine Art Kaufmannsgilde, zusammenschlossen. Begünstigt wurde das spanische Handelsmonopol durch das schwerfällige und risikoreiche Transportsystem zwischen dem Mutterland und seinen Kolonien, das seit 1561 durch eine Flottenordnung geregelt wurde; sie besaß bis weit ins 18. Jahrhundert unverändert Geltung. So durften die Handelsschiffe nur Sevilla (und Cádiz, wenn der Wasserstand des Guadalquivirs zu niedrig war) als Ausgangshafen und Vera Cruz und Porto Bello in Panama als Bestimmungshäfen benutzen. Außerdem mußten zum Schutz vor Piraten die Handelsschiffe in Konvois, begleitet von Kriegsschiffen, fahren, wobei eine Gruppe, die *flota*, im Frühjahr nach Vera Cruz auslief mit den Waren für Neu

Spanien, während die zweite, *los galeones*, im August Güter nach Porto Bello brachte, von wo aus sie weiter nach Peru verschifft wurden.

Bei erfolgreichen Angriffen der Piraten oder wenn sich die Ankunft der Schiffe verzögerte, wurden bestimmte Waren in der Kolonie knapp, was eine Preissteigerung hervorrief und den Monopolinhabern große Gewinne einbrachte. Auch dann, wenn die Schiffe ihr Ziel erreichten, gab es fette Profite; die Einzelhandelspreise in Neu Spanien lagen im allgemeinen drei- bis viermal höher als in Spanien. Trotz der genauen Bestimmungen und Überwachungsmaßnahmen gab es während der gesamten Kolonialzeit einen beträchtlichen Konterbanden-Handel mit Ausländern (vor allem mit Engländern und Holländern), der durch die exorbitanten Preise, Verzögerungen bei der Verschiffung und hohe Steuern verursacht wurde.

Die *flota* lud für die Heimreise Zucker, Kakao, Tabak, Vanille, Baumwolle, Farbstoffe (Indigo und Koschenille) und Silber, *los galeones* vor allem Silber aus Peru, gemeinsam traten beide Gruppen von Kuba aus die Rückreise an. Wenn die europäischen Waren in Vera Cruz ausgeladen waren, wurden sie ins Inland, nach dem hundert Kilometer entfernten Jalapa, transportiert, wo Händler sich versammelten, um sie auszusortieren und bis nach Guatemala und Texas weiter zu verkaufen. In Jalapa trafen auch Waren von den Philippinen ein, die ein unbewaffnetes Schiff, die Manila-Galeone (*el galeón de Manila*) einmal im Jahr beförderte. Die Galeone lief Acapulco an, von dort gelangten die Waren auf Maultieren über Mexiko-Stadt nach Jalapa und weiter nach Spanien. Es handelte sich vor allem um Seide, roh oder zu Stoffen verarbeitet, Stickereien, Porzellan und geschnitztes Elfenbein. Eine andere Handelsware, schwarze Sklaven, kam auf Spezialschiffen, zuerst von Sevilla und später direkt von Afrika. Formelle Verträge, genannt *asientos*, verliehen ihren Besitzern das Exklusivrecht, schwarze Sklaven zu transportieren, es handelte sich zumeist um Nichtspanier, in der zweiten Hälfte des 17. Jahrhunderts um Holländer, in der ersten Hälfte des 18. Jahrhunderts um Engländer.

Steuereinnahmen

Wichtiger als Handel und Gewerbe in der Neuen Welt, zumindest für die Krone, waren die Gelder, die ihr durch direkte Einnahmen aus königlichem Grundbesitz, aus Kronmonopolen und Steuern zufloß. Diese Einkünfte stiegen und sanken im Laufe der Kolonialzeit, doch das königliche Gesamteinkommen aus der neuen Welt versechsfachte sich zwischen 1550 und 1750. Die Einnahmen stammten aus über 80 verschiedenen Steuern und Abgaben. Es gab den *quinto real* oder Fünften auf Gold, Silber, Perlen, Edelsteine und den Verkauf von Sklaven; den *almojarifazgo*, der zwischen 7 und 15% betrug und auf alle Waren erhoben wurde, die über Sevilla verschifft wurden, und ein ebenso hoher Prozentsatz, die *alcabala*, die als Verkaufssteuer auf die gleichen Waren aufgeschlagen wurde, wenn sie in Neu Spanien ankamen.

Die Bewohner Neu Spaniens bezahlten ihren Zehnten an die Kirche, Verbrauchssteuern für Wein und Likör, Luxussteuern für Hahnenkämpfe und viele Arten von Gebühren für gesetzliche Dokumente. Die Indianer mußten Tribute an lokale Verwaltungsstellen entrichten. *Los estancos* waren Abgaben für Quecksilber, Schießpulver, Spielkarten, Lotterien, Salz, Pfeffer, Tabak, Eis, das zum Kühlen von Nahrungsmitteln von den Bergen geholt wurde; es handelte sich um königliche Monopole. Andere Einnahmequellen betrafen den Verkauf von Ämtern und Titeln; die *media annata*, die Hälfte des ersten Jahresgehaltes, wurde bei der Ernennung in ein öffentliches Amt oder bei der Beförderung auf einen höheren Posten fällig; die *mesaga*, ein Monatsgehalt, wurde vom neuernannten niederen Klerus eingesammelt.

Der Steuerdruck auf die Kolonie war gewiß hoch, aber er fiel niedriger als im Mutterland aus. Außerdem gab es keine Steuern auf das Einkommen, außer den Zehnten, und keine Bodensteuer. Einige Historiker vertreten die Ansicht, das sei Absicht der Krone gewesen, um die Kolonisten nicht gegen das Mutterland aufzubringen. Tatsächlich waren es dann auch nicht die Abgaben an Spanien, die dem Wunsch nach Unabhängigkeit zugrunde lagen, sondern neben der wirtschaftlichen die soziale Zurücksetzung der Masse der kolonialen Gesellschaft gegenüber den reinrassigen Spaniern mit ihren vielfältigen Privilegien.

Gesellschaft und Kultur

Indianer und Afrikaner

Im kolonialen Mexiko vermischten sich Menschen aus vier Kontinenten: Indianer aus Amerika mit Spaniern und Afrikanern sowie mit einer geringen Anzahl von Asiaten, die über die Philippinen einwanderten. Trotz beträchtlicher Rassenvermischung behielten die rassischen Hauptgruppen, die Spanier oder Peninsulares, die Mestizen, die Indianer und die Afrikaner ihre eigene Identität bei. Denn die spanischen Kolonialgesetze förderten eine hierarchische Sozialstruktur nach Rassen, an deren Spitze die Spanier standen, gefolgt von den Mestizen, die eine Zwischenrasse bildeten, während Indianer und Afrikaner auf die unterste Gesellschaftsstufe abgedrängt wurden.

Als Cortez mit der Eroberung des Aztekenreiches begann, sollen nach wissenschaftlichen Berechnungen, die nicht unumstritten sind, 25 Millionen Indianer auf dem Gebiet des heutigen Mexiko gelebt haben; die Masse, etwa 22 Millionen, zwischen Guanajuato und der Landenge von Tehuantepec. Hundert Jahre später gab es nur noch 1,2 Millionen, was eine Abnahme von 97 Prozent bedeutete. Bis Mitte des 18. Jahrhunderts nahm die indianische Bevölkerung dann wieder zu und kam bis 1810 auf 3,6 Millionen, womit sie 60% der Gesamtbevölkerung stellte. Die Ursachen des Massensterbens sind vielfältiger Natur. Der Krieg der Konquistadoren forderte viele Opfer, allein 200000 Azteken sollen bei der Einnahme Tenochtiláns den Tod gefunden haben. Viele Indianer starben an Erschöpfung als Folge der Zwangsarbeit in Bergwerken und in der Landwirtschaft oder verhungerten, weil herumziehende Rinder- und Schafherden ihre Ernte niedertrampelten oder die Bewässerungsanlagen zerstörten. Vor allem aber waren es Krankheiten wie Pocken, Masern und Typhus, von den Europäern eingeschleppt, die zu dem demographischen Desaster führten. Die Indianer besaßen so gut wie keine Immunität gegen die neuen Krankheiten; jedoch war die Sterblichkeit unter den Indianern in der küstennahen, feuchtwarmen Zone weitaus höher als im zentralen Hochland mit seinem trockenen Klima.

In den ersten Jahren nach der Eroberung waren die indianischen Adligen hoch angesehen, ihre Töchter heirateten Konquistadoren, ihre Söhne besuchten spezielle Schulen und einige wurden Priester. Aber die indianischen Adligen waren alsbald assimiliert, und die Kirche verweigerte schließlich die Ordination von Indianern. Soweit die übrigen Indianer nicht als *peones* auf den Haziendas oder als Minen- und Fabrikarbeiter beschäftigt waren oder an den Rändern der Kolonialstädte wohnten, lebten sie während der Kolonialzeit kaum anders als ihre Vorfahren vor der Eroberung.

Sie aßen vornehmlich Tortillas, Chili und Bohnen, bauten sich Holz- und Lehmhütten und breiteten zum Schlafen ihre Strohmatten auf dem nackten Fußboden aus. Mit angespitztem Stock pflanzten sie Mais, den sie über einem Holzkohlenfeuer kochten. Sie gehorchten ihren Kaziken, die sich nicht selten in Zusammenarbeit mit den Spaniern an ihrer Ausbeutung beteiligten, gegen die sich die Indianer wiederholt in Aufständen zur Wehr setzten, aber ohne Erfolg, denn die Aufstände wurden rücksichtslos niedergeschlagen, die Forderungen der Indianer nicht beachtet. Die Indianer eigneten sich wenig von der Zivilisation der Spanier an. Gelegentlich zeigten Nahrung und Kleidung, Geräte und Werkzeuge spanische Einflüsse. Obwohl getauft und in der katholischen Religion eingewiesen, hingen viele noch ihren eigenen religiösen Vorstellungen an, bewahrten ihre Kleidung und Gebräuche und sprachen ihre Stammesdialekte.

Die dramatische Abnahme der indianischen Bevölkerung war mit ein Grund für die Einfuhr schwarzer Sklaven; ungefähr 200000 afrikanische Sklaven, in der Mehrzahl Männer, kamen während der Kolonialzeit nach Neu Spanien. Durch Vermischung entstand bald eine beträchtliche Anzahl von Mulatten (die Nachkommen eines weißen und eines schwarzen Elternteils) als auch von Zambos (die Nachkommen eines schwarzen und eines indianischen Elternteils), die 1810 mit 1,3 Millionen immerhin 21% der Bevölkerung stellten, während es etwa 10000 unvermischte Afrikaner gab. Afrikaner arbeiteten als Schauerleute in Veracruz und Acapulco, sie wurden herangezogen zur Minen- und Fabrikarbeit und waren auf Plantagen und in Zuckermühlen anzutreffen; nicht selten fanden sie Beschäftigung als Farm- oder Rancharbeiter und in den großen Städten als Diener. Es gab einige Sklavenaufstände, und die entflohenen Afrikaner, die sogenannten *cimarrones* oder *marones*, versuchten in abseits gelegenen Gebieten zu überleben.

Die Afrikaner verfügten über eine ganze Reihe von Fähigkeiten und Talenten, die vom Pflanzenanbau und der Tierhaltung über die Volksmedizin bis hin zu Volkskünsten wie Metallarbeiten, Holz- und Elfenbeinschnitzereien, Korbflechterei und Töpferei reichten. Ihre musikalischen Ausdrucksformen und Instrumente, besonders Trommeln und Marimba, hatten großen Einfluß auf die mexikanische Musik. Im Bereich der Religion wurden viele afrikanische Praktiken unterdrückt, aber Teile in den Gottesdienst mit aufgenommen, wenn es die Kirche für angebracht hielt.

Gachupines und Kreolen

Die in Europa geborenen Peninsulares machten nie mehr als 0,2% der Kolonialbevölkerung aus. Ihre Zahl stieg von 1570 bis 1810 von 6600 auf 15000. Die Peninsulares setzten sich aus zwei Gruppen zusammen. Die erste Gruppe umfaßte die *gachupines*, was Sporntráger heißt, und die spanischen Einwanderer. Die *gachupines* besaßen das Monopol in der Besetzung der Spitzenpositionen in der Kolonie, wodurch sie Regierung, Armee, Universitäten, weltliche Kirche und religiöse Orden kontrollierten. 58 von 61 Vizekönigen und wahrscheinlich alle Richter waren in Spanien geboren. Das gleiche galt für die Erzbischöfe. Bis 1808 gab es nur einen, der nicht aus dem Mutterland kam. In der Regel kehrten die *gachupines* nach Ablauf ihrer Amtszeit mit ihren Familien nach Spanien zurück.

Über 300000 Spanier wanderten während der Kolonialzeit nach Neu Spanien aus. Zunächst kamen Soldaten, dann Glücksritter, angelockt von den Gold- und Silberfunden, später folgten verarmte Adlige, die Hidalgos, Mönche, Beamte Anwälte und Kleriker. Mehr als 40% der Einwanderer kamen aus den westlichen und zentralen Teilen Spaniens; es gab auch einige Basken aus dem Norden. Die Masse der Peninsulares bestand aus relativ armen Leuten, die hofften, in Übersee ihre wirtschaftliche Lage verbessern zu können. Viele kamen auf Aufforderung von Verwandten oder Bekannten, die schon in der Kolonie lebten. Einige hatten keine besonderen Fähigkeiten, andere waren Handwerker, Geschäftsleute oder Diener in Begleitung höherer Beamter. Wenn sie in Neu Spanien ankamen, schauten alle Peninsulares ungeachtet ihrer Klasse oder ihres finanziellen Status auf jene herab, die in der Neuen Welt geboren waren. In der nächsten Generation gehörten sie dann schon nicht mehr zu den Peninsulares, sondern waren Kreolen oder Mestizen.

Die zweite Gruppe der Peninsulares bildeten die Kreolen oder *criollos*, was zunächst einmal in Amerika geborene Spanier bedeutete. Aber bald waren damit die wohlhabenden Kolonisten gemeint sowie die gemischte Nachkommenschaft reicher Spanier. Gegen Ende des 18. Jahrhunderts gab es etwa 1,1 Millionen oder 18% der Gesamtbevölkerung, die behaupteten, Kreolen zu sein, obwohl viele indianisches Blut in den Adern hatten, was sie lieber verschwiegen. Viele Kreolen waren Rechtsanwälte, Ärzte, Lehrer, Schreiber, Mönche und Priester. Andere erlangten Status und Reichtum durch den Besitz von Haziendas, Textilfabriken oder Minen, und eine beträchtliche Anzahl engagierte sich im Handel. Wenige erhielten Titel und Ehrungen; diejenigen, die einen Teil der kolonialen Aristokratie bildeten, waren im allgemeinen die Abkömmlinge der Konquistadoren; sie waren verwandt mit vornehmen Familien in Spanien oder reich genug, um Einfluß am Hof zu haben.

Peninsulares und Kreolen bildeten die soziale Oberschicht. Sie trugen zur Unterscheidung Seidenkleidung, Samt, Leinen und Spitzen. Nur sie durften bei Paraden auf dem Pferd reiten, alle anderen mußten Maultiere oder Esel benutzen oder zu Fuß gehen. Die Kreolen besaßen keine politische Macht. Anstatt sich gegen die *gachupines* aufzulehnen, äfften sie ihre Gewohnheiten nach. Viele von ihnen bemühten sich um untergeordnete Positionen in der Verwaltung, und die Vizekönige waren gern bereit, ihr Interesse an einer Staatsstelle, die sie zudem selbst bezahlten, zu befriedigen. Die Städte Neu Spaniens wimmelten von niedrigen Beamten, die keine Macht besaßen und wenig Pflichten, sich aber des Prestiges erfreuten, zur Bürokratie zu gehören. Gegen Ende des 18. Jahrhunderts eröffnete sich den Kreolen ein neues Tätigkeitsfeld, als sie eine einheimische Armee aufbauten, die dazu vorgesehen war, Neu Spanien gegen mögliche englische Invasionen zu schützen. Die einfachen Soldaten waren Mestizen oder Mulatten, aber die Offiziere waren Kreolen.

Mestizen

Die Mestizen oder *mestizos*, Personen mit gemischtem spanischen und indianischen Hintergrund, besaßen einen speziellen sozialen Status. Sie wurden betrachtet als *gente de razón*, Menschen mit Vernunft; Indianern und Afrikanern wurde das bestritten. Diese Klasse expandierte schnell, da viele spanische Männer sich in Ermangelung spanischer Frauen Indianerinnen nahmen und große Familien hatten. Am Ende der Kolonialzeit gab es 1,3 Millionen Mestizen, die 22% der Gesamtbevölkerung stellten; sie bildeten die untere Mittelklasse. Einige wenige nahmen untere Regierungspositionen ein; andere waren Vorarbeiter auf Plantagen und Ranchos oder auch Schuhmacher, Bauern oder *vaqueros*. Die weitverbreitete Praxis des Konkubinats brachte eine Anzahl von illegitimen Mestizen hervor, die sowohl von den Spaniern als auch von den Indianern abgelehnt wurden.

Diese *ilegítimos* konnten nur als Bettler oder Banditen überleben. In den Kolonialstädten stieg die Anzahl der Bettler ständig; in Mexiko-Stadt gab es annähernd 20000 im 18. Jahrhundert. Tagsüber bettelten sie vor Kirchen und auf Plätzen um Almosen, nachts waren sie zu Raub und Mord fähig. Die Banditen, die sogenannten *léperos*, organisierten sich in Banden und überfielen von ihren Stützpunkten in den Bergen vornehmlich Händler auf den Handelsrouten. Einige Banditen brachten es zu legendärem Heldenruhm. In Liedern besungen, wurde ihnen nachgesagt, sie würden wie Robin Hood die Reichen bestehlen und die Armen beschenken. Wenn die Banditen der *acordada*, einer auf Banditenjagd spezialisierten Polizei, in die Hände fielen, wurden sie auf der Stelle gekreuzigt, und ihre verwesenden Körper blieben als Abschreckung für andere entlang den Straßen hängen.

Ende des 18. Jahrhunderts zählte die Hauptstadt des Vizeköngreiches Neu Spanien, Mexiko-Stadt, mehr als 100000 Einwohner, die größte und schönste Stadt der westlichen Hemisphäre. Puebla war die zweitgrößte Stadt der Kolonie mit 70000 Einwohnern, gefolgt von Guanajuato (50000) und Guadalajara, Zacatecas, Oaxaca und Valladolid (das spätere Morelia) mit mehr als 20000 Einwohnern. Im 18. Jahrhundert war Mexiko-Stadt längst keine Insel mehr. Das Abholzen der umliegenden Wälder hatte ebenso zum Absinken des Seeniveaus geführt wie ein künstlicher Kanal durch die Berge, der einen Teil des Sees in das Tal von Tula und in den Pánuco abfließen ließ. Trotzdem fanden nach wie vor Überschwemmungen statt, und die Kanäle, die sich in Teilen der Stadt noch befanden, erinnerten an Venedig. Auf der Plaza Mayor hatte sich ein Markt etabliert, und hier fanden öffentliche Feierlichkeiten und Stierkämpfe statt, hier zündete man die Johannisfeuer und böllerte in die Silvesternacht. Die Prozessionen in der Karwoche und zu Fronleichnam hielt man auf dem Platz, und vom Balkon des Rathauses wurden Orders verlesen, in denen Steuern und Strafen, der Tod des Königs und die Geburt der Prinzen bekannt gegeben wurden. Arme und Reiche besuchten den Platz, der bei Festen und offiziellen Anlässen mit kunstvollen Dekorationen und Triumphbögen geschmückt war, auf denen die spanischen Herrscher als die wirklichen Nachfolger der Azteken und die Kirche als Helferin der Menschheit dargestellt wurden.

Westlich von der Plaza Mayor, vorbei am Kloster San Francisco, verlief die Hauptgeschäftsstraße, die Calle de Plateros, die Straße der Silberschmiede, die zu einem öffentlichen Park, der Alameda, führte. Jenseits der Alameda befand sich die Zufahrt zum Paseo. Jeden Abend gegen 5 Uhr war der Paseo Schauplatz eines sich wiederholenden Schauspiels. Die Damen der Oberschicht, gekleidet mit dem Besten, was Europa zu bieten hatte, fuhren mit ihren Kutschen den Paseo auf und ab, während ihre Kavaliere zu Pferd, ebenfalls kostbar gekleidet, ihnen in entgegengesetzter Richtung entgegenkamen, anhielten, mit den Damen ihres Herzens plauderten, weiterritten, um nach einer Weile das öffentliche Rendezvous zu wiederholen. Ein Ritual, das sich bis auf den heutigen Tag, zumindest in den kleineren Städten und Dörfern erhalten hat, wo Mädchen und Jungen gruppenweise in entgegengesetzter Richtung im Kreis um die Plaza laufen, um bei jedem Passieren miteinander zu flirten. Am Abend, nach einem Kleiderwechsel, trafen sich die Damen und ihre Kavaliere wieder, entweder im Theater oder auf einem Maskenball. Einmal im Jahr kam die Oberschicht zum Fest des San Agustín nach Tlalpan, wo die reichen Damen neben Bettlern und Dieben saßen, um sich Hahnenkämpfe und Tänze anzusehen.

Erst im 18. Jahrhundert wurde ein Teil der Straßen gepflastert, die ersten Straßenlaternen, mit Hilfe von Talgkerzen erleuchtet, tauchten auf. Des Nachts mied man möglichst die Straßen, da sie zum Tummelplatz von Banditen und Betrunkenen wurden. Allgemein üblich war es, die Exkremente mit dem Ruf *agua va*, um Vorübergehende zu warnen, aus dem Fenster auf die Straße zu kippen mit der Folge, daß in der Regenzeit die Gehwege einen schmutzigen Morast bildeten und in den übrigen Monaten ständig ein Fäkaliengeruch über der Stadt hing.

Während die Häuser der meisten Einwohner Mexiko-Stadts von einfacher Bauweise waren, mit nur einem Stockwerk und so aneinandergereiht, daß sie einen Wohnblock innerhalb von vier Straßen bildeten, bewohnte die Oberschicht beinahe palastartige Häuser, die noch heute als Touristenattraktionen gelten. Der wehrhafte Stil ihrer Häuser kurz nach der Konquista war längst einer neuen, der gesellschaftlichen Repräsentation verpflichtenden Bauweise gewichen. Geschnitzte Balkone, geflieste Böden, handgeschmiedete Gitter gehörten zur Grundausstattung. Von der Straße her betrat man durch ein Hauptportal, das groß genug war, um eine Kutsche hineinzulassen, einen ersten *patio*. Er war mit Pflanzen, Brunnen und Vögeln im Käfig ausgestattet und umgeben von den Wohnräumen der Familie. Ein Durchgang führte in den zweiten *patio*, um den die Küchenräume und die Zimmer des Personals lagen, ein weiterer in den dritten *patio*, um den Stallungen und Werkstätten für Hufschmiede und Wagenbauer gruppiert waren, die nur für den Hausbesitzer arbeiteten.

Im Sommer zog sich die Oberschicht in ihre Landhäuser oder auf ihre Haziendas zurück, die von Hunderten von Quadratkilometern Land umgeben waren, auf denen nicht selten 10000 Rinder weideten. Hier verbrachten die Männer die Tage auf dem

Pferderücken bei der Jagd oder mit der Aufsicht der *peones*. Gästen, die vorbeikamen, wurden Stierkämpfe und Ausflüge geboten oder sie wurden mit Kunststücken der *vaqueros* unterhalten.

Auch in den Dörfern der Indianer war der Hauptplatz der Mittelpunkt des Ortes, wo sich die Bauern, die tagsüber das Gemeindeland bestellten oder einer handwerklichen Tätigkeit nachgingen, gegen Abend trafen. Das Zentrum der größeren Dörfer bildeten die Klöster mit ihren Kirchen, einschiffig und mit einer vieleckigen Apsis und einem Kreuzgewölbe versehen. Der große freie Platz vor der Kirche war ein Zugeständnis an die indianische Tradition, der zufolge Kulthandlungen und Zeremonien selten im Inneren der Tempel stattfanden. Die Kirchenfeste waren für die Bauern die größte Abwechslung, wenn sie sich nicht gerade dazu entschlossen, eine Wallfahrt zur Virgen de Guadelupe zu unternehmen.

Das Familienleben gehorchte in allen sozialen Schichten patriarchalischen Gesetzen. Der Vater oder, soweit er noch am Leben war, der Großvater entschied über die Familienmitglieder, auch noch über das Leben der verheirateten Söhne. Für eine Frau der Oberschicht brachte das Leben wenig Arbeit mit sich. Indianische oder schwarze Diener kosteten nicht mehr als Unterkunft und Verpflegung; auch eine Handwerkerfrau konnte sich auf Hilfskräfte stützen. Sie verbrachte ihre Zeit mit Klatsch, lernte wenig außer Stricken, Musik und Ergebenheit in ihre Religion. Sie zog eine große Kinderschar auf, bewahrte die Einheit der Familie, unterstützte die Kirche auf karitativem Gebiet und trat, von wenigen Ausnahmen abgesehen, nicht ins Licht der Öffentlichkeit.

Erziehung

Erziehung und Bildung waren in Neu Spanien das Privileg der reinrassigen Weißen und der obersten Schicht der Mestizen. Anfangs gehörten Grundschulen zur Unterrichtung von Indianerkindern zum Programm der spanischen Kolonialisierung. Die erste Schule wurde 1523 in Texcoco gegründet, in der die Kinder der spanischen Oberschicht und einige Indianer in Lesen und Schreiben und der christlichen Lehre unterrichtet wurden. Ihr Gründer, Pedro de Gante, eröffnete 1526 in Mexiko-Stadt eine weitere Schule unter dem Namen *San José de Belén de los Naturales* für 1000 indianische Jungen. Die Absolventen waren europäisiert und arbeiteten als Handwerker und Künstler an der Ausschmückung der Kirchen. Eine der berühmtesten Indianerschulen war der 1536 vom ersten Vizekönig gegründete *Colegio de Santa Cruz de Tlatelolco*, der für die Erziehung der Söhne von aztekischen Adligen vorgesehen war. Die Absolventen sollten ihr eigenes Volk unterrichten und zu Priestern ausgebildet werden. Dem Lehrkörper gehörte der Franziskanerpater und Ethnograph Bernhardino de Sahagún an.

Aber schon in der zweiten Generation hatten Indianerkinder kaum noch die Chance, eine schulische Erziehung zu erhalten. Teilweise hing das damit zusammen, daß spanische Kolonisten gegen eine schulische und handwerkliche Ausbildung der Indianer Einspruch erhoben, da sie fürchteten, daß ihnen die Indianer, die eine schnelle Auffassungsgabe und hohe Intelligenz an den Tag legten, Konkurrenz machen könnten. Entscheidend war, daß die Kirche aus personellen und finanziellen Gründen ihrem Auftrag, in jedem Dorf eine Grundschule zu unterhalten, nicht nachkommen konnte. Das hatte zur Folge, daß nur eine geringe Anzahl indianischer Kinder eine Grundschulausbildung erhielt und daß der Prozentsatz der Analphabeten während der Kolonialzeit bei 90% lag.

Nicht nur den Indianern, auch den Mestizen blieb ein Schulbesuch verwehrt. Jedoch widmete sich die Kirche intensiv der Betreuung und Erziehung der zahllosen Waisenkinder aus einer gemischtrassigen Verbindung. Für Jungen wurde der *Colegio de San Juan de Letrán* gegründet, wo sie Schreiben und Lesen lernten, und für die Mädchen der *Colegio de Nuestra Señora de la Caridad*, der seinen Schülerinnen in die Hausarbeit als Vorbereitung für eine spätere Ehe einführte. Die Augustiner und Jesuiten, die beiden führenden Orden in Unterrichts- und Erziehungsfragen, hatten nicht nur große Schwierigkeiten, genügend Volksschulen einzurichten, gleiches galt auch für die Oberschulen oder *colegios*, die ausschließlich von jungen Kreolen und einigen Mestizen besucht wurden. Die Oberschicht half sich damit aus, daß sie für ihre Kinder Privatlehrer engagierte.

Besser war die Situation in der Hochschulausbildung. Die Königliche und Pontifikal-Universität (*La Real y Pontificia Universidad de la Nueva España*) in Mexiko-Stadt wurde 1551 gegründet und zwei Jahre später mit Pomp und Festlichkeiten eröffnet. Sie erhielt ihren Standort am gleichen Platz, an dem Moctezumas alter Palast gestanden hatte. Das Gebäude diente seinem eigentlichen Zweck bis zu Beginn des 18. Jahrhunderts. Es gab Lehrstühle für Latein, Rhetorik, Philosophie, ziviles und kanonisches Recht und Theologie. Ein halbes Jahrhundert später besaß die Universität bereits 24 Lehrstühle, darunter zwei für Medizin und zwei weitere für die alten Indianersprachen Náhuatl und Otomí. Die Universität war nach dem Muster der Universität von Salamanca, ihrer angesehenen Mutteruniversität in Spanien, organisiert. Die Belange der Hochschule wurden von einem Kloster und einem Rektor wahrgenommen, die Polizeigewalt über die Studenten ausübten und Professoren einstellten und bezahlten. Die Professoren mußten sich verpflichten, das Dogma der Unbefleckten Empfängnis zu verteidigen, einen bescheidenen Lebenswandel zu führen und keine Theateraufführungen und Tanzvergnügen zu besuchen.

Die Universitätsprofessoren wurden aus Spanien angehalten, sich für spezielle Gebiete zu interessieren, auf denen spanische Gelehrte nicht arbeiteten; so erforschten die Wissenschaftler in Neu Spanien die vorkolumbianischen Indianer, ihre Geschichte, ihre Sitten und Gebräuche sowie ihre Sprachen und arbeiteten auf dem Gebiet der Geographie, Botanik, Zoologie und der Metallurgie, soweit diese Fächer sich auf die Neue Welt bezogen. Das Leben der Studenten verlief nicht viel anders als an einer europäischen Universität. Sie trugen je nach Fach Soutanen, lange Mäntel und randlose Kopfbedeckungen. Ihr Leben unterstand strengen Regeln unter der Kontrolle des Rektors. Der Lehrstoff wurde durch Auswendiglernen vermittelt. Das ganze Lehrgebäude kreiste um die Scholastik, die aristotelische Logik; erst gegen Ende der Kolonialzeit wurden experimentelle Wissenschaften zugelassen, bei den Jesuiten aber eher als bei den konservativen Dominikanern. Unterrichtssprache war Latein. In den 268 Jahren ihres Bestehens verlieh die Universität in Mexiko-Stadt 1.655 Juristen- und Doktortitel; sie war nicht die einzige Hochschule, in fast jeder größeren Stadt fanden im Laufe der Kolonialzeit Universitätsgründungen statt.

Die Schul- und Lehrbücher, aber auch Prosawerke wurden im allgemeinen nicht in Neu Spanien gedruckt, denn der Import von

Büchern war billiger als ihre Herstellung in der Kolonie und ließ sich zudem leichter kontrollieren. Die Bücherkisten wurden vor ihrer Verladung in Sevilla von Zollbeamten geöffnet, die indizierten Bücher beschlagnahmt und die Kisten mit dem Siegel der Heiligen Inquisition neu versiegelt. Mehr als 75% der importierten Bücher bestanden aus theologischen und juristischen Abhandlungen und Schulbüchern, den Rest bildeten Prosawerke. Im Jahrhundert der Expansion und Missionierung bestand Nachfrage nach religiöser Literatur, Heiligenleben, Missionschroniken und Grammatiken in Indianersprachen. Im 17. Jahrhundert waren es dann Ritterromane, Dramen und Komödien berühmter spanischer Dichter. Nichtkirchliche Philosophie und naturwissenschaftliche Bücher fanden im 18. Jahrhundert ihre Interessenten, die jetzt auch mit in Neu Spanien gedruckten Zeitschriften, wie die *Gaceta de México* oder die *Gaceta de la Literatura de México*, die aus einem Nachrichten- und Feuilletonteil bestanden, bedient wurden. Die Bibliotheken der Universitäten und der Kirche sowie die Privatbibliotheken waren recht gut bestückt, ein Beweis dafür, daß dem Buch eine wichtige Rolle bei der Hispanisierung der Kolonialgesellschaft zufiel, genau so wie es später die Unabhängigkeitsbestrebungen förderte.

Literatur

Die Literatur in Neu Spanien begann mit Chroniken über die Eroberung und mit ethnographischen Schriften über die Indianer. Die Autoren wollten nicht durch einen literarischen Stil auffallen, ihnen ging es entweder um die Rechtfertigung der Konquista und der Missionierung oder um die Rekonstruktion der indianischen Welt im Umbruch. Cortez' Briefe an Karl V sind das erste Beispiel von Literatur in Neu Spanien. Ihm folgten andere Soldaten wie Bernardino Vázquez de Tapia mit seiner *Relación de méritos y servicios* und vor allem Bernal Díaz del Castillo mit seiner *Historia verdadera de la conquista de la Nueva España*, die, 1568 abgeschlossen, erst 1632 in Madrid veröffentlicht wurde.

Es waren in erster Linie Missionare, die Bücher über die Indianer schrieben. Mit Hilfe seiner indianischen Schüler am *Colegio de Santa Cruz de Tlatelolco*, die ihn mit Material versorgten, konnte Bernardino de Sahagún seine Arbeit über die Kultur der Azteken schreiben. Andere bemerkenswerte, für die spätere Forschung unerläßliche Bücher sind: die *Historia de los indios de Nueva España* von Toribio de Motolinía, die *Historia eclesiástica indiana* von Jerónimo de Mendieta und die *Monarquía indiana* von Juan de Torquemada. Neben ihren historischen Schriften verfaßten die Geistlichen eine große Anzahl von religiösen Traktaten, Predigten und Katechismen (nicht nur im 16. Jahrhundert, sondern während der gesamten Dauer der Kolonialzeit), aber auch Grammatiken und Wörterbücher über viele indianische Sprachen. Ein Teil dieser literarischen Produkte wurde in Neu Spanien gedruckt, bis zum Ende der Kolonialzeit immerhin fast 10000 verschiedene Titel, nachdem 1536 die erste Druckerei gegründet worden war.

Neben den Chroniken und religiösen Büchern waren alle literarischen Stilrichtungen in Neu Spanien vertreten, die eindeutig aus Spanien ihre Impulse erhielten. Es gab die Renaissance- (*humanismo renacentista*), die Barock- und die Neoklassizismus-Dichtung, wobei die Lyrik im Mittelpunkt stand. Es waren Dichter wie Gutiérrez de Cetina, Francisco de Terrazas oder Mateo Alemán, die die italienische Lyrik kultivierten, indem sie sich Petraca, Dante, Tasso, Ariost und Vergil zum Vorbild nahmen. Diese italienische Tradition wich im 17. Jahrhundert dem schwülstigen, unnatürlich gezierten Stil des Kultismus (*cultismo*). Berühmt wurde Bernardo de Balbuena, der erste in Neu Spanien geborene Dichter, mit seinem Werk *Grandeza mexicana.* Ein weiterer Dichter war Antonio de Saavedra Guzmán, der in seinem *Peregrino indiano* die Heldentaten des Konquistadors Cortez besang. Die bedeutendste Figur der kolonialen Literatur war aber die Nonne Sor Juana Inés de la Cruz, die ihr Recht auf höhere Bildung vehement verteidigte und sich der Literatur widmete, was für eine Frau und Nonne damals fast unvorstellbar war. Ihre lyrische Dichtung brachte ihr den Titel „Die zehnte Muse" ein.

Die ersten Theaterstücke in Neu Spanien wurden zur Missionierung der Indianer geschrieben, sie hatten unter anderem das Jüngste Gericht oder die Vertreibung Adams und Evas aus dem Paradies zum Thema. Juan Ruiz de Alarcón y Mendoza wurde neben den Spaniern Lope de Vega und Tirso de Molina der berühmteste Komödiendichter. Ruiz lebte zeitweilig in Madrid, wo seine 20 Komödien zunächst gespielt wurden, bevor sie in Neu Spanien der Oberschicht gezeigt wurden. Auch die Musik, wie sie am vizeköniglichen Hof und in den Kirchen gespielt wurde, spiegelte den spanischen Musikgeschmack der Zeit wieder. Etwa die *villancicos* und *cantadas*, instrumentale und vokale Musikstücke, die als „heilige Unterhaltung für die Masse" bezeichnet wurden. Zum Hauptmusikinstrument entwickelte sich die Gitarre. Die erste Oper, die in Neu Spanien komponiert wurde, hieß *La púrpura de la rosa*, stammte von Tomás de Torrejón y Velasco und wurde 1701 aufgeführt.

Malerei

Bei den bildenden Künsten, Malerei und Bildhauerei, standen die religiösen Themen im Vordergrund. Für die katholische Kirche hatte Kunst ihren Beitrag zur Evangelisation zu leisten, womit sie die mittelalterliche Idee wieder aufnahm, wonach Kunst die „Bibel für die Armen" sein sollte. Die Geistlichen behielten sich bei ihren Auftragsarbeiten das Kontrollrecht vor, was herausragenden Leistungen der Malerei, aber auch der Bildhauerei im Wege stand. Neben religiösen Themen bearbeiteten die Künstler auch Themen aus der Antike, selbstverständlich unter Berücksichtigung kirchlicher Moralvorstellungen, doch diese Werke blieben Intellektuellen vorbehalten, die als einzige in der Lage waren, die allegorischen Darstellungen zu verstehen. In der profanen Malerei standen Porträts von Geistlichen und Regierungsbeamten, reichen Hacendados oder Aristokraten im Kreis ihrer Familie im Mittelpunkt. Fast völlig fehlten Alltagsszenen oder Landschaftsbilder.

Die Mehrzahl der Gemälde, Wandmalereien und Skulpturen, die Kirchen, Kapellen, Konvente, Klöster, Schulen und Hospitäler schmückten, wurden von unbekannten Künstlern angefertigt – viele waren Indianer oder Mestizen, die teilweise in einem recht nativen Stil malten. Die ersten bedeutenden Künstler stammten aus Spanien. Etwa der Flame Simón de Pereyns, der 1566 im Gefolge des Vizekönigs Gastón de Peralta nach Neu Spanien kam und die erste Malschule gründete. Zu seinen wichtigsten Arbeiten gehört *San Cristóbal* in der Kathedrale von Mexiko-Stadt. Mit der Ankunft von Sebastián López de Arteaga, einem Schüler des großen spanischen Malers Francisco de Zurburán, im Jahre 1633, der ebenfalls eine Malschule gründet, tritt der italienische Renaissancestil zugunsten des Spiels von Licht und Schatten (*claroscuro*) zurück. Sein bedeutendstes Bild *La incredulidad de santo Tomás* (1643) hat heute seinen Platz in der Pinacoteca Virreinal in Mexiko-Stadt. Der Höhepunkt der kolonialen Malerei war im 18. Jahrhundert, ihre bedeutendsten Vertreter waren Juan de Ibarra und Miguel Cabrera. Letzterer war ein Waisenkind aus Oaxaca. Seine wohl bekannteste Arbeit ist das Porträt von Sor Juana Inés de la Cruz (1751), sein beliebtestes Thema war die Virgen de Guadalupe. Von Bedeutung sind die *Vía crucis* in der Kathedarale von Mexiko-Stadt und der *Martirio de san Sebastián* in der Kirche von Taxco im Bundesstaat Guerrero.

Die Kunsthistoriker halten Manuel Tolsá, einen zugewanderten Spanier, für den talentiertesten Bildhauer der Kolonialzeit. Sein monumentales Bronzereiterstandbild König Karls IV (1803), von den Mexikanern *caballito* genannt, steht jetzt vor dem Nationalmuseum der Künste (*Museo Nacional de Arte*) in der Hauptstadt. Tolsá war auch Architekt, der den Bau der Konvente in Querétaro und San Miguel beaufsichtigte und an der Kathedrale von Puebla arbeitete, wo er die Statuen an den Türmen zusammen mit José Zacarías Cora schuf. Die Schlußarbeiten an der Kathedrale von Mexiko-Stadt standen unter seiner Aufsicht. Im 16. Jahrhundert hatten andalusische Bildhauer Holzschnitzereien für Altäre und Altaraufsätze (*retablos*) angefertigt, im 17. Jahrhundert waren es leidende Maria- und Christus-Gestalten im typischen Barockstil, die einheimischen Künstlern zugeschrieben werden.

Architektur

Ohne Zweifel war die Architektur die größte Leistung der kolonialen Kunst. Jede Region in Neu Spanien wurde verschönt mit großartigen Kirchen, stilvollen Plazas, Cabildos, Poststationen und Gefängnissen. Hier und da entstanden bemerkenswerte private Palacios, Militärgebäude, königliche Münzen, Kornkammern, Zuckermühlen, Steinbrücken und Aquädukte. Viele dieser gut gebauten Monumente sind heute noch in Betrieb. Alle großen öffentlichen Bauten mußten vom Mutterland gutgeheißen werden, oft schickte die Zentralverwaltung sogar die Baupläne und die Baumeister, um so eine maximale Hispanisierung sicherzustellen. Vorherrschend in der kolonialen Architektur waren Kirchenbauten. Die ersten wurden wie Festungen gestaltet, aber als sich die Furcht vor Indianeraufständen gelegt hatte und sich die finanzielle Unterstützung verbesserte, wurden die Klöster, die Gemeindekirchen, die Konvente und Kathedralen außen und innen reichlich mit Ornamenten versehen. Die Stilarten vermischten sich dabei: es gab gotische, romanische, barocke und neoklassizistische Elemente, nicht selten an einer Kirche; auch der maurische oder Mudejar-Stil war beliebt. Die Kirchen San Francisco in Acatepec und Santa Maria in Tonantzintla, in der Nähe von Cholula, wurden mit gebrannten Keramikfliesen bedeckt.

In Neu Spanien vermischten sich spanische Traditionen mit dem Geschick der indianischen Handwerker zu einem neuen Stil, dem Churrigueresco, eine Variante des Barock. Das Besondere, was den kolonialen vom spanischen Churrigueresco trennt, ist seine Vorliebe für Farben und ein Überschwang an Ornamentik. Die verschwenderischen Dekorationen, die sich an den Fassaden und den oberen Teilen der Türme ballen, werden im Retablo hinter dem Altar in den mit Blattgold bedeckten Schnitzereien aufgegriffen, die überquellen an Engelsköpfen, Schriftrollen, Früchten, Blumen und Heiligengestalten. Die Meißelarbeiten an den Fassaden und die Schnitzereien an den *retablos* erinnern an das Geschick der Azteken, goldene Vögel und Tiere zu modellieren. In dem neuen Stil spiegelte sich das Selbstbewußtsein der Kreolen und die tiefe Gläubigkeit der Minenbesitzer wider, die nicht selten aus eigener Tasche einen Kirchenbau finanzierten, wie etwa Graf Ru(h)l, der Besitzer der Valenciana-Mine in Guanajuato. Der Churrigueresco-Stil endete abrupt Ende des 18. Jahrhunderts mit der Ankunft eines neuen Stils, des Neoklassizismus, den Manuel Tolsá in seinen Bauten bevorzugte. Auch Francisco Eduardo Tresguerro war ein Vertreter dieser Stilrichtung. Während seines gesamten Lebens arbeitete er im engen Umkreis um seine Heimatstadt Celaya im Bundesstaat Guanajuato. Sein Hauptwerk, die Kirche *Nuestra Señora del Carmen* in Celaya, wurde 1807 fertiggestellt. Tresguerro war der letzte bedeutende koloniale Künstler. Mit der Unabhängigkeit Mexikos hörte der Bau von

Kirchen auf, und es dauerte fast hundert Jahre, bis mexikanische Künstler wieder auf sich aufmerksam machten.

Der Weg in die Unabhängigkeit

Die Reformen der Bourbonen

Zu Beginn des 18. Jahrhundert kam es zum Wechsel der Herrscherhäuser in Spanien. Den dekadenten Habsburgern, die im 17. Jahrhundert das einst so mächtige spanische Imperium hatten verfallen lassen, folgten die Bourbonen, die sich erst in einem langwierigen Krieg, dem Spanischen Erbfolgekrieg, den spanischen Thron sichern konnten. Die Bourbonenkönige Philipp V, Ferdinand VI und insbesondere Karl III machten es sich zur Aufgabe, durch grundlegende Reformen in Verwaltung, Wirtschaft und im Heerwesen Spanien nach innen und außen zu stärken, wozu sie sich französischen Gedankenguts und französischer Berater bedienten. Die Reformtätigkeit beschränkte sich zunächst fast völlig auf Spanien. So wurden die Verwaltungspraktiken überarbeitet, die alten Institutionen verjüngt und der wirtschaftliche Unternehmergeist gefördert. Unter Karl III weiteten sich die Reformbemühungen auf die spanischen Kolonien aus. Zu Beginn seiner Herrschaft entsandte er eine Reihe von Generalvisitatoren *(visitadores generales)*, die sich ein Bild von den Verhältnissen in Spanisch-Amerika machen sollten. José de Gálvez, der nach Neu Spanien kam, deckte bei seinen Untersuchungen große Mißstände auf, die sich während der letzten zweihundert Jahre angehäuft hatten. Nach seiner Rückkehr wurde er zum Indienminister und damit zum Kolonialminister ernannt mit der Befugnis, Reformen durchzuführen, die seiner Ansicht nach notwendig waren.

Nach und nach wurden die Handelsbeschränkungen gelockert, indem das Monopol der Kaufleute von Cádiz und Sevilla gebrochen und allen spanischen Häfen der freie Handel mit den Kolonien gestattet wurde. Die *flota* wurde durch diese Maßnahme überflüssig und 1778 endgültig abgeschafft. Zugelassen wurde auch der interkoloniale Handel auf dem Meer und auf dem Lande; zu diesem Zweck wurden die Straßen ausgebaut und der Postdienst ausgedehnt. Die reichen *gachupines* verloren als Folge der Liberalisierung des Handels die Kontrolle über den Warenaustausch zwischen Spanien und Neu Spanien, an ihre Stelle traten Kreolen und einige Mestizen. Das Ergebnis der Wirtschaftsreformen zeigte sich in einem immensen Anstieg des Außenhandels Neu Spaniens sowie in einer Verbesserung der gesamten Wirtschaftsituation des Landes. Die Manufakturen entwickelten sich, insbesondere auf dem Gebiet der Textilherstellung. Die Textilfabriken in Mexiko-Stadt, Guadalajara, Querétaro und Valladolid dehnten ihre Produktion aus, ebenso die Manufakturen für Keramik und Schmiedeeisen in Puebla. Die wachsende europäische Nachfrage nach Zucker und Kaffee kam den Großgrundbesitzern zugute, und die Minenbesitzer konnten mit neuer Technologie den Silberabbau wesentlich steigern, so daß sie zum ersten Mal die Silberproduktion Perus übertrafen. Die Krone erzielte ihrerseits durch die positiven Auswirkungen der Wirtschaftsreformen beträchtliche Steuereinnahmen.

Die Reformen auf dem Gebiet der Wirtschaft gingen Hand in Hand mit Reformen im Verwaltungsbereich. Vorrangig galten die Bemühungen einer Vereinfachung der Verwaltung und der Verbesserung der personellen Qualität bis hin zu mehr Eigenverantwortlichkeit der Beamten. Der Verkauf öffentlicher Ämter an den Meistbietenden, eine verbreitete Praxis der Habsburger, hörte auf; statt dessen wurden die Beamten auf Grund ihrer fachlichen Qualität ausgewählt. Auch die Steuererhebung durch Konzessionäre wurde aufgegeben, an ihre Stelle traten Regierungsbeamte, die direkt verantwortlich waren. Auf provinzieller Ebene erfuhr die Verwaltung nach 1778 eine Strukturveränderung, wodurch die Dezentralisierung der Verwaltung weiter gefördert wurde. Neu Spanien wurde in zwölf *intendancias* oder Unterregionen aufgeteilt (aus denen sich im 19. Jahrhundert die mittelamerikanischen Staaten entwickelten), jede geleitet von einem Intendanten (*intendente*), der sich mit Verwaltungs-, Justiz- und Finanzfragen zu beschäftigen hatte. Die vom König ernannten *corregidores* und *alcaldes mayores* wurden durch *subdelegados* ersetzt, die von ortsansässigen Vertretern der Oberschicht gestellt wurden. Von den Intendanten wurde erwartet, daß sie die Indianer vor ihren Unterdrückern beschützen, Korruption und Schmuggel eindämmten, Landwirtschaft und Handel förderten, örtliche Milizen aufstellten und detaillierte Statistiken über die Bevölkerungsentwicklung führten, und von den *subdelegados* erhoffte man sich, daß sie weniger korrupt als ihre von den Indianern gehaßten Vorgänger sein würden.

Die vielen Kriege, die Spanien im 18. Jahrhundert, zumeist an der Seite Frankreichs führte, warfen die Frage nach der Sicherheit Neu Spaniens auf. Während des 16. Jahrhunderts reichte es, die Garde des Vizekönigs, ein oder zwei Infanteriekompanien in der Hauptstadt und einige Milizverbände zum Schutz der Häfen und der nördlichen Grenze zu unterhalten. Im Ernstfall, der sich bei Indianerangriffen oder Indianeraufständen ergab, wurden lokale Truppen ausgehoben und bewaffnet. Das Vordringen der Engländer und Franzosen in Nordamerika und in der Karibik führte dazu, ein stehendes Heer aufzustellen, das unter Karl III personell verstärkt wurde. Am Ende des 18. Jahrhunderts gab es 23000 Milizionäre und 9000 reguläre Mannschaften. Die Milizionäre wurden von Kreolen geführt. Afrikaner und Indianer waren zunächst vom Militärdienst ausgeschlossen; diese Regelung wurde Anfang des 19. Jahrhunderts gelockert. Ausgebaut wurden die Hafenbefestigungen und ein Patrouillendienst von Küstenwachschiffen organisiert.

Hauptaufgabengebiet der Armee wurde die Ausdehnung und Sicherung des Siedlungsraumes nach Norden. Diesen Maßnahmen lagen keine imperialen Gedanken zugrunde, sondern ausschließlich rein defensive Überlegungen. Am Ende des 17. Jahrhunderts verlief die Nordgrenze nördlich von Chihuahua und Coahuila. Um das weitere Vordringen von englischen und französischen Siedlern und russischen Pelztierjägern zu unterbinden oder einzuschränken, denen sich zur Sicherung der Siedlungsgebiete alsbald Militäreinheiten anschließen konnten, ging die Kolonialverwaltung auf Wunsch der Krone dazu über, den Siedlungsraum als eine Art Puffer nach Norden hin auszudehnen und durch *presidios* und Missionen schützen zu lassen. Texas, jenes riesige Gebiet, das zwischen dem französischen Louisiana und dem spanischen Coahuila liegt, wurde Anfang des 18. Jahrhunderts besiedelt und durch Missionen, wie die Alamo-Mission in San Antonio, abgesichert. Nach dem französisch-indianischen Krieg ging 1763 Louisiana für 40 Jahre in spanischen Besitz über, bis es von Frankreich wieder annektiert und dann an die Vereinigten Staaten verkauft wurde. An der Pazifikküste traten die Spanier den Russen entgegen. Sie organisierten waghalsige Kolonialunternehmungen, um sich Kaliforniens zu bemächtigen. 1776 zog eine Militärexpedition unter der Leitung von Gaspar de Portolá, begleitet von Pater Junípero de Serra, über Niederkalifornien nach San Diego. Im gleichen Jahr führte Juan Bautista de Anza einen Kolonistentreck über mehr als 6000 Kilometer von Sonora durch Arizona und die Gebiete der Apachen zur Bucht von San Francisco. Von diesen Basen aus wurden im Laufe der Zeit 21 Missionen gegründet – die Keimzellen der kalifornischen Städte. Während der amerikanischen Revolution unterstützen die Spanier die Rebellen um George Washington und vertrieben die Engländer aus dem Mississippital.

Obwohl die Unternehmungen des 18. Jahrhunderts nicht so spektakulär waren wie die Eroberungen des 16. Jahrhunderts, verdoppelte sich das Territorium Neu Spaniens auf mehr als 4,5 Millionen Quadratkilometer. Die gesamten spanischen Gebietsgewinne jenseits des Río Bravo mit Texas und dem südwestlichen Drittel der heutigen Vereinigten Staaten fielen nach der Unabhängigkeitserklärung an Mexiko.

Die Vertreibung der Jesuiten

Die meisten Reformen stießen auf ein positives Echo in Neu Spanien, nicht jedoch die Vertreibung der Jesuiten. Karl III sah sich in seiner Suprematie über Staat und Kirche durch die Jesuiten bedroht, denn der Orden übte durch seine Erziehungsarbeit einen großen Einfluß auf die öffentliche Meinung aus, zudem hielt er treu zum Papst. Einen angeblichen Putsch der Jesuiten nahm der König 1767 zum Anlaß, den Orden aus seinem Herrschaftsbereich zu verbannen und seinen beträchtlichen Besitz zu konfiszieren. In Neu Spanien wurde die Erziehung und das intellektuelle Leben durch die Vertreibung der Jesuiten schwer getroffen. Während der vorangegangenen zwei Jahrhunderte hatten die Jesuiten die spanische Zivilisation in die Wildnis von Sinaloa, Sonora, Arizona und Baja California getragen, wo sie Missionen gründeten, Landwirtschaft und Viehzucht förderten und die Gebiete kartographierten. Einer der hervorragendsten Missionare in dieser Gegend war Eusebio Francisco Kino, der bei den Yuma-Indianern tätig war und zwei Dutzend Missionen gründete.

Zum Zeitpunkt ihrer Vertreibung gab es 678 Jesuiten in Neu Spanien. Sie unterhielten mehr als hundert Missionen und hatten die besten Schulen, darunter 23 *colegios*, und verschiedene Seminare. Ihre Missionen und Schulen gingen in die Hände der Franziskaner und Dominikaner über, die personell nicht in der Lage waren, die Lücken zu schließen, die durch die Vertreibung der Jesuiten entstanden waren. Freunde, Schüler und Anhänger der Jesuiten erhoben sich in einem Dutzend Städte, in Guanajuato, San Luis Potosí, Pátzcuaro und Valladolid. An der Spitze einer größeren Militärmacht unterdrückte der Generalvisitador José de Gálvez die Aufstände und ließ harte Strafen verhängen: 90 angebliche Führer wurden hingerichtet, fast 700 Rebellen zu lebenslangem Gefängnis verurteilt und mehr als 100 ins Exil geschickt. Der Friede wurde wiederhergestellt, aber die kreolischen Intellektuellen sollten diesen Gewaltakt dem König nie verzeihen, denn die Jesuiten waren wegen ihrer ausgezeichneten Missionsarbeit hochgeschätzt, hinzukam, daß sie sich gegenüber der europäischen Aufklärung aufgeschlossenen gezeigt hatten.

Aufklärung

Im Europa des 18. Jahrhunderts stießen die Ideen der englischen und französischen Aufklärer von der Umgestaltung von Staat und Gesellschaft in dem nach Emanzipation strebenden Bürgertum auf breite Zustimmung. Erklärten doch die Philosophen des Liberalismus, daß Menschen nicht länger von der Trinität, bestehend aus König, Geistlichkeit und Landaristokratie, beherrscht werden sollten und weiter, daß die Regierung auf der Zustimmung der Regierten beruhe und Religion eine Privatangelegenheit sei; auch sollte die Gesellschaft nicht in starre Klassen aufgeteilt sein und der Einzelne das Recht haben, aufgrund seines Talents nach Höherem zu streben. In Spanien hatten die liberalen Vorstellungen mit den Bourbonen und ihren Beratern Einzug gehalten und in den Reformen ihren Niederschlag gefunden. Die Vizekönige brachten neben französischer Mode und Sitte auch die Aufklärung nach Neu Spanien, wo sie zunächst nur in elitären Hofzirkeln diskutiert wurde.

Für die Verbreitung der aufklärerischen Ideen sorgte eine Gruppe von Geistlichen, die noch in der religiösen Philosophie ihrer Zeit erzogen worden war, sich aber für die neue Entwicklung zu interessieren begann. Seit 1750 bildete sich um Rafael Campoy eine Gruppe junger Jesuiten, der Francisco Javier Clavijero, Francisco Javier Alegre und Diego de Abad angehörten, die in den *colegios* kreolische Schüler in die neue Philosophie und Wissenschaft einführten. Ohne mit den Grundprinzipien des Christentums zu brechen und gestützt auf die Doktrinen der Philosophie und der modernen, experimentellen Wissenschaften, wie sie von Descartes, Leibniz, Bacon oder Newton vertreten wurden, kritisierten die Jesuiten die anachronistischen Methoden der Scholastik. Diese Jesuiten waren Teil einer viel breiteren intellektuellen Bewegung unter den gebildeten Kreolen, die bewußt eine Abgrenzung von den *gachupines* anstrebten und Neu Spanien, das sie Mexiko nannten, als ihr Vaterland betrachteten.

Diese Bewegung, für die sich die Bezeichnung *criollismo* eingebürgert hat, entstand bereits im 16. Jahrhundert und fand immer wieder in literarischen Werken ihre Unterstützung, etwa durch den geistlichen Poeten Bernardo de Balbuena in seiner *Grandeza de México* (1602), in der die Hauptstadt als ein „mexikanisches Paradies“ besungen wird, oder durch Carlos de Sigüenza y Góngora in seinem Werk *Primavera indiana* (1680), eine Eloge auf die Virgen de Guadalupe, die Schutzheilige der Indianer, während der weiße Bevölkerungsteil eher die Virgen de los Remedios verehrte. Am ausgeprägtesten kam das Selbstverständnis und das Selbstbewußtsein der Kreolen in der *Historia Antigua de México* (1780) von Clavijero zum Ausdruck, der sein Werk in der italienischen Verbannung schrieb und der Universität von Mexiko-Stadt widmete.

„Die Geschichte Mexikos, geschrieben von einem Mexikaner“, wie es im Vorwort heißt, war zunächst einmal eine Entgegnung auf europäische Philosophen, die in ihren Schriften behaupteten, daß die Bewohner Spanisch-Amerikas wegen des ungesunden Klimas geistig deformiert wären und weiter, daß die Völker des alten Mexiko auf dem Niveau der Barbarei gestanden hätten. Der deutsche Gelehrte Cornelius von Pau fügte dann noch hinzu, daß es einen Fortschritt des Geistes in Spanisch-Amerika nicht geben könne, da der religiöse Aberglaube das Licht der Vernunft verdunkle. Mit aller Entschiedenheit wehrte sich Clavijero gegen solche unhaltbaren Unterstellungen, die er als Teil der „Schwarzen Legende" der Protestanten gegen das katholische Spanien entlarvte, um dann in einem Vergleich die Geschichte und Religion der Azteken den antiken Kulturen als ebenbürtig gegenüberzustellen. Clavijeros Botschaft an die Kreolen lautete dann, daß sie stolz auf Mexiko, auf die Geschichte ihres Vaterlandes, sein könnten, denn auch sie seien Mexikaner, womit er die Kontinuität von den Indianern zu den Kreolen betonte und den Gegensatz zu den *gachupines* herstellte, die sich in ungerechtfertigter Weise die Herrschaft über das Land angeeignet hätten. Durch solche patriotischen Gefühle in ihrem Selbstbewußtsein gestärkt und zu rebellischem Handeln durch die liberalen Forderungen nach Freiheit, Gleichheit und Grundrechte ermuntert, forderten die radikalen Kreolen immer lauter die Unabhängigkeit Mexikos und die Vertreibung der *gachupines*.

Aber es gab ein schwerwiegendes Problem. Die liberale Philosophie war auf das Bürgertum, die Mittelschicht, zugeschnitten. Die feudale Gesellschaft in Neu Spanien bestand aber im wesentlichen nur aus zwei Klassen: auf der einen Seite die Besitzer von Minen und Haziendas sowie höhere Beamte und die Geistlichkeit, das waren die Kreolen und *gachupines*, auf der anderen Seite die indianischen Bauern. Die kaum erkennbare Mittelklasse wurde von Rancheros, Gemeindepriestern, unteren Beamten und Rechtsanwälten gebildet. Sollte es zum ersehnten Umschwung kommen, brachte das vor allem den Kreolen Vorteile, denn sie wurden die *gachupines* los. Aber wie vertrug sich ihr Reichtum mit dem propagierten Slogan von der sozialen Gleichheit? Was bedeutete die Freiheit des Marktes für die Indianer mit ihrer kommunalen Tradition? Und schließlich: Wie würde sich die untere Mittelschicht mit den Mestizen verhalten? Die reichen Kreolen müssen wohl geahnt haben, welche Konflikte ihnen bevorstanden, denn sie begrenzten ihre Forderungen auf die Gleichstellung mit den *gachupines*, während die intellektuellen Kreolen, die Priester, Literaten und vereinzelte Milizoffiziere, die kaum etwas zu verlieren hatten, schon gar keine materiellen Reichtümer, davon träumten, die spanische Tyrannei zu überwinden und eine freie Republik zu schaffen, die auf Gleichheit und Gerechtigkeit beruhte.

Rebellionen

Vorerst blieb es bei Diskussionen über die Schriften von Montesquieu, Voltaire, Rousseau oder Locke, über die Unabhängigkeitserklärung der dreizehn englischen Kolonien in Nordamerika und über die Französische Revolution. Gelegentlich kam es zu Rebellionen, die aber mühelos niedergeschlagen werden konnten. Die Situation eskalierte, als die spanische Monarchie, der Neu Spanien fast 300 Jahre gehorcht hatte, in außen- und wirtschaftspolitische Schwierigkeiten geriet und schließlich abgesetzt wurde. Auf den Reformkönig Karl III war 1788 der schwache Karl IV gefolgt, der in Abhängigkeit zu Manuel Godoy, dem Geliebten seiner Frau, geriet. Spanien verwickelte sich in die europäischen Auseinandersetzungen um Frankreich, indem es zunächst die große Koalition gegen die Französische Revolution unterstützte, dann mit Frankreich gegen England ein Bündnis einging. Die Kriege waren teuer und zwangen die spanische Regierung, im eigenen Land und vor allem in der Kolonie nach Finanzierungsmöglichkeiten Ausschau zu halten. Die Kirche wurde gezwungen, beträchtliche Vermögenswerte an die Krone abzutreten, und die reichen Großgrundbesitzer hatten Kriegsanleihen zu zeichnen.

Auf Druck von Napoleon I Bonaparte mußte Spanien die Kontinentalsperre gegen England unterstützen mit dem Ergebnis, daß die Engländer die Kommunikation und den Handel zwischen Spanien und Neu Spanien unterbrachen. Schließlich besetzte Napoleon – nach einem Streit im spanischen Königshaus zwischen Karl IV und seinem Sohn Ferdinand – Spanien, internierte die Königsfamilie in Frankreich und setzte seinen Bruder Joseph Bonaparte auf den spanischen Thron. Ein Volksaufstand der Spanier war die Folge, der in einen mehrjährigen Guerillakrieg, den spanischen Unabhängigkeitskrieg (1808–1814), einmündete. Als Antwort auf die französische Besetzung etablierte sich eine Befreiungsjunta, die sich vor den Franzosen nach Cádiz zurückzog, wo sie unter dem Schutz englischer Kriegsschiffe stand.

Als die Nachrichten vom Sturz der spanischen Monarchie die Kolonie erreichten, sprachen sich die Kreolen, die in Mexiko-Stadt die Mehrheit in der Stadtverwaltung besaßen, für eine Junta in Neu Spanien aus, die im Namen des gefangenen Ferdinand VII regieren sollte; sie wünschten auch Volkssouveränität und Gleichheit mit Spanien. Die von den *gachupines* beherrschte Audiencia war bemüht, jede Andeutung einer Unabhängigkeit schon im Keim zu ersticken. Sie bestand darauf, daß die Autorität allein der Junta in Spanien zustände. Es begann ein Konflikt, in dem sich die konservativen *gachupines* für die liberale Junta in Cádiz aussprachen und die liberalen Kreolen ihre Loyalität dem konservativen König bekundeten. Vizekönig José de Iturrigaray, der hoffte, daß er zum König von Mexiko aufsteigen könnte, wenn er die Unabhängigkeit des Landes unterstützen würde, förderte die Schaffung einer mexikanischen Junta. In einem Überraschungscoup wurde Iturrigaray am 15. September 1808 von *gachupines* gefangengenommen, und ein neuer Vizekönig wurde von der Audiencia gewählt. Demonstrationen gegen den Staatsstreich konnten von den Truppen unterdrückt werden, aber hinfort war jeder Respekt vor der Staatsführung zerstört. Für die Kreolen war es offensichtlich geworden, daß die Regierung in Mexiko-Stadt nichts anderes als eine *gachupín*-Tyrannei war. Die Rebellionen gegen die Regierung häuften sich. In Valladolid wurde 1809 eine Verschwörung aufgedeckt, deren strategischer Kopf Pater Vicente Santa María war, und er sollte nicht der einzige Priester bleiben, der sich an die Spitze eines Aufstandes stellte.

Daß kreolische Priester die Avantgarde der mexikanischen Unabhängigkeitsbewegung stellten, war kein Zufall. Diese Priester, fast alle um 1750 geboren, waren Schüler in den Jesuiten-*colegios* gewesen. Sie kannten die Ideen der Aufklärung und lehnten eine autokratische und inkompetente Regierung ab. Zudem hatten sie eine lange Liste von Klagen gegen die Madrider Regierung vorzubringen. Die Vertreibung der Jesuiten war nur ein Punkt, ein anderer das Verbot, weitere Klöster in Neu Spanien zu bauen. Die Zurückstellung gegenüber den *peninsulares*, die alle höheren Posten besetzen und sich die reichsten Pfründe zuschlugen, machte sie ebenso wütend wie ihre schlechte Bezahlung als Gemeindepriester. Und es war auch kein Zufall, daß sich die Rebellionen der Jahre 1809–1810 auf die jetzigen Bundesstaaten Michoacán,

Querétaro und Guanajuato konzentrierten, da die Bevölkerung in diesen Gebieten mit Ausnahme der Minenbesitzer, Rancheros und Hacendados so gut wie keinen Anteil an dem Wirtschaftsaufschwung gehabt hatte, im Gegenteil, ihre soziale Lage war durch Bevölkerungswachstum bei sinkender Nahrungsmittelproduktion schlechter geworden, während die Haziendas ihre Monokulturen für den Export auszudehnen vermocht hatten.

Da die örtlichen, proindianisch eingestellten Priester in engem Kontakt mit der Landbevölkerung standen, ihre Nöte und Sorgen kannten, waren sie natürliche Verbündete bei einer Erhebung. Dadurch bestand aber die Gefahr, daß die Rebellion in eine soziale Revolution umschlug, in der die Indianer und Mestizen an den reichen Kreolen, ihren Unterdrückern, Rache nahmen. Das mußte unweigerlich zur Folge haben, daß die Kreolen der Rebellion ihre Unterstützung entzogen, die zwar einerseits ihre politischen Ziele vertrat, aber andererseits ihr Leben und ihren Besitz in Gefahr brachte. Und genau das geschah, als sich im Dorf Dolores (Bundesstaat Guanajuato) der Gemeindepriester Miguel Hidalgo y Costilla am 16. September 1810 an die Spitze von Soldaten und Bauern stellte, um der Regierung in Mexiko-Stadt die Stirn zu bieten.

Hidalgo

Miguel Hidalgo, ein hochgebildeter Priester, gehörte einem literarischen Klub in Querétaro an, der als Tarnung für eine geheime Verschwörung diente. Die Mitglieder, die Hidalgo zu ihrem Führer wählten, entwarfen den Plan, im Dezember 1810 während eines Festes die Unabhängigkeit Mexikos auszurufen. Man hoffte, ohne Widerstand das Ziel zu erreichen. Das Vorhaben wurde verraten, und Hidalgo, vor die Wahl gestellt, zu flüchten oder zu handeln, entschloß sich für letzteres. Er ließ in seinem Dorf die Kirchenglocken läuten und erklärte den versammelten Bauern, daß die Zeit gekommen wäre, sich gegen die schlechte Regierung in Mexiko-Stadt aufzulehnen. Die genauen Worte, die er in seinem *Grito de Dolores* sagte, sind nicht überliefert. Mit Äxten, Messern und Macheten bewaffnet, durch Armeeinheiten und Bauern verstärkt, zog die Insurgentenarmee nach Guanajuato, ein Banner der Virgen de Guadalupe, die Fahne der Rebellion, vor sich hertragend. Es kam zu ersten Ausschreitungen. Die unteren Klassen nahmen Rache an der generationslangen Unterdrückung durch Encomenderos, Corregidores, Hacendados und Minenbesitzer. Der Aufstand nahm mehr und mehr die Züge einer sozialen Revolution an. Die kreolischen Offiziere protestierten, aber Hidalgo ließ die Bauern gewähren, er konnte auch kaum etwas dagegen tun.

Die Insurgentenarmee bemächtigte sich der Minenstadt Guanajuato. Beim Sturm auf den Kornspeicher, die Alhóndiga de Granaditas, in der sich royalistische Einheiten, *gachupines* und Kreolen verbarrikadiert hatten, wurden die Verteidiger massakriert, und Guanajuata war tagelang ein Ort der Ausschreitungen und Gewalttätigkeiten. Die Erfolge der Aufständischen fanden Nachahmer, überall im Lande kam es zu Aufständen. Zacatecas, Jalisco, Nuevo León und Texas fielen an die Rebellen. Über Valladolid zog Hidalgo weiter nach Mexiko-Stadt, wo junge Intellektuellen den Aufstand begrüßten, während Großgrundbesitzer, Beamte und Offiziere die Regierung unterstützten. Am Monte de las Cruces, wo normalerweise Banditen gekreuzigt wurden, stellten sich royalistische Einheiten den Aufständischen entgegen und verloren die Schlacht. Der Weg in die Hauptstadt war frei, aber Hidalgo entschloß sich, umzukehren. Die Historiker haben für Hidaglos überraschende Kehrtwendung mehrere Interpretationen angeboten. Danach waren entweder die Verluste in der Insurgentenarmee zu hoch, oder es gab Unstimmigkeiten unter den Führern des Aufstandes über die Strategie, aber auch unzureichende Bewaffnung und Verpflegung, fehlende Bereitschaft, Mexiko-Stadt der Plünderung preiszugeben, Andeutungen, daß die städtischen Massen den Aufstand nicht unterstützen würden und Berichte über die Ankunft einer großen royalistischen Armee werden genannt.

Bei Querétaro erlitten die Aufständischen ihre erste Niederlage. Sie zogen sich nach Guadalajara zurück, wo Hidalgo eine Regierung organisierte und zahlreiche Verordnungen erließ, darunter die Aufhebung der Sklaverei. Anfang Januar 1811 mußten sich die Aufständischen ein weiteres Mal den Royalisten geschlagen geben. Hidalgo floh mit wenigen Anhängern nach Norden in der Hoffnung, in Coahuila, Texas oder in den Vereinigten Staaten Hilfe zu bekommen. Durch Verrat gingen die Flüchtenden den Royalisten in die Falle. Nach einem Militärtribunal wurden die nichtgeistlichen Führer erschossen. Hidalgo wurde zunächst einer längeren Befragung durch die Inquisition ausgesetzt, der Häresie schuldig gefunden und dann von den zivilen Autoritäten am 30. Juli 1811 hingerichtet. Die Köpfe von Miguel Hidalgo, Ignacio Allende, Juan Aldama und José Mariano Jiménez wurden in Käfigen an den vier Ecken des Kornspeichers in Guanajuato zur Schau gestellt, wo sie bis zur Unabhängigkeit Mexikos zu sehen waren. Ihre sterblichen Überreste wurden später mehrmals umgebettet, bis sie dann 1925 in der Columna de la Independencia auf der Prachtstraße Reforma in Mexiko-Stadt ihre letzte Ruhe fanden.

Hidalgo war als militärischer Führer kläglich gescheitert, aber sein Handeln war der Initialfunke für die Unabhängigkeit Mexikos. Sein Sozialprogramm war bemerkenswert, ebenso sein persönlicher Mut. Im Geschichtsbewußtsein der Mexikaner nimmt Hidalgo heute eine zentrale Rolle ein. Er wird als *Padre de la Patria*, der Vater der Nation, und als Symbol ihrer Unabhängigkeit verehrt, obwohl sie erst zehn Jahre nach seinem Tode erreicht wurde. In Mexiko gibt es kaum eine Ortschaft, die nicht mindestens ein Hidalgo-Denkmal aufzuweisen hat. Straßen tragen seinen Namen, der Bundesstaat Hidalgo erinnert an ihn, Dolores, wo der Aufstand begann, in Dolores Hidalgo umbenannt, die Alhóndiga de Granaditas zu einer nationalen Gedenkstätte mit ewigem Feuer und Museum ausgebaut und der 16. September zum Nationalfeiertag erklärt. Am Vorabend des Feiertages wiederholt der mexikanische Präsident den *Grito de Dolores* vom Balkon des Nationalpalastes, indem er die Originalglocke aus der Kirche von Dolores läutet und den auf dem Zocaló versammelten Mexikanern dreimal *Viva Mexiko* zuruft. Das Schauspiel findet zeitgleich in allen mexikanischen Ortschaften statt, wo Ministerpräsidenten und Bürgermeister als Hauptdarsteller auftreten.

Morelos

Hidalgos Tod war nicht, wie die Regierung erhoffte, das Ende der Bewegung, sondern der Beginn einer Umstrukturierung der Insurgentensarmee: aus einer schlecht bewaffneten und undisziplinierten Massenbewegung entstanden schlagkräftige, disziplinierte

Guerillero-Armeen, die von im Lande verteilten Stützpunkten ihre Angriffe gegen die Regierungstruppen vortrugen. Die neue Taktik war so erfolgreich, daß die Guerilleros bis 1813 weite Gebiete zwischen der Golfküste und der Pazifikküste und nach Süden bis Oaxaca kontrollierten; nur die Städte Mexiko-Stadt, Puebla und Veracruz konnten erfolgreich Widerstand leisten. Morelos war der anerkannte Führer der Guerilleros, auch er ein Priester und einst ein Schüler von Hidalgo, der ihn 1810 beauftragt hatte, die Gebiete südlich von Mexiko-Stadt für den Aufstand zu gewinnen.

Auf dem Höhepunkt seiner Macht beschloß Morelos, den eroberten Gebieten eine Regierungsstruktur zu geben. Er berief Delegierte der Guerilleros, in der Mehrzahl kreolische Rechtsanwälte und Priester, nach Chilpancingo, an der Straße von Mexiko-Stadt nach Acapulco, zu einem Kongreß zusammen, dem er seine Vorschläge unterbreitete. Morelos plädierte dafür, Mexiko zur Republik zu erklären, die *fueros* der Geistlichen und der Offiziere abzuschaffen, den Großgrundbesitz aufzuteilen und den indianischen Bauern zu übergeben. Auf der Grundlage von Morelos' Vorschlägen wurde ein Jahr später in Apatzingán die erste mexikanische Verfassung verabschiedet. Das Dokument trat niemals in Kraft, war aber für die Reformen der kommenden Jahrzehnte eine wichtige Vorlage.

Wie zu erwarten, lehnten die Großgrundbesitzer die Verfassung als zu radikal ab, und sie scharten sich, wie viele andere kriegsmüde Kreolen, die genug hatten von Gewalt und Terror, um die *gachupines*, die Anfang 1814 in einer Art totalem Krieg zum Gegenangriff auf die Hochburgen der Guerilleros ansetzten. In nur wenigen Monaten gelang es ihnen, die Guerillero-Bewegung zu zerschlagen und Morelos gefangenzunehmen. Damit fand die Rebellion ihr Ende; Morelos wurde in der Nähe von Mexiko-Stadt Ende des Jahres füsiliert. Nur Guadalupe Victoria und Vicente Guerrero, die sich im Hinterland von Veracruz und in den Bergen von Acapulco verschanzten, konnten mit gelegentlichen Überfällen daran erinnern, daß der Widerstand nicht völlig erloschen war, aber für die nächsten vier Jahre war es ruhig in Mexiko.

Der Kompromiß

Die weitere Entwicklung wurde wieder einmal wesentlich von den Vorgängen in Spanien beeinflußt. Die Befreiungsjunta in Cádiz hatte 1812 eine liberale Verfassung verkündet, die im Vizekönigreich übernommen wurde. Spontan wurde daraufhin die Plaza Real in Mexiko-Stadt in Plaza de la Constitución umbenannt. Als dann aber bei Wahlen für den Stadtrat die Kreolen einen überwältigenden Sieg errangen, suspendierte Vizekönig Francisco Javier Venegas kurzerhand die Verfassung bis zum Ende der Kämpfe in Spanien. Der spanische Unabhängigkeitskrieg endete mit der Niederlage Napoleons, 1814 kehrte Ferdinand VII nach Madrid auf seinen Thron zurück, erklärte die Verfassung für ungültig und errichtete ein despotisches Regime. Eine Militärrebellion zwang Ferdinand VII 1820, die Verfassung wieder anzuerkennen, und in Spanien übernahmen Liberale die Regierungsgewalt. Während die liberalen Kreolen in Neu Spanien die Entwicklung mit Genugtuung zur Kenntnis nahmen, war die katholische Kirche entsetzt über die antikirchlichen Gesetze, die aus Madrid eintrafen. Die verschiedenen politischen Richtungen in Mexiko-Stadt begannen ihre Forderungen zu formulieren, die von sofortiger Unabhängigkeit und Vertreibung der *gachupines* bis zum Angebot reichten, Ferdinand VII zum König von Mexiko zu machen.

In dieser undurchsichtigen innenpolitischen Situation wurde unter der Leitung von Matías Monteagudo, dem Kanonikus der Kathedrale, der schon im Staatsstreich gegen Vizekönig Iturrigaray eine tragende Rolle gespielt hatte, der Plan entworfen, sich des populären Oberst Agustín de Iturbide, der mit der Vernichtung der letzten Guerilleros beauftragt worden war, als militärischem Arm zu bedienen und die Trennung vom liberalen Spanien, sollten Vizekönig und spanische Truppen dagegen sein, mit Gewalt zu erzwingen. Iturbide ließ sich aber nicht zum Ausführungsorgan degradieren; er hatte seine eigenen Pläne. Anstatt die Guerilleros anzugreifen, einigte er sich mit ihren Führern in der Stadt Iguala auf eine Vereinbarung, den sogenannten *Plan de Iguala*, in dem drei Garantien (*tres garantías*) festlegt wurden: Mexiko sollte eine unabhängige Monarchie werden, der katholischen Kirche sollten ihre Privilegien erhalten bleiben und Kreolen und *gachupines* sozial gleichgestellt sein. Der *Plan de Iguala* war ein Kompromiß, dem die verschiedenen politischen Strömungen zustimmen konnten. Eine Stadt nach der anderen erklärte sich mit Iturbide solidarisch, Vizekönig Juan O'Donojú unter Druck gesetzt gab nach. Am 27. September 1821 ritt Iturbide als umjubelter Held in Mexiko-Stadt ein, einen Monat später zogen sich die letzten spanischen Truppen in die Inselfestung San Juan de Ulúa in der Nähe von Vera Cruz zurück: Mexiko war unabhängig.

Mexiko im 19. und 20. Jahrhundert

Das 19. Jahrhundert

Das unabhängige Mexiko

Mexiko war unabhängig. Aber wie sollte es weitergehen? Der elfjährige Unabhängigkeitskrieg hatte in fast allen Bereichen tiefe Spuren hinterlassen, vor allem der Wirtschaft des Landes war großer Schaden zugefügt worden. Auch fehlte nach jahrhundertelangem spanischen Paternalismus jegliche politische Praxis. Mexiko brauchte über hundert Jahre, um passende Antworten auf seine Probleme zu finden. Währenddessen herrschten Anarchie, Revolution und Bürgerkrieg. Imperialistische Mächte intervenierten, um Mexiko ihren Willen aufzuzwingen. Den Spaniern folgten die Amerikaner, schließlich kamen die Franzosen. Mexiko wurde gezwungen, die Hälfte seines Territoriums abzutreten, und Teile der industriellen Anlagen und des landwirtschaftlich genutzten Landes wurden Beute ausländischer Kapitalisten.

Die Zeitspanne zwischen dem Ende des Unabhängigkeitskrieges 1821 und dem Beginn der mexikanischen Revolution 1910 unterteilen die Historiker in drei Abschnitte. Der erste Abschnitt trägt den Namen des Generals Santa Anna, der über dreißig Jahre wesentlich die Entwicklung des Landes prägte, bevor ihn liberale Politiker 1854 endlich von der politischen Bühne verbannten. Kläglich scheiterten die Versuche, Mexiko ein dauerhaftes politisches Regierungssystem zu geben. Die Kreolen übernahmen zwar die Macht, aber sie waren über den Weg, der einzuschlagen war, zutiefst zerstritten. Der konservative Flügel plädierte für ein zentralistisches, der liberale Flügel für ein föderatives Regierungssystem. Die prekäre Wirtschaftslage konnte teilweise durch Auslandskredite verbessert werden, aber die wachsenden Staatsschulden stiegen und ließen kaum Spielraum für die notwendigen Reformen, zudem waren Armee und Kirche, die aus dem Unabhängigkeitskrieg gestärkt hervorgegangen waren, nicht bereit, ihre Privilegien und, wie im Fall der Kirche, ihren Besitz aufzugeben. Welche Regierung auch immer gegen ihre Interessen handelte, mußte damit rechnen, durch einen Militärputsch, ein *pronunciamiento*, aus dem Amt getrieben zu werden.

Die scheinbar ausweglose Situation änderte sich mit einer neuen Politikergeneration, die mit der Forderung antrat, die *fueros* der Kirche und der Armee abzuschaffen und die Rassenunterschiede einzuebnen. Ihre Führer sprachen sich für eine liberale Republik mit einer gerechten Verteilung des Reichtums aus. Die Liberalen, die im zweiten Abschnitt, der Reformära zwischen 1854 und 1875, mit Benito Juárez an die Macht kamen, konnten sich in einem mehrjährigen Krieg gegen Konservative und gegen das von französischen Truppen gestützte zweite mexikanische Kaiserreich durchsetzen und mit einem umfangreichen Reformprogramm Änderungen am politischen System, an den Beziehungen zwischen Staat und Kirche und im Bereich der Wirtschaft durchführen.

Der letzte Abschnitt stand ganz im Zeichen des Diktators Porfirio Díaz, der sich zur Machtbehauptung der Kirche und der Armee bediente. Mexiko wurde nach innen mit harter Hand befriedet und nach außen für Investoren geöffnet, die dazu beitrugen, das Land zu modernisieren. Dem wirtschaftlichen Aufschwung stand nicht im gleichen Maße eine soziale Verbesserung für die Bevölkerung gegenüber. Während eine verhältnismäßig kleine Bevölkerungsgruppe im Porfiriat zu Reichtum gelangte, verschlechterte sich für die Masse der soziale Status. Das galt insbesondere für Indianer. Der Unabhängigkeitskrieg hatte ihre Situation nicht verändert und auch im unabhängigen Mexiko blieb im wesentlichen alles beim alten: sie sprachen ihre eigene Sprache, gehorchten ihren Kaziken und arbeiten entweder auf ihren *ejidos* oder als *peones* auf den Haziendas. Als ihnen im Porfiriat im großen Umfang Land weggenommen wurde, das in den Besitz von Großgrundbesitzern überging, kamen es zu Aufständen, die in Streiks der schlechtbezahlten Industriearbeiter ihre Ergänzung fanden. Sozialer Druck und wirtschaftliche Krisen erzeugten in der Endphase des Porfiriats eine hochexplosive Mischung, die sich schließlich ab 1910 in einer blutigen Revolution entlud.

Die Ära Santa Anna

Das erste mexikanische Kaiserreich

Einen Tag nach dem triumphalen Einzug der siegreichen Armee, der Armee der drei Garantien (*ejército trigarante*), in Mexiko-Stadt wurden eine Junta und ein Regentschaftsrat gebildet, die Vorbereitungen für die Wahl eines Kongresses trafen, der eine Verfassung für Mexiko ausarbeiten sollte, worauf sich Iturbide und der letzte spanische Vizekönig im Vertrag von Córdoba geeinigt hatten. Zwei Verfassungsmodelle standen im Kongreß zur Diskussion: eine Monarchie, sie wurde von den *borbonistas* unterstützt, die im wesentlichen ihren Rückhalt bei den *gachupines* fanden und Ferdinand VII als Kronprätendeten bevorzugten, und den *iturbidistas*, den Anhängern Iturbides in der Armee der drei Garantien, die sich Hoffnungen machten, daß Iturbide den mexikanischen Thron besteigen würde; für eine liberale Republik sprachen sich die *republicanos* aus, die durch ehemalige Insurgenten und einige liberale Kreolen im Kongreß vertreten waren. Als Ferdinand VII seine Ablehnung signalisierte, verbündeten sich *borbonistas* und *republicanos* gegen Iturbide, um dessen Ambitionen auf den mexikanischen Thron zu verhindern, und stimmten für einen personellen Abbau in der Armee, womit Iturbide seine Machtbasis verloren hätte. Bevor es so weit kam, wurde er von Vertrauten in einer mit ihm abgesprochenen Demonstration zum Kaiser von Mexiko ausgerufen, und der Kongreß wurde unter Gewaltandrohung gezwungen, diesem Coup zuzustimmen. In einer prunkvollen Zeremonie ließ sich Iturbide im Juli 1822 in der Kathedrale von Mexiko-Stadt zum Kaiser Agustín I krönen, und seine Monarchie wurde für erblich erklärt. Seine Herrschaft als erster mexikanischer Kaiser dauerte nur zehn Monate, da er daran scheiterte, die wirtschaftlichen Probleme einer befriedigenden Lösung zuzuführen.

Der Unabhängigkeitskrieg hatte die Wirtschaft ruiniert, vor allem der wichtige Silberbergbau hatte darunter gelitten. Viele Besitzer und Verwalter waren getötet worden, andere waren geflohen, teilweise nach Spanien. Zahlreiche Minenarbeiter, die sich den Insurgenten angeschlossen hatten, kehrten nicht mehr zurück, Maschinen waren zerstört, die Minen geflutet worden. In der Landwirtschaft sah die Situation ähnlich aus. Hacendados waren getötet, ihre Häuser zerstört, ihre Vorräte requiriert, ihre Felder in Brand gesteckt und ihr Vieh war mitgenommen worden. Der Handel mit Spanien war zum Erliegen gekommen, die meisten Händler waren nach Spanien zurückgekehrt, zudem war der wichtige Hafen Veracruz durch die Festung San Juan de Ulúa blockiert, da die spanische Regierung die Unabhängigkeit Mexikos nicht anerkannte und hoffte, zu gegebener Zeit von diesem Stützpunkt aus die Wiedereroberung ihrer abtrünnigen Kolonie zu beginnen. Einem solchen Ansinnen glaubten die Vereinigten Staaten einen Riegel vorschieben zu müssen, indem sie 1822 Mexiko völkerrechtlich anerkannten und ein Jahr später mit der nach ihrem Präsidenten James Monroe benannten Doktrin jede Einmischung in ein Gebiet der amerikanischen Hemisphäre als einen feindlichen Akt bezeichneten.

Da die Einnahmequellen, die früher so reichlich flossen, fast völlig versiegt waren, mußte Iturbide zu unpopulären Maßnahmen greifen. Er konfiszierte Privatbesitz, zwang reiche *gachupines* Darlehen zu geben, wertete die Währung ab und schreckte nicht davor zurück, einen privaten Geldtransport nach Spanien überfallen zu lassen. All das half nichts, die Staatskasse blieb leer, und die Kritik an ihm wurde lauter. Er ließ daraufhin liberale Zeitungen unterdrücken, den Kongreß auflösen und regierte hinfort mit diktatorischen Anordnungen. Die Unzufriedenheit der Offiziere, die vergeblich auf ihre Löhnung warteten, stieg. Freimauerlogen, die sich über das ganze Land ausbreiteten, wurden zum Treffpunkt von Verschwörern: Liberale, die eine Republik anstrebten, Militärs, die über ausstehende Gehaltszahlungen und gestrichene Beförderungen empört waren.

Als dann Antonio López de Santa Anna, der Kommandeur von Veracruz, mit einem *pronunciamiento*, dem weitere folgen sollten, die Republik ausrief und sich die Unterstützung der ehemaligen Guerilleroführer Guerrero und Bravo sichern konnte, verlor Iturbide die Kontrolle über die Armee. Mehr und mehr isoliert dankte er schließlich im März 1823 freiwillig ab und ging, unter Zusicherung einer hohen Pension, nach Europa ins Exil. Ein Jahr später kehrte er, um sich dem Kampf gegen die Spanier anzuschließen, der seiner Meinung kurz bevorstände, nach Mexiko zurück, nicht ahnend, daß ihn die Todesstrafe erwartete, wenn er das Land betreten sollte. An der Küste von Tamaulipas wurde er abgefangen und auf der Stelle erschossen. Auch wenn sich zuletzt Konservative – Geistliche und Großgrundbesitzer – in den Reihen seiner Kritiker befanden, in der Retrospektive wurde Iturbide von ihnen zum Nationalheros hochstilisiert. Konservative Historiker der ersten Hälfte des 19. Jahrhunderts wurden nicht müde, den gescheiterten Kaiser als Held der mexikanischen Unabhängigkeit zu feiern, nicht Hidalgo oder Morelos, die sie mit Umsturz und sozialer Revolution gleichsetzten. In diesem Sinne war es nur logisch, daß eine konservative Regierung 1838 seine Gebeine in die Kathedrale von Mexiko-Stadt überführen ließ.

Liberale und Konservative

Nachdem Iturbide das Land in Richtung Italien verlassen hatte, wurde Mexiko zur Republik erklärt. Der gemäßigte Flügel der Liberalen, die *moderados*, übernahm die Kontrolle einer Übergangsregierung und der verfassungsgebende Kongreß setzte seine Arbeit fort. Es gelang ihm, trotz massiver Versuche konservativer Parteigänger, durch Rebellionen und Aufstände die Delegierten zu behindern, am 4. Oktober 1824 die erste mexikanische Verfassung, die *Constitución Federal de los Estados Unidos Mexicanos*, zu verkünden. Nur sechs Tage später wurden Guadalupe Victoria und Nicolás Bravo zum Präsidenten und zum Vizepräsidenten gewählt, so daß der Eindruck entstehen konnte, die einstigen Insurgenten hätten einen späten Sieg über Großgrundbesitzer und Kirche errungen. Tatsächlich zeigte die Verfassung deutlich die Handschrift der kreolischen Intellektuellen, die im Kongreß den Ton angegeben hatten. Sie waren ihren liberalen Prinzipien gefolgt und hatten sich die Verfassungen der amerikanischen und französischen Revolution sowie die spanische Verfassung von 1812 zum Vorbild genommen. Das Ergebnis war eine repräsentative, föderative Republik.

Mexiko wurde in 19 Staaten (*estados*), die ihre eigenen Regierungen und Parlamente erhielten, und vier Gebiete (*territorios*) unterteilt, die von der Zentralregierung verwaltet wurden. Sitz der exekutiven, legislativen und judikativen Gewalten war der *Distrito Federal*, der bis heute Mexiko-Stadt umfaßt. Präsident und Vizepräsident, deren Amtszeit vier Jahre betrug, repräsentierten die Exekutive, ein Zweikammernsystem, bestehend aus Senat (*Cámera de Senadores*) und Abgeordnetenhaus (*Cámera de Diputados*), die Legislative, während die Judikative einem Obersten Gerichtshof (*Corte Suprema de Justicia*) übertragen wurde. Die Verfassung garantierte die Versammlungs- und Pressefreiheit, die Unverletzlichkeit der Wohnung und der Korrespondenz. Sie brach nicht völlig mit der Vergangenheit, da sie die katholische Kirche als einzige Religionsgemeinschaft zuließ und die *fueros* der Armee und des Klerus nicht aufhob. Die Einführung des allgemeinen Wahlrechts sollte sich alsbald als ein Nachteil für die Liberalen erweisen, denn in einem Land, in dem die überwiegende Mehrheit der Bevölkerung aus Analphabeten bestand und viele gar nicht die spanische Sprache beherrschten, konnten vor allem Großgrundbesitzer und Kirche Wahlen manipulieren, um für konservative Mehrheiten zu sorgen. Und daß Widerstand gegen die liberalen Prinzipien zu erwarten war, wurde deutlich, als die Konservativen aus ihrer vorübergehenden Erstarrung, in die sie Iturbides Abgang versetzt hatte, zum Gegenangriff übergingen.

Historiker gaben der folgenden Ära, die dreißig Jahre dauerte, unterschiedliche Bezeichnungen, die aber alle auf die politische Instabilität, das finanzielle Chaos oder die wirtschaftliche Penetration ausländischer Mächte hinweisen. Die Probleme, denen sich Mexiko in dieser Periode gegenübersah, waren vielschichtiger Natur. Da war zunächst einmal der Mangel an Erfahrung, ein Staatswesen zu leiten und eine Verwaltung effektiv zu gestalten. In der schnellen Folge der Regierungswechsel spiegelt sich nicht nur der Streit zwischen Konservativen und Liberalen wieder, sondern auch die Unfähigkeit ihrer Präsidenten und Minister, die ihrer eigenen Selbstüberschätzung erlagen. Schwierig war es auch, ein Volk, das an Despotismus und Paternalismus gewöhnt war, mit demokratischen Gepflogenheiten und Institutionen vertraut zu machen. Die Angst vor dem Neuen und die Sehnsucht nach dem Alten nutzten die Konservativen geschickt für ihre Propaganda aus. Die dominierende Rolle der Armee war ein weiteres Problem. Durch ihre *fueros* waren sie der zivilen Gerichtsbarkeit entzogen und konnten ein Eigenleben führen, das zu schützen sich die Offiziere zur Aufgabe machten. Angriffe auf ihre Position oder nicht ausgezahlte Gehälter ließen sie Partei ergreifen, ob gegen Konservative oder Liberale, das hing davon ab, von wem sie sich bedroht fühlten. Das zentrale Problem war aber die Auseinandersetzung zwischen Konservativen und Liberalen um die politische, soziale und ökonomische Ausgestaltung Mexikos, die vor dem Hintergrund einer fortwährenden Finanzkrise ausgetragen wurde, was dauerhafte Lösungen fast unmöglich machte.

Konservative und Liberale bildeten keine Parteien im heute übliche Sinn, sondern locker organisierte Gruppierungen, so daß Übergänge fließend und Übertritte nicht selten waren. Jede Gruppierung besaß eine Handvoll Persönlichkeiten, die entweder aus dem zivilen, kirchlichen oder militärischen Bereich kamen und für den Zusammenhalt nach innen und die ideologische Rechtfertigung nach außen sorgten. Die Repräsentanten der beiden Lager wechselten sich in der Kontrolle der Regierung ab, wobei der Wechsel eher durch Gewalt herbeigeführt wurde, in der Regel durch militärische Erhebungen, die *pronunciamientos*. Da die Rotationsgeschwindigkeit der Regierungswechsel sehr hoch war, waren es fast immer die gleichen Personen, die in der Politik agierten. Bei einem Regierungswechsel war das siegreiche Lager bemüht, die Gesetzte und Anordnungen der Vorgängerregierung aufzuheben und bei Bedarf auch die Verfassung umzuschreiben. Oft mußten die Politiker der gestürzten Regierung ins Ausland fliehen, einige wurden hingerichtet oder ins Exil getrieben, aus dem sie nach einem neuerlichen Regierungswechsel zurückkehrten. Die Spaltung zwischen Konservativen und Liberalen vertiefte sich mit den Jahren, wovon selbst Familien nicht verschont blieben.

Die meisten Liberalen unterstützten den Föderalismus und traten für Pressefreiheit und eine egalitäre Gesellschaft ein, für die Abschaffung von Privilegien und Titel, für Toleranz gegenüber allen religiösen Glaubensgemeinschaften und für öffentliche Erziehung. Die Konservativen meinten, der Föderalismus wäre ein zu radikaler Bruch mit der Vergangenheit und für ein Land wie Mexiko ungeeignet. Sie plädierten für einen zentralen Staat, der auch diktatorische Züge haben durfte, um Einheit und Ordnung zu gewährleisten. Diese Zentralisten sprachen sich auch für ein gewisses Maß an Zensur aus, sie wollten ein Klassensystem mit einer herrschenden Elite, Privilegien, *fueros* und Adelstitel und das Monopol der Kirche in der Erziehung erhalten wissen. Mit der *Constitución de las Siete Leyes* korrigierten sie 1835 die liberale Verfassung von 1824 und verstärkten ihre zentralistischen Vorstellungen ein weiteres Mal 1843 in der *Organización Política de la República Mexicana*. In der Außenpolitik dachten die Liberalen nationalistisch und verhielten sich aggressiv, die Konservativen vertraten einen vorsichtigen außenpolitischen Kurs, begegneten europäischen Mächten, in denen die Monarchie und die Aristokratie eine Rolle spielten, nicht ohne Sympathie und empfanden keinen besonderen Stolz auf ihre nationale Zugehörigkeit. Im wirtschaftlichen Bereich waren die Liberalen dafür, mit Steuergeldern großzügig das Bildungswesen zu finanzieren, öffentliche Aufgaben zu betreuen und Städte und Häfen auszubauen. Sie waren für den Freihandel, für das freie Spiel wirtschaftlicher Konkurrenz, während die Konservativen als Protektionisten auftraten. Beide sahen ihre Wirtschaftspolitik als Grundlage für Industrialisierung und wirtschaftlichen Aufschwung, aber beide scheiterten, denn ihnen war nicht bewußt, daß wirtschaftlicher Aufschwung nicht nur stabile politische Verhältnisse zur Grundlage haben mußte, sondern auch einen expandierenden Absatzmarkt, steigende Kaufkraft und zunehmende Käuferschichten, was das von wirtschaftlicher Depression geschüttelte Land ebenso wenig besaß wie ausreichende finanzielle Mittel.

Den gemäßigten Flügel der Liberalen, der moderate soziale Reformen befürwortete und den Konservativen nahestand, bildeten die *moderados*; der radikale Flügel, die *puros*, forderte die Beseitigung der alten sozialen Ordnung zugunsten einer gesellschaftlichen Gleichheit, und wäre ihr Reformprogramm von 1833 zur Ausführung gelangt, dann wären sie ihrem angestrebten Ziel sehr nahe gekommen. Die Liberalen fanden ihre Anhängerschaft in der städtischen Bevölkerung, im Kaufmannsstand und in der Intelligenz, bei Leuten also, die Interesse an Handel und Gewerbe hatten und denen Bildung und Erziehung wichtig waren. Die Konservativen standen für Besitz und Reichtum: ihre Gefolgsleute waren der hohe Klerus, Generale, Großgrundbesitzer, Minenbesitzer und Großhändler. Bauern und Indianer unterstützten im allgemeinen die konservativen Positionen. Die bedeutendsten liberalen Politiker kamen aus der Provinz, wie der Arzt Valentín Gómez Farías aus Jalisco, der Herausgeber Lorenzo de Zavala aus Yucatán und der Geistliche José María Luis Mora aus Guanajuato, der radikale Theoretiker der Liberalen. Die drei prominentesten Konservativen waren Lucas Alamán, ein Bergbauingenieur und Historiker aus Guanajuato, General Nicolás Bravo aus Guerrero, der einst auf Seiten von Morelos gestanden hatte ebenso wie der Herausgeber Carlos María Bustamante aus Oaxaca. In den 1820er Jahren waren Freimaurerlogen für Föderalisten wie für Zentralisten ein Ort der Begegnung, wo man für seine Politik warb, Verbündete suchte und Pläne für Verschwörungen schmiedete. Die Konservativen, darunter auch Geistliche, gehörten dem schottischen Ritus an und wurden *escocés* genannt, während die Liberalen den York Ritus bevorzugten und als *yorkinos* bezeichnet wurden. So war der erste Präsident Guadalupe Victoria ein *yorkino*, während der Vizepräsident Nicolás Bravo Großmeister der *escoceses* war.

Soziale und wirtschaftliche Veränderungen

Die Unabhängigkeit von Spanien führte zu keinem radikalen sozialen Wandel, was sich einige liberale Intellektuelle zwar erhofft hatten, aber bei den politischen Gegebenheit nicht zu erwarten war. Vorteile errangen vor allem die Kreolen, die sich nach der Vertreibung der *gachupines* im Jahre 1829 der staatlichen und kirchlichen Spitzenpositionen bemächtigten. Sie übernahmen damit die Leitung der jungen Republik. Die Mestizen in den Städten rückten auf den zweiten Platz in der Gesellschaftshierarchie vor, ohne daß damit eine wesentliche Verbesserung ihres Lebensstandards einherging. Unverändert blieb die Situation der Indianer, die nach wie vor auf ihren Gemeindeparzellen arbeiteten oder an das Land der Großgrundbesitzer gefesselt waren. Für die Negersklaven brachte die Unabhängigkeit die Freiheit, da die Erklärung zur Befreiung der Sklaven in die Verfassung aufgenommen wurde. Historiker haben errechnet, daß 68% der Bevölkerung 50 Pesos und 22% bis 300 Pesos im Jahr verdienten, die restlichen 10% kamen auf mehr als 300 Pesos, wobei nur eine ganz kleine Minderheit in beeindruckendem Reichtum lebte.

Die katholische Kirche, obwohl sie bis zuletzt ihrer royalistischen Einstellung treu geblieben war, überstand den Wechsel fast unbeschadet. Nur in der Hierarchie kam es zu einem personellen Austausch, da die früheren Amtsinhaber Mexiko verließen und durch Kreolen ersetzt wurden, und die Inquisition wurde verboten. Vorteilhaft für die Kirche war der Wegfall des *Real Patronato Eclesiástico*, wodurch sie mehr Eigeninitiative entwickeln konnte, auch stand kein königlicher Druck mehr hinter ihrer Missionierungsarbeit, wodurch hohe finanzielle Belastungen entfielen. Die Militärs gehörten zu den Siegern des Unabhängigkeitskrieges. Sie waren es dann, die Mexiko daran hinderten, zu ziviler Staatlichkeit zurückzufinden. Einige putschten sich im Rahmen eines *pronunciamientos* an die Macht. Für sie kam die Bezeichnung *caudillo* auf, was wörtlich übersetzt „ein Mann auf dem Pferd" heißt. Der Prototyp eines *caudillos* war Santa Anna, der letzte *caudillo* des 19. Jahrhunderts war Porfirio Díaz. Um einen *caudillo* loszuwerden, bildete sich zunächst eine Gegenpartei, wieder mit einem militärischen Führer an der Spitze, die einen *plan*, ein Reformprogramm aufstellte, um dann eine Revolte oder Revolution gegen den amtierenden *caudillo* zu inszenieren.

Die Unmöglichkeit, dem zerstörten Land nach dem Unabhängigkeitskrieg höhere Steuern abzuverlangen, brachte die republikanischen Regierungen schnell an den Rand des wirtschaftlichen Bankrotts. Wiederholt mußten Regierungsbeamten und Militärs auf die Auszahlung ihrer Gehälter warten und waren deswegen leicht empfänglich für Putschwillige, die ihnen regelmäßige Gehaltszahlungen versprachen. Bei leerer Staatskasse und zurückhaltender privater Investitionstätigkeit fand der von der Regierung gewünschte Industrialisierungsprozeß nur in einem sehr bescheidenem Umfang statt. Mit der Gründung einer Industrieförderungsbank, der Banco de Avío, konnten Kredite, die sich aus Zolleinnahmen speisten, für den Aufbau einer modernen Baumwollindustrie vergeben werden, dem einzigen Industriezweig von Bedeutung. Die Landwirtschaft verlor die Hälfte ihrer Arbeitskräfte während des Unabhängigkeitskrieges und brauchte einige Zeit, um sich zu erholen. Es wurden Getreide im Hochland und Rohrzucker, Kaffee, Vanille und Baumwolle in den Tropen angebaut.

Der daniederliegende Silberbergbau wurde mit Hilfe privater ausländischer Investoren in Gang gebracht, vor allem von englischen Investoren, die Auszüge aus dem Buch *Versuch über den politischen Zustand des Königreichs Neu-Spanien* (1809–1814) des Forschungsreisenden Alexander von Humboldt über seinen Aufenthalt im kolonialen Mexiko im Jahre 1803–04 sehr genau studiert hatten und daher wußten, daß in diesem Sektor die größten Profite zu erzielen waren. Silber stand dann auch an erster Stelle der Exportwaren, gefolgt von Koschenille und Farbhölzern; die mexikanische Einfuhr war im wesentlichen auf Konsumgüter eingeschränkt. Der binnenländische Handel wurde wie bislang durch ein schlechtes Straßennetz behindert. Für Verbesserungen fehlte das Geld, auch für den Bau eines Eisenbahnnetzes, das in den 50er Jahren kaum mehr als 20 Kilometer betrug.

Kultur im Zeichen des erwachenden Nationalismus

Die von den liberalen Intellektuellen so sehnsüchtig herbeigesehnte Unabhängigkeit verstärkte, als sie erreicht war, die bereits vorhandenen nationalistischen Gefühle. In Essays und Gedichten vertraten sie die Ansicht, daß nun Schluß sein müsse, mit der Nachahmung europäischer Muster, vielmehr habe Mexiko seine eigene unverwechselbare Stilrichtung zu entwickeln, wobei sie vor allem an die immer noch vorherrschende Lyrik dachten, die den Unabhängigkeitskampf und die landschaftliche Schönheit Mexikos zum Thema haben sollte. Der nationalistische Kulturaufbruch fand in Pamphleten, literarischen Zeitungen und Gedichten statt, die in *tertulias*, den Teegesellschaften, in Kaffees und im Büro gelesen und diskutiert wurden. In der Literatur erschienen Romane, Essays und Dramen aus der Feder von José Joaquín Fernández de Lizardi, der den Beinamen *el pensador mexicano* trug, sowie von Guillermo Prieto, Fernando Calderón und Ignacio Ramírez. Sie verherrlichten das Mexikanertum und schrieben über den Unabhängigkeitskrieg und die Zeit vor der spanischen Eroberung. Die Gedichte des Aztekenherrschers Nezahualcoyotl wurden in den 1830er Jahren übersetzt und populär gemacht, und man las die traurigen Heldengeschichten eines Ignacio Rodríguez Galván über die „Vision Moctezumas“ und die „Prophezeiungen Cuauhtémoc“, während die Nachfahren der Azteken verachtet wurden. Unter den Dichtern und Schriftstellern der ersten Generation nach der Unabhängigkeit befanden sich keine Genies, doch als Symbol der neuen Freiheit genießen sie noch heute eine gewisse Verehrung in Mexiko.

Von Bedeutung für das aufkeimende Geschichtsbewußtsein waren die tagesaktuellen und historischen Schriften von Bustamante, Mora oder Alamán. Bustamante publizierte als erster Sahagúns Geschichte der Azteken. Mora verfaßte zahlreiche Artikel in Zeitungen gegen Iturbide und für die Republik. Das genaue Gegenteil zum liberalen Mora war der konservative Alamán, gleichfalls ein sorgfältig arbeitender, aber parteiischer Historiker, dessen mehrbändiges Geschichtswerk *Historia de México*, zwischen 1849 und 1852 postum erschienen, zu den Klassikern der mexikanischen Geschichtsschreibung gehört. Der erwachende Nationalismus schlug sich auch in der Bildhauerei und in der Musik nieder. In der Plastik herrschten Gestalten der Geschichte vor und die Märsche von Aniceto Ortega wurden zum festen Bestandteil öffentlicher Zeremonien, ebenso die Nationalhymne (*Mexicanos, al grito de guerra*) von dem Komponisten Jaime Nunó y Roca und dem Texter Francisco González Bocanegra, die als Sieger aus einem Wettbewerb hervorgingen.

Bevölkerungsverteilung und Städte

Durch Kriegseinwirkungen hatten bis zu 10% der Bevölkerung den Tod gefunden, vor allem im zentralen Hochland, wo nach wie vor der größte Teil der 6 Millionen Mexikaner lebte, während die Bevölkerungsdichte nach Süden und Norden schnell abnahm. Mexiko-Stadt hatte in der ersten Hälfte des 19. Jahrhunderts etwa 200000 Einwohner, womit sie die Größe zu Zeiten der Azteken erreichte. Noch immer lag die Stadt inmitten eines Sumpfgebietes, obwohl 1840 zum wiederholten Mal Anstrengungen unternommen wurden, die Stadt trockenzulegen. Der Texcoco-See existierte noch, an seinem Ufer befanden sich viele schäbige indianische Bauerndörfer. Wie zu Moctezumas Zeiten wurden Früchte und Gemüse auf den Kanälen in die Stadt transportiert, andere Güter erreichten auf dem Rücken von Trägern, Maultieren und Eseln, seltener auf Wagen, die Stadt. Um die Plaza vor der Kathedrale hatten sich französische Schneider und Hutmacher, spanische Perückenmacher, deutsche und englische Ladenbesitzer angesiedelt. Neben der traditionellen Unterhaltung mit Stier- und Hahnenkämpfen, Glücksspielen, Theater, Wallfahrten und Messen waren für die Bewohner von Mexiko-Stadt bürgerlich-republikanische Zeremonien mit Reden, Paraden, Raketen und Feuerwerk hinzugekommen. Während auf der einen Seite die neuen Ideen und wissenschaftlichen Erkenntnisse in aller Öffentlichkeit diskutiert wurden, breitete sich der Aberglauben weiter aus: man glaubte an Hexen und Hexerei, an Wunder und Gespenster.

Ein Kutschensystem verband die wichtigsten Provinzstädte miteinander. Jede Fahrt mit einer Kutsche war ein Abenteuer, immer verbunden mit der Gefahr, von einer der zahllosen Räuberbanden ausgeraubt zu werden. Von Mexiko-Stadt bis nach Veracruz brauchte man 7 Tage, nach Guadalajara 12 und einen Monat nach Santa Fe. Oaxaca, im Süden des Landes, war eine Stadt von 10000 Einwohnern mit einer dünnen, spanischsprechenden Oberschicht. In Puebla, der zweitgrößten Stadt der Republik, lebten Mitte des Jahrhunderts 60000 Menschen. Im Norden waren die Bergbaustädte Guanajuato, San Luis Potosí und Zacatecas nach jahrelangem Stillstand des Silberabbaus wieder erblüht. Jenseits des Minenzentrums und des fruchtbaren Jalisco-Tals um Guadalajara, einer Stadt von 40000 Einwohnern, begann das Gebiet der Rancheros, das kaum besiedelt war.

Santa Anna

Lucas Alamán nannte die Zeit, die er selbst prägend mitgestaltete, die „Epoche der Revolutionen Santa Annas", und in der Tat war Santa Anna die herausragende politische und militärische Persönlichkeit der ersten Jahrzehnte der Unabhängigkeit. Seine Charaktereigenschaften und Fähigkeiten waren so schillernd und vielfältig, daß es auch heutigen Historikern schwer fällt, ihn unvoreingenommen zu betrachten, obwohl sie sich alle darin einig sind, daß nur in dieser chaotischen innenpolitischen Situation, in der sich Mexiko jahrzehntelang befand, Santa Anna eine solche überragende Position einnehmen konnte. Er war skrupellos und gewinnsüchtig, aber auch großzügig und charmant. Seine persönliche Ausstrahlung zog sowohl Zivilisten als auch Soldaten in ihren Bann. Populär machten ihn seine militärischen Siege, daran konnten auch seine zahlreichen Niederlagen wenig ändern. Seine Popularität gab den Ausschlag, immer wieder auf ihn zurückzugreifen, wenn die Nation in Not war, auch dann, wenn er zu „ewiger" Verbannung verurteilt worden war. Insgesamt elfmal nahm er zwischen 1833 und 1855 das höchste Staatsamt ein, zuletzt als Diktator. Ohne Zweifel war Santa Anna ein talentierter militärischer Führer und großer Organisator, darüber hinaus ein geschickter Politiker, der aber über kein politisches Programm verfügte, so daß seiner Politik klare Konturen fehlten.

Mit seinem *pronunciamiento* gegen Iturbide wurde der Dreißigjährige einer breiteren Öffentlichkeit bekannt. Danach zögerte er lange, sich einer der beiden politischen Gruppierungen anzuschließen. Er schlug sich dann auf die Seite der Liberalen, aber weniger aus politischer Überzeugung, sondern eher aus Solidarität gegenüber Präsident Vicente Guerrero, den die Konservativen hatten erschießen lassen. Aber sobald die Konservativen gegen die liberale Reformgesetzgebung von 1833 mit dem Ruf *religión y fueros* rebellierten, nahm er für sie Partei. Später wechselte er die Seiten nach Belieben, das Regieren überließ er zumeist dem Vizepräsidenten. Santa Anna bezeichnete sich selbst als „Napoleon des Westens", seinen militärischen Ruhm als „Held von Tampico" und „Retter der Nation" erwarb er sich 1829, als es ihm gelang, ein 3000-Mann starkes spanisches Expeditionsheer zur Aufgabe zu zwingen, das den Auftrag hatte, die abtrünnige Kolonie zurückzuerobern. Nicht verhindern konnte er den Verlust riesiger Gebiete an die Vereinigten Staaten.

Gebietsverluste

Das mexikanische Territorium umfaßte zum Zeitpunkt seiner größten Ausdehnung im Jahre 1822 nahezu 4,5 Millionen Quadratkilometer. Im Norden reichte es weit in die heutigen Vereinigten Staaten hinein, die südliche Grenze bildete die Grenze zwischen Costa Rica und Panama. Mit Waffengewalt hatte Iturbide Zentralamerika zum Anschluß an Mexiko bewegen können, aber nach seiner Abdankung erfolgte unter der Leitung von Guatemala-Stadt die Gründung einer Republik der Vereinigten

Provinzen von Zentralamerika, eine Union, die 1839 auseinanderbrach und zur Bildung der heutigen zentralamerikanischen Staaten führte. Die Separationsbemühungen in Yucatán, die 1839 ihren Anfang nahmen, waren eine Reaktionen auf die zentralistische Politik der Konservativen in Mexiko-Stadt. Bis 1848 konnte der Konflikt beigelegt werden, als den yucatekischen Föderalisten wirtschaftliche Vorteile und weitere Privilegien zugestanden wurden. In Texas lag der Fall ähnlich, auch hier war es die Kritik am Zentralismus, die zu Überlegungen führte, sich von Mexiko zu trennen, aber anders als in Yucatán gab die Zusammensetzung der Bevölkerung und die Nähe zu den Vereinigten Staaten den Unabhängigkeitsbestrebungen größere Durchschlagskraft.

Seit den 20er Jahren, als die mexikanische Regierung angloamerikanischen Siedlern unter der Voraussetzung, daß sie mexikanische Bürger wurden und sich zum Katholizismus bekannten, Land in Texas zur Verfügung stellte, kamen mehr Siedler aus dem Norden als aus dem Süden in das fruchtbare Land. Um 1830 gab es etwa 9000 angloamerikanische Siedler, die 75% der Bevölkerung stellten. Die von der mexikanischen Regierung angestrebte Integration der angloamerikanischen Siedler kam aber nicht zustande, da sie weiterhin die englische Sprache und die protestantische Religion bevorzugten, auch bestand kaum Kontakt zwischen den Volksgruppen, denn die Angloamerikaner lebten auf dem Lande und setzten ihre Überschußprodukte in den Vereinigten Staaten ab, während die Mexikaner in den wenigen Städten konzentriert waren und für den Eigenbedarf produzierten. Erste Versuche von angloamerikanischen Siedlern, Gebietsteile unabhängig zu erklären, wurden noch von der Mehrheit der Siedler abgelehnt, dies änderte sich, als die mexikanische Regierung dazu überging, die Einwanderungsgesetze zu verschärfen und den Handel der Siedler mit den Vereinigten Staaten einzuschränken. Die Betroffenen organisierten Protestveranstaltungen und begannen sich mit Hilfe der Vereinigten Staaten zu bewaffnen. Einige plädierten für Unabhängigkeit, andere hofften, es käme zu einem Interessenausgleich mit der mexikanischen Regierung, wenige waren für eine Union mit den Vereinigten Staaten oder England. Als Berichte eintrafen, wonach die zentralistische Regierung im Begriff war, eine Armee zu entsenden, um die Provinz vor dem Abfall zu bewahren, kam es zur Einigung der verschiedenen Gruppierungen.

Im November 1835 erklärte die Provinz ihre Unabhängigkeit, und zum Präsidenten wurde ein Angloamerikaner und zum Vizepräsidenten Lorenzo de Zavala, ein exilierter Liberaler, ernannt, der in Opposition zur zentralistischen Politik der Konservativen stand. Santa Anna erschien mit einer 6000-Mann-Armee in Texas und überrannte Anfang März 1836 die franziskanische Mission Álamo (heute ein Kulturdenkmal in den Stadt San Antonio), wobei alle Verteidiger getötet wurden. Die Situation eskalierte weiter, als auf Befehl Santa Annas 365 Gefangene einer texanischen Einheit, die sich ergeben hatte, erschossen wurden. Bei San Jacinto wurden die Mexikaner im April von General Sam Houston geschlagen, und Santa Anna geriet in Gefangenschaft. Anstatt ihn hinrichten zu lassen, wie von den angloamerikanischen Siedlern gefordert, brachte Houston seinen Gefangenen dazu, sich vertraglich zu verpflichten, alle mexikanischen Truppen zurückzuziehen und in Mexiko-Stadt für die Anerkennung der Republik Texas einzutreten. Der mexikanische Kongreß weigerte sich jedoch, die Unabhängigkeit von Texas anzuerkennen. Es gab Überlegungen, die Provinz zurückzuerobern, aber Aufstände und Unruhen im eigenen Land und ausländische Bedrohungen zwangen vorerst, von diesem Projekt Abstand zu nehmen.

Ein Streit zwischen Frankreich und Mexiko um Entschädigungen für französische Bürger führte 1839 zur *Guerra de los Pasteles*, dem „Kuchenkrieg," der seinen Namen von einem Ereignis ableitet, das ein Jahrzehnt zurücklag, als mexikanische Soldaten das Geschäft eines französischen Bäckers, der mit Recht darauf bestanden hatte, daß seine Rechnungen bezahlt wurden, demolierten. Diese und weitere Ansprüche französischer Bürger, die sich auf 600000 Pesos beliefen, forderte Frankreich ultimativ von der mexikanischen Regierung, und als sie sich weigerte, die Ansprüche anzuerkennen, wurden französische Schiffe entsandt, die den Hafen von Veracruz blockierten. Mexiko erklärte daraufhin Frankreich den Krieg, und als französische Truppen an Land gingen, wurden sie von Santa Anna zum Rückzug gezwungen; bei dieser Gelegenheit verlor er sein linkes Bein, das in einem öffentlichen Schauspiel in der Kathedrale in Mexiko-Stadt beigesetzt wurde. Schließlich einigten sich die streitenden Parteien auf die ursprüngliche Summe von 600000 Pesos, nachdem Frankreich auch noch die Kosten der militärischen Intervention bezahlt haben wollte.

Der Konflikt um Texas ging in eine neue Phase, als der amerikanische Kongreß am 1. März 1845 Texas als 28. Staat in die Union aufnahm. Jahrelang hatte Texas, das einen mexikanischen Angriff befürchtete, um Beitritt in die Union nachgesucht, aber erst im Zeichen einer von Präsident John Tylor und seinem Nachfolger James Polk geforderten aggressiven territorialen Erweiterung nach Westen auf Kosten Mexikos war der Kongreß bereit, dem Wunsch Texas' zu entsprechen und auch seine Forderungen anzuerkennen, die Grenze zwischen Texas und Mexiko vom Río Nueces 240 Kilometer weiter nach Süden zum Río Bravo, oder wie die Nordamerikaner sagen, zum Rio Grande, zu verlegen. Mexiko brach daraufhin die diplomatischen Beziehungen zu den Vereinigten Staaten ab, und nach einem Grenzzwischenfall, der von den Amerikanern provoziert worden war, erklärte am 13. Mai 1846 der Kongreß Mexiko den Krieg, der fast drei Jahre dauerte und mit einer Niederlage Mexikos endete. Die Vereinigten Staaten griffen Mexiko in einer kombinierten Land- und Seeoperation an. In einer ersten Phase drängte General Zachary Taylor die mexikanischen Truppen über den Río Bravo und eroberte Monterrey. Währenddessen wurde die zweite Phase eröffnet, die zur Eroberung von Nuevo México und Alta California durch General Stephen Kaerney führte. Als Mexiko sich weigerte, Frieden zu schließen, gingen Truppen unter dem Befehl von General Winfried Scott in der dritten Phase in der Nähe von Veracruz an Land, um Mexiko-Stadt einzunehmen.

Im September 1847 versperrte nur noch der Chapultepec mit seiner Militärschule den Weg nach Mexiko-Stadt. Den Verteidigern standen 1000 Soldaten und 47 Kadetten zur Verfügung. Sechs Kadetten starben bei den amerikanischen Angriffen. Diese *Niños Héroes* wurden später als Vaterlandshelden verehrt, ihnen zu Ehren in vielen Städten Monumente errichtet und der 13. September zum Gedenktag bestimmt. Die Amerikaner besetzten Mexiko-Stadt, und die Regierung, die nach Querétaro geflohen war, versuchte Santa Anna vor Gericht zu stellen, da sie ihn für die erlittene Demütigung verantwortlich machte. Santa Anna konnte jedoch nach Jamaika entkommen, und am 2. Februar 1849 wurde nördlich von Mexiko-Stadt in dem Dorf Guadalupe Hidalgo ein Friedensvertrag (*Tratado de Paz y Amistad*) abgeschlossen, in dem Mexiko alle amerikanischen Forderungen erfüllen mußte: Mexiko verlor neben Texas auch Alta California und Nuevo México, und der Río Bravo wurde als Grenze zu Texas anerkannt; die Amerikaner erklärten sich ihrerseits bereit, für Alta California und Nuevo México 15 Millionen Dollar zu bezahlen und auch Schulden der mexikanischen Regierung in Höhe von 3,2 Millionen Dollar zu übernehmen. Die bitteren Niederlagen in den Schlachten, der Verlust von annähernd 25 000 Soldaten, vor allem aber der Verlust von etwa der Hälfte des mexikanischen Territoriums, auf dem ein Prozent der Gesamtbevölkerung Mexikos lebte, war ein psychologischer Schock, der die Nation zutiefst traf. Die Folgen lösten eine Phobie gegenüber dem nördlichen Nachbarn, den Gringos, aus, die sich bis auf den heutigen Tag erhalten hat. Schuld an dem Krieg hatten ohne Zweifel die amerikanische Führung und ihr nahestehende Landspekulanten, aber die meisten mexikanischen Historiker sind sich einig, daß die Gefahr hätte abgewendet werden können, wenn Mexiko eine stabile Regierung und geordnete Finanzen gehabt hätte.

Das Ende einer Ära

Am Ende des amerikanisch-mexikanischen Krieges war Mexiko erschöpft und desillusioniert und im Begriff, als staatliche Einheit auseinanderzubrechen. Überall im Lande kam es zu Militärrebellionen und Indianeraufständen. In schneller Folge wechselten liberale Regierungen, ohne das es ihnen gelang, die innenpolitische und finanzielle Situation zu stabilisieren. Der Führer der Konservativen, Lucas Alamán, sprach sich schließlich für eine Monarchie aus, die er für die einzige Möglichkeit hielt, um die staatliche Anarchie abzuwenden. Während Abordnungen in Europa nach einem geeigneten Thronprätendenten Ausschau hielten, sollte Santa Anna die Präsidentschaft für ein Jahr übernehmen. Santa Anna nahm das Angebot an und kam Mitte April 1853 aus seinem venezolanischen Exil nach Mexiko zurück. Er vertrieb die Liberalen und errichtete, als kein europäisches Fürstenhaus Interesse am mexikanischen Thron bekundete, ein despotisches Regime. Der Diktator ließ sich „Eure Hoheit“ nennen, umgab sich mit monarchistischen Attributen, veranstaltete Zeremonien und Feste in einem aufwendigen Stil und vergrößerte die Bürokratie und die Armee.

Um seine kostspielige Hofhaltung und die Armee bezahlen zu können, verkaufte Santa Anna das Gebiet La Mesilla im Norden Coahuilas für zehn Millionen Dollar an die Vereinigten Staaten, die an diesem Gebiet Interesse gezeigt hatten, weil sie eine Eisenbahnverbindung zwischen Texas und Kalifornien zu bauen beabsichtigten. Santa Anna ließ auch zu, daß die Amerikaner den Isthmus von Tehuantepec für ihren Handel zwischen Atlantik und Pazifik benutzten, und es wurde nicht ausgeschlossen, daß die Amerikaner eine Kanalverbindung bauten, die beide Meere verband. Damit ging der Diktator auch den Konservativen zu weit. Der Widerstand gegen das Regime wuchs. Erfolgreich war die Erhebung von Liberalen, die sich um General Juan Álvarez, einen alten Mitstreiter von Morelos, geschart hatten und am 1. März 1854 im *Plan de Ayutla* zum Sturz des Diktators aufriefen. Sie forderten eine Übergangsregierung unter Álvarez und die Einberufung einer Versammlung, die Mexiko eine neue Verfassung geben sollte. Die Revolution von Ayutla (Bundesstaat Guerrero) war erfolgreich. Santa Anna floh in sein letztes Asyl, und Álvarez übernahm im Herbst 1855 die Regierung. Die Ära Santa Anna war endgültig vorbei.

Die Reform-Ära

Reform und Krieg

Nach der Vertreibung des Diktators übernahm eine jüngere Generation liberaler Politiker, die während der Santa Anna-Ära in Staatsämtern herangereift war, in Mexiko die Macht, um das Land durch Reformen aus dem politischen und wirtschaftlichen Chaos zu führen. Zu ihnen gehörten Melchor Ocampo, der Gouverneur von Michoacán gewesen war und im Álvarez-Kabinett das Außenministerium übernahm, und Ignacio Comonfort, ein General, der als Kriegsminister den moderaten Flügel der Liberalen am

Kabinettstisch repräsentierte und alsbald den politisch unerfahrenen Álvarez als Präsident ablöste. Treibende Kraft war Benito Juárez, der, bevor er jahrelang im Exil leben mußte, Gouverneur von Oaxaca gewesen war. Juárez, der im mexikanischen Geschichtsbewußtsein neben Miguel Hidalgo die zentrale Figur ist, übernahm zunächst das Justizministerium und den Aufgabenbereich kirchliche Angelegenheiten, zwei Jahre später wurde er Präsident des Obersten Gerichtshofs und 1859 schließlich Präsident, ein Amt, das er bis zu seinem Tode im Jahre 1872 innehaben sollte.

Das eigentliche Ziel der liberalen Reformer, die über Umfang und Tempo der Reformen nicht immer einer Meinung waren, war die Abschaffung der überkommenen sozialen und wirtschaftlichen Strukturen. Dazu sollte eine konstitutionelle Regierung eingesetzt werden, die Macht der Kirche und der Militärs beschnitten und ein Wirtschaftsprozeß stimuliert werden. Zu diesem Zweck sollte der Kirchenbesitz, vor allem der Landbesitz, durch Privatisierung oder *desamortización (de bienes eclesiásticos)* in den Wirtschaftskreislauf miteinbezogen werden. Uneinigkeit herrschte bei den Reformern, welche Wirtschaftsverfassung der mexikanische Staat letztendlich haben sollte. Die *moderados* befürworteten einen modernen kapitalistischen Staat, schon deshalb, weil eine Wirtschaftskonzentration den Vorstellungen der Konservativen, die man nicht ausgrenzen wollte, eher entsprach als ein Staat mit vielen Landbesitzern, der nur durch Aufteilung des kirchlichen und bäuerlichen Großgrundbesitzes möglich war und vom radikalen Flügel, den *puros*, angestrebt wurde. Vom heutigen Standpunkt aus gesehen waren die *moderados* moderner, aber im 19. Jahrhundert war in einem agrarisch strukturierten Staat wie Mexiko der Besitz von Ackerland der Wunschtraum der landlosen Bevölkerung. Letztlich setzte sich keiner der beiden liberalen Flügel durch. Die alten Strukturen wurden nur partiell beseitigt, und die Regierung trug weiterhin diktatorische Züge, auch wurde der Landbesitz nicht radikal umverteilt, schon gar nicht die Bauern von ihrem *peones*-Dasein befreit. Dennoch markiert die Reformära einen entscheidenden Wendepunkt in der Geschichte Mexikos: die Mestizen lösten die Kreolen in der Macht ab, gesellschaftliche Modernisierung und wirtschaftliches Wachstum wurden vorangetrieben, die dann, wenn auch unter schweren Kämpfen, einer Sozialreform den Weg ebneten, und vor allem wurden die konservativen Bastionen mit Kirche, Armee, regionalen Kaziken und indianischen Dorfgemeinschaften niedergerissen.

Die Reformen begannen mit dem Versuch, durch relativ gemäßigte Maßnahmen Änderungen einzuleiten, und nahmen immer radikalere Züge an, als sich der Widerstand der Konservativen mehr und mehr verhärtete. Es waren im wesentlichen drei Reformgesetze und eine neue Verfassung, in denen sich die Vorstellungen der Liberalen widerspiegelten. Die Reformgesetze tragen die Namen ihrer Urheber. So war das erste Reformgesetz, die *Ley Juárez*, nach Benito Juárez benannt. Das Gesetz wurde im November 1855 veröffentlicht und hob die religiösen und militärischen *fueros* auf. Die von Finanzminister Miguel Lerdo de Tejada entworfene *Ley Lerdo* vom Juni 1856 gab den gesamten kirchlichen und kommunalen Landbesitz zum Verkauf frei, soweit er nicht zur eigenen Bedarfsdeckung benötigt wurde. Dieser Landbesitz wurde nicht enteignet, sondern in Auktionen angeboten, wobei die Eigentümer den Kaufpreis erhielten und der Staat die Verkaufssteuern. Die Liberalen wollten mit dieser Aktion den Reichtum und die Macht der Kirche entscheidend treffen und die landlosen *peones* zu einer neuen Klasse von Landbesitzern aufsteigen lassen. Tatsächlich machten sich die Liberalen die Kirche und die indianischen kommunalen Bauern zum Feind, letzteren blieb nach dem Verlust der *ejidos* nichts anderes übrig, als sich Arbeit auf den Haziendas zu suchen. Außerdem erbrachten die Auktionen nicht die erwarteten Steuereinnahmen, und das Land gelangte auch nicht in den Besitz der *peones*, die viel zu arm waren, um sich an den Auktionen zu beteiligen, sondern wurde im großen Stil von Hacendados erworben, aber auch von Ausländern, insbesondere Amerikanern, Franzosen und Deutschen. Das dritte Reformgesetz, die *Ley Iglesias*, von José María Iglesias, ging direkt gegen den Klerus vor, indem einheitliche Gebühren für kirchliche Leistungen bei Taufe, Heirat und Beerdigung festgelegt wurden. Ergänzende Gesetze übertrugen dann die Registrierung von Geburten, Heirat und Tod auf den Staat.

Der Höhepunkt der Reform war die Verfassung von 1858, die im wesentlichen eine überarbeitete Kopie der Verfassung von 1823 war, aber einige Neuerungen aufwies. So gab es keinen Vizepräsidenten mehr, beim Tod des Präsidenten übernahm bis zu den nächsten Wahlen der Präsident des Obersten Gerichtshofs das Amt; der Präsident hatte weitgehende Rechte bei der Besetzung von Staatsstellen; das Einkammersystem wurde eingeführt und alle Männer im Alter von 21 Jahren erhielten das Wahlrecht; Adelstitel wurden abgeschafft, gewisse Grundrechte garantiert; die römisch-katholische Kirche wurde nicht ausdrücklich als alleinige Regionsgemeinschaft anerkannt. Um die Verfassungstreue der Staatsbediensteten und Militärangehörigen sicherzustellen, mußten sie einen Eid auf die Verfassung ablegen oder ihre Stelle räumen. Als die Kirche drohte, jeden zu exkommunizieren, der die Verfassung unterstützte, gerieten viele in einen Gewissenskonflikt. Nicht wenige verzichten auf Stelle und Gehalt, andere leisteten den Eid und lebten ständig in Furcht vor der angedrohten Exkommunikation.

Nach der Verabschiedung der Verfassung, an der mitzuarbeiten sich die Konservativen, von einigen Ausnahmen abgesehen, geweigert hatten, fanden Wahlen statt, in denen Comonfort zum Präsidenten gewählt wurde und Juárez zum Präsidenten des Obersten Gerichtshofs. Comonfort hoffte, Mexiko als ein Präsident über den Parteien regieren zu können. Sein Vorschlag, die Verfassung zu überarbeiten, um einem möglichen Aufstand der Konservativen vorzubeugen, die sich weigerten, die Verfassung zu akzeptieren, wurde von den Liberalen abgelehnt. Im Dezember 1858 putschte General Félix Zuloaga und besetzte mit seinen Truppen Mexiko-Stadt und forderte, daß Comonfort eine Diktatur errichten und die Verfassung einer Revision unterziehen sollte. Der schwankende Präsident wurde bald desillusioniert, als er erkennen mußte, daß es den Konservativen nicht nur um eine Revision der Verfassung ging, sondern auch um die Annullierung der Reformgesetze. Währenddessen hatte der Putsch die Liberalen in der Provinz für die Verteidigung der Verfassung mobilisiert. In Querétaro erklärten liberale Abgeordnete Comonfort für abgesetzt (er wurde ein paar Wochen später auf Druck der Konservativen zum Rücktritt gezwungen und durch Zuloaga ersetzt) und bestimmten Juárez zum Präsidenten. Mit seiner Regierung floh Juárez vor den anrückenden Truppen der Konservativen zunächst an die Pazifikküste, dann mit dem Schiff weiter über Panama und New Orleans nach Veracruz, wo er sich relativ sicher vor Angreifern fühlen konnte, da die Gelbfiebergefahr einen natürlichen

Schutzschild bildete. In der Folgezeit hatte Mexiko zwei Präsidenten und zwei Regierungen, eine in Mexiko-Stadt unter dem Banner von *religión y fueros*, die andere in Veracruz, die *constitución und legalidad* forderte, und das Land versank in einen dreijährigen, von beiden Seiten erbittert geführten Bürgerkrieg, der als *Guerra de Reforma* oder *Guerra de Tres Años* in die Geschichte einging.

Der Bürgerkrieg spaltete das mexikanische Volk, jedoch gab es keine eindeutigen sozialen Trennlinien. Indianer und reiche Landbesitzer befanden sich sowohl auf der Seite der Konservativen wie auf der Seite der Liberalen. Wie in allen Kriegen, in denen es um Ideale geht, war die Auseinandersetzung ein grausamer Konflikt, gekennzeichnet von Exzessen und Greueltaten auf beiden Seiten. Die Konservativen hatten die fähigeren Generäle und disziplinierteren Armeen, sie gewannen im allgemeinen die offenen Feldschlachten, die Liberale beherrschten dagegen die Guerilla-Taktik, so daß es den Konservativen unmöglich war, das Land unter ihre Kontrolle zu bringen. Die Konservativen konnten auf die Hilfe europäischer monarchistischer Staaten rechnen, während die Vereinigten Staaten die Liberalen unterstützten. Da die Kirche der Kriegführung der Konservativen mit ihrem Vermögen beistand, erließ Juárez im Juli 1859 Dekrete, die zur Konfiskation des Kirchenvermögens und zur Schließung der Klöster führte. Seit Mitte 1860 begann sich der Krieg zugunsten der Liberalen zu entwikkeln, da den Konservativen das Geld ausging und sie gezwungen waren, ihre Truppenstärke zu verringern. Im Dezember konnten die Liberalen bei Calpulalpan nordwestlich der Hauptstadt ihren letzten Sieg erringen, einen Monat später kehrte Juárez mit seiner Regierung nach Mexiko-Stadt zurück.

Die französische Intervention

Obwohl Benito Juárez im Mai 1861 mit breiter Mehrheit zum Präsidenten gewählt wurde, war das Land weit davon entfernt, politisch geeint zu sein. Die Konservativen waren nicht bereit, die erlittene Niederlage zu akzeptieren, und suchten die europäischen Mächte für eine konservative Restauration zu gewinnen, während die Liberalen darüber gespalten waren, ob man dem früheren

Feind (nicht seiner Generalität) Amnestie gewähren sollte. Das Hauptproblem der Republik war aber der wirtschaftliche Wiederaufbau. Der Reformkrieg hatte tiefe Spuren hinterlassen: weite Landstriche waren verwüstet, industrielle Anlagen zerstört, die Staatskasse leer. Aber Militärs und Bürokraten verlangten die Auszahlung ihrer Löhne und ausländische Darlehnsgeber ihre Zinszahlungen. Auf über 80 Millionen Dollar beliefen sich die Auslandsverbindlichkeiten, nicht mitgerechnet die Kredite, die von den Konservativen während des Krieges aufgenommen worden waren, die Juárez sich jedoch weigerte anzuerkennen. Um Mexiko die Möglichkeit zur wirtschaftlichen Regeneration zu geben, bat er um ein zweijähriges Zahlungsmoratorium. Dies wurde von England, Frankreich und Spanien abgelehnt, die sich in der Konvention von London darauf verständigten, das angeblich zahlungsunwillige Mexiko zur Einhaltung seiner Verpflichtungen zu zwingen und, um unter Beweis zu stellen, daß es ihnen ernst war, sollte Veracruz als Faustpfand militärisch besetzt werden.

Die Intervention begann im Winter 1861/62. Von den drei Mächten wollte Frankreich aber mehr, als nur Schulden eintreiben. Kaiser Napoleon III hatte unter dem Einfluß konservativer Exilanten und dem Zwang, seine Herrschaft, die er durch einen Staatsstreich errungen hatte, immer wieder durch spektakuläre außenpolitische Parforceritte vor der Öffentlichkeit rechtfertigen zu müssen, einen Plan entwickelt: Mexiko sollte als Ausgangspunkt für ein von Frankreich wirtschaftlich und kulturell dominiertes Lateinamerika benutzt werden, und ein europäischer Prinz als Statthalter von Frankreichs Gnaden die mexikanische Krone tragen. Ein Streit in der Tripelallianz über das weitere Vorgehen führte dazu, daß Spanien und England ihre Truppen zurückzogen, während die Franzosen versuchten, Mexiko-Stadt einzunehmen. Sie wurden aber beim Sturm auf Puebla abgewehrt und geschlagen. Dieser 5. Mai 1862 ist einer der wenige Siege, die Mexikaner gegen eine fremde Macht errungen haben, und er wird deshalb als Feiertag begangen. Ein Jahr später kamen die Franzosen mit einer verstärkten Streitmacht wieder, stürmten Puebla und zogen im Mai 1863 in Mexiko-Stadt ein, vom Klerus als Befreier mit Glokkengeläut begrüßt. Juárez zog sich mit seiner Regierung in den Norden Mexikos zurück, von wo aus er die weiteren militärischen Aktionen gegen die Franzosen leitete. Eine von den Franzosen eingesetzte Notabelnversammlung (*Junta de notables*) bestimmte dann Mexiko zu einer erblichen Monarchie und hielt Maximilian, den Bruder des Kaisers von Österreich-Ungarn, für den geeigneten Kandidaten.

Mit der Ankunft Maximilians in Mexiko-Stadt am 12. Juni 1864 begann das zweite mexikanische Kaiserreich, das drei Jahre dauerte und mit der Erschießung des Kaisers am 19. Juni 1867 endete. Die Mexikaner haben Maximilian als Kaiser nie anerkannt, auch wenn er versuchte, seine Herrschaft mit der Adoption von Iturbides Enkel zu legalisieren. Bis auf den heutigen Tag wird er als *Maximiliano de Habsburgo* geführt. Die Überlebenschancen des Kaiserreiches standen von Anfang an schlecht. Die Konservativen wollten die Restauration, am besten die Rückkehr zum kolonialen Feudalismus. Maximilian, relativ liberal eingestellt, war zu ihrem Leidwesen dazu nicht bereit, als er im wesentlichen die Gültigkeit der Reformgesetze bestätigte. Die Liberalen brachte er gegen sich auf, als er ein Dekret unterzeichnete, wonach jeder Mexikaner, der mit einer Waffe aufgegriffen wurde, innerhalb von 24 Stunden mit seiner Hinrichtung zu rechnen hatte. Letztlich waren es aber außenpolitischen Konstellationen, die zum Zusammenbruch des Kaiserreiches führten. Napoleon III konnte seine Pläne so lange erfolgreich verfolgen, wie die Amerikaner mit ihrem Bürgerkrieg beschäftigt waren. Als der Krieg beendet war, wurde er ultimativ aufgefordert, seine Truppen aus Mexiko abzuziehen. Im Dezember 1866 begann der Abzug der Franzosen, zurück blieben nur französische und österreichische Freiwillige. Im Juni wurde Maximilian von republikanischen Truppen gefangengenommen und in Querétaro von einem Militärtribunal zum Tode verurteilt. Mit dem Tode Maximilians brach sein Kaiserreich zusammen, und Juárez konnte mit der Restauration der Republik beginnen.

Restauration der Republik

Die Restaurationszeit wurde vom Machtkampf dreier Politiker beherrscht: von Benito Juárez, der 1867 und ein weiteres Mal 1871 wiedergewählt wurde und der wegen seines Widerstandes gegen die französische Intervention und seiner Verfassungstreue zum Held und zum Symbol der nationalen Einheit erklärt wurde (sein Geburtstag am 21. März ist Teil des mexikanischen Festkalenders); von Sebastián Lerdo de Tejada, zunächst ein enger Vertrauter des Präsidenten, dann sein Gegenspieler, der nach dem plötzlichen Tod von Juárez im Juli 1872 seine Nachfolge antrat; und von Porfirio Díaz, einem fähigen General, der im Reformkrieg und während der französischen Intervention den Widerstand im Süden des Landes organisiert hatte, vor allem aber am Sieg in der Schlacht um Puebla beteiligt gewesen war. Ihre Auseinandersetzungen fanden vor dem Hintergrund eines umfangreichen Wiederaufbauprogramms statt, das den politischen, wirtschaftlichen und kulturellen Bereich umfaßte.

Das politische Ziel war die Sicherung der hart erkämpften nationalen Einheit, und, um regionale Abspaltung zu verhindern, eine Verbesserung der Kontrolle durch die Verwaltungszentrale in Mexiko-Stadt. Aus diesem Grunde wurde die Macht der regionalen *caciques*, einst die Stützen der Liberalen in ihrem Kampf gegen die Konservativen, eingeschränkt, was der Regierung den Vorwurf einbrachte, sie sei diktatorisch, und eine nationale Landpolizei, die *rurales*, geschaffen, die das Banditentum erfolgreich bekämpfte und so das Reisen sicherer machte. Ohne Schwierigkeiten konnten die Reformgesetze in die Verfassung integriert werden. Höchste Priorität besaß die Wiederbelebung der nationalen Wirtschaft. Der überragende Finanzminister Matías Romero plante und dirigierte das wirtschaftliche Aufbauprogramm. Die nationale Schuld konnte auf ein Fünftel der Vorkriegsschuld gesenkt werden, dazu wurde das Steuersystem einer Revision unterzogen, die Minenindustrie revitalisiert und modernisiert und die Anbauflächen für Agrarexporte wie Tabak, Kakao, Vanille, Kaffee und Zucker und Baumwolle ausgedehnt. Romero war überzeugt, daß die Modernisierung des Landes ohne Kapital und Technologie aus dem Ausland nicht möglich war, und er ermutigte deshalb ausländische Kapitalisten in Mexiko zu investieren, die sich dann vor allem im Bau der Eisenbahnlinien engagierten. Die erste Strecke, zwischen Mexiko-Stadt und Veracruz, wurde 1873 eröffnet. Um den materiellen Fortschritt zu sichern und auszubauen, wurde der Reorganisation des Schulwesens große Bedeutung beigemessen. Bis 1874 gab es 8000 Schulen mit 350000 Schülern. Da die Gesamtzahl der schulpflichtigen Kinder über 2 Millionen betrug und die Schulpflicht auch nicht streng gehandhabt wurde, blieb das Ziel der Erziehung mehr Wunsch als Realität.

Auch die Literatur der Postromantik mit ihren Idealen, Sehnsüchten und Emotionen widmete sich der Festigung der nationalen Einheit. Die Dichter, die über Liebe, Heldentum und Religiösität schrieben, waren interessiert an der politischen und sozialen Entwicklung und nahmen als *pensadores sociales* Einfluß auf das Geschehen, nicht selten in Staatsämtern. Ignacio M. Altamirano, der bedeutendste Dichter seiner Epoche, sammelte Dichter und Schriftsteller um sich, ohne Rücksicht auf ihre politische Einstellung, und ließ sie in der von ihm herausgegebenen Zeitschrift *El Renacimiento*, die der Zeit ihren Namen gab, zu Worte kommen. Schriftsteller historischer Romane und Historiker leisteten ihren Beitrag, um mit historischen Vorbildern die Einheit der Nation zu stärken. Viel gelesen wurden die historischen Romane von Vicente Riva Palacio, die Ereignisse aus der Kolonialzeit thematisieren.

Die Armee, die seit der Unabhängigkeit für politische Instabilität gesorgt hatte, wurde von 60000 auf 20000 Mann reduziert. Diese Maßnahme senkte einerseits die Staatsausgaben, führte aber andererseits zum Anstieg der Arbeitslosigkeit und zur Verbitterung ranghoher, von der Entlassung betroffener Offiziere. Porfirio Díaz machte sich diese Unzufriedenheit zunutze. Mit dem Slogan „Keine Wiederwahl" trat er in zwei Präsidentschaftswahlen gegen Juárez an und verlor jedes Mal, auch ein Putsch blieb ohne Erfolg. Ein Streit zwischen Lerdo und Iglesias, ob die Wiederwahl Lerdos, des amtierenden Präsidenten, rechtens war, nutzte Díaz mit einer zweiten Erhebung aus. Lerdo floh in die Vereinigten Staaten, als die Regierungstruppen geschlagen wurden, Iglesias wurde gezwungen, ins Exil zu gehen, und Díaz übernahm die Macht: damit war Mexiko nach der Flucht Santa Annas wieder in der Hand eines *caudillo*, der gar nicht daran dachte, die Prinzipien einzuhalten, die er im *Plan de Tuxtepec* als Rechtfertigung für seine Erhebung formuliert hatte.

Mexiko während des Porfiriats

Porfirio Díaz und das Porfiriat

Porfirio Díaz war 46 Jahre alt, als er die Präsidentschaft übernahm, und 80 Jahre, als man sie ihm aus den Händen rang. Mit Beginn seiner Präsidentschaft stand bei Díaz der Ausbau seiner Machtstellung und die Sicherung seiner Wiederwahl, die er seinem politischen Gegner nicht hatte zugestehen wollen, im Vordergrund seines Handelns. Sorgfältig tarnte er seine politischen Manöver. Sein erklärtes politisches Ziel war die innere Stabilität und das wirtschaftliche Wachstum. In seinen programmatischen Äußerungen betonte er, daß Ordnung und Fortschritt nicht voneinander zu trennen seien, und nur ein geeintes und modernisiertes Land könne sich des Expansionismus der Vereinigten Staaten erwehren. Das waren Vorstellungen, die in der Oberschicht mit Wohlwollen aufgenommen wurden. Díaz schuf während seiner Präsidentschaft, die von den Mexikanern Porfiriat genannt wird, eine konstitutionelle Diktatur – ein despotisches Regime, das hinter einer Fassade der Legalität funktionierte. Mit seiner Politik des *pan o palo* (Brot oder Prügel) belohnte er diejenigen, die mit dem Regime übereinstimmten und bestrafte jene, die dagegen waren. Im übrigen versuchte er die widerstreitenden Gruppen im herrschenden Machtblock, die sich aus Bankiers, Industriellen, Hacendados, hoher Geistlichkeit und Armeeoffizieren zusammensetzte, gegeneinander zu hetzen, um dann die Rolle des Schiedsrichters zu übernehmen.

Wie in den meisten Diktaturen, so war auch in Mexiko die Armee ein entscheidendes Element der Herrschaftssicherung. Díaz förderte eine kleine, disziplinierte und professionelle Armee, die von der Zentralregierung ihre Befehle erhielt und zur Unterdrükkung von Unruhen über das ganze Land verteilt war. Als Gegengewicht zur Armee standen ihm die *rurales* zur Verfügung, die immer mehr die Aufgaben der Armee übernahmen. Eine weitere Stütze des Regimes war die katholische Kirche. Die antikirchliche

Gesetzgebung der Reformära blieb zwar geltendes Gesetz, aber diejenigen Gesetze, die von der Kirche am heftigsten bekämpft worden waren, wurden in der Praxis abgemildert. Von zentraler Bedeutung für die Machtsicherung waren auch die regionalen *caciques*, die ihm bei der Zentralisierung des Landes behilflich waren. Ideologische und tatkräftige Unterstützung erhielt Díaz von einer Gruppe positivistisch beeinflußter Intellektueller. Das von dem französischen Philosophen Auguste Comte entwickelte philosophische System, in dem Ordnung und Fortschritt eine zentrale Rolle spielen, verzahnte sich nahtlos mit den Zielen von Díaz und seinen Anhängern, und es sorgte für die Rechtfertigung des Systems. Die Mitglieder dieser einflußreichen Gruppe von positivistischen Anhängern wurden wegen ihrer Vorliebe, die Erkenntnisse der Wissenschaft zur Lösung der anstehenden Probleme einzusetzen, *científicos* genannt.

Der Gründer der *científicos* war Unterstaatssekretär Rosendo Pineda, der Rechtsanwälte und Intellektuelle um sich sammelte, unter ihnen José Limantour, Pablo und Miguel Macedo oder auch Francisco Bulnes, die bereit waren, Díaz bei seinen Modernisierungsbemühungen zu unterstützen. Die *científicos* bildeten keine politische Partei, sondern waren immer nur eine Interessensclique, deren innerer Zirkel kaum mehr als 20 Mitglieder umfaßte. Da die Öffentlichkeit ihr Wirken äußerst kritisch bewertete, gründete sich ihre Macht allein auf das Vertrauen des Diktators. Da ihnen dies auf die Dauer zu unsicher erschien, waren sie bemüht, möglichst alle wichtigen Regierungs- und Verwaltungspositionen unter längerfristigen strategischen Gesichtspunkten zu besetzen.

Unter dem Einfluß der *cientifícos* gab sich das Porfiriat europäisch, indem alles kopierte wurde, was mit europäischer Wirtschaft, Kunst und Mode zu tun hatte. Deutlich sichtbar wurde das in der Architektur, die ein Gemisch aus viktorianischer Gotik, italienischer Renaissance und französischen Stilelementen war. Eisen, Stahl und Marmor waren die bevorzugten Baumaterialien. Monumental fielen Regierungsgebäude und Bahnhöfe, Theater und Museen aus. Zum charakteristischen Merkmal der Zeit wurden die *kiosco*s auf den zentralen Plätzen der Städte, eine Eisenkonstruktion mit einem spitzzulaufendem Dach, die als Bühne für Redner und Musikkapellen diente. Manches Bauvorhaben befand sich 1910, als die Revolution begann, noch in der Fertigstellung und wurde entweder abgerissen, wenn sich die Abschlußarbeiten nicht lohnten, oder zweckentfremdet, wie das Bahnhofsgebäude in Guanajuato, das nie ein Schienenstrang erreichte und deshalb in eine Markthalle, einen *mercado*, umgewandelt wurde.

Die Innenstadt von Mexiko-Stadt erhielt breite Avenidas, palastartige Residenzen und grandiose öffentliche Gebäude, wie das Hauptgebäude der Post, das im Renaissance-Stil erbaut wurde. Nach Westen zum Alameda-Park und dem Chapultepec-Schloß hin, der offiziellen Residenz des Diktators, verlief ein großer Boulevard, der noch von Maximilian geplant worden war und den Namen Paseo de la Reforma erhielt. In den neuen Vierteln neben dem Paseo standen die Häuser der *científicos* und der ausländischen Geschäftsleute. Die vielen Bettler und Arbeitslosen hatte das Regime östlich und nördlich vom Zócalo in verfallenden Kolonialgebäuden und Mietskasernen untergebracht Der kosmopolitische Charakter der Stadt beeindruckte, und Reisende priesen Mexiko-Stadt, was Díaz gern hörte, als das „Paris Amerikas".

Die Literatur verlor ihr soziales Engagement und ihren mexikanischen Nationalismus, nachdem die Generation mit Prieto und Altamirano ausgestorben war. Überall in Lateinamerika setzte sich die modernistische Dichtung durch, ein künstlicher und exotischer Stil mit einer pessimistischen Grundhaltung, der seine französischen Wurzeln im Realismus und Naturalismus, bei den Parnassiens und Symbolisten, nicht verhehlen konnte. Diese Art von Dichtung konnte sich nur entwickeln, da jeder Idealismus die Politik verlassen hatte und neue Ideale nicht in einer reformierten Gesellschaft gesucht wurden, sondern in mythischer Kontemplation. Für die Literaturhistoriker sind die drei wichtigsten Dichter des *modernismo* Manuel Gutiérrez Nájera, der das Literaturjournal *Revista Azul* gründete, Amado Nervo, der in den diplomatischen Dienst eintrat und einen Großteil seiner Dichtung im Ausland veröffentlichte, und Enrique González Martínez, der letzte dieser Literaturgattung. Wie der *modernismo* so waren auch Malerei und Bildhauerei eine Imitation der europäischen Stilrichtungen. Die Malerei kopierte insbesondere französische und italienische Künstler, allen voran José María Velasco mit seinen Landschaftsbildern. Der viktorianische Stil zeigte sich auch in den Statuen, die auf den Plazas der Städte errichtet wurden. Für Benito Juárez, der offiziell zum Nationalheros erklärt wurde, wurden zwei riesige Statuen geschaffen, die eine steht im Alameda-Park, die andere in seinem Geburtsort Oaxaca.

Nur wenige aus dem Führungszirkel wagten es, offen die *científicos* und Mexikos Europäisierung zu kritisieren. Justo Sierra Méndez, Historiker und Leiter für Öffentliche Erziehung, war eine rühmliche Ausnahme. Er schrieb eine großartige Synthese der mexikanischen Geschichte, die 1910 unter dem Titel *México: su evolución social* erschien, und er tat viel für die Verbesserung der Schul- und Universitätsausbildung, da er begriffen hatte, daß die Modernisierung des Landes ohne eine breite Volksbildung auf die Dauer nicht erfolgreich sein konnte. Jedoch blieben seine Bemühungen ohne sichtbaren Erfolg: das Analphabetentum im Lande wurde nur unwesentlich gesenkt.

Wirtschaftliche Entwicklung

In den mehr als drei Jahrzehnten, in denen Porfirio Díaz die politische Szene beherrschte, erfuhr Mexiko einen bedeutsamen wirtschaftlichen und sozialen Wandel. Die Bevölkerung wuchs beträchtlich, von 9,1 Millionen (1877) auf 15 Millionen (1910). Die Mehrheit der Mexikaner (80%) lebte jedoch nach wie vor auf dem Lande. Zwei Drittel der arbeitenden Bevölkerung war in der Landwirtschaft tätig, 15% in der Industrie und 18% im Dienstleistungssektor. Trotz des materiellen Fortschritts waren 73% der Bevölkerung Analphabeten, in der Mehrzahl die Indianer. Der wirtschaftliche Aufschwung betraf alle Wirtschaftszweige und wurde vor allem durch ausländische Investoren, insbesondere von Amerikanern, gefolgt von Franzosen, Engländern, Deutschen und Belgiern, herbeigeführt, die gerne kamen, da die Regierung neben der inneren Sicherheit erhebliche steuerliche und gesetzliche Zugeständnisse bot, was den Monopolen riesige Gewinne versprach. Das rückständige Mexiko auf Kosten des Auslandes zu modernisieren, war wahrscheinlich die einzige Möglichkeit, aber der Preis war hoch, denn nach und nach gerieten nicht unwesentliche Teile der industriellen Anlagen und des landwirtschaftlichen Großgrundbesitzes in den Besitz ausländischer Kapitalisten, und Mexikos Wirtschaft reagierte durch seine Anbindung an den Weltmarkt empfindlicher auf wirtschaftliche Krisen des Kapitalismus.

Sichtbar schlug sich die wirtschaftliche Entwicklung im Ausbau der Eisenbahnnetzes nieder, das von 700 Kilometern (1877) auf 20000 Kilometer im Jahre 1910 ausgeweitet wurde. Die Eisenbahn trug dazu bei, die Handels- und Produktionsstätten im Norden, an der Golfküste und im zentralen Hochland miteinander zu verbinden und in einem nationalen Markt zu integrieren. Sie förderte auch die Mobilität der Bevölkerung und gewährleistete die soziale Ordnung, indem sie schnell Truppen zur Unterdrückung von Volksaufständen transportierte. Die Bergbau wurde ausgeweitet; die Silberproduktion vervierfachte sich, in der Kupferproduktion nahm Mexiko die zweite Stelle in der Welt ein. Die Ölförderung am Golf von Mexiko begann 1901 und weitete sich schnell aus, da sie vornehmlich den amerikanischen Markt versorgte. Tausende von industriellen Anlagen entstanden: Fabriken zur Herstellung von Zucker, Mehl, Papier, Textilien, Chemikalien und Zement, weiterhin Bierbrauereien, Glasereien, Töpfereien und Schuhfabriken.

Um die landwirtschaftliche Produktion durch Ausweitung der Anbauflächen zu erhöhen, wurden Gesellschaften gegründet, die nach *terrenos baldíos*, brachliegendem Land, suchten, vor allem in den indianischen Gemeinden. Durch Manipulationen und Gewalt wurden die Indianer dann gezwungen, einen Großteil ihrer Ländereien abzutreten, die billig an Hacendados verkauft wurden, wodurch sich deren schon riesiger Großgrundbesitz weiter vergrößern konnte. Schließlich teilten sich 11000 Hacendados die Hälfte des mexikanischen Territoriums, mit Haziendas, die teilweise größer als einige europäische Staaten waren, während 70000 ländliche Gemeinden sich mit 1% der anbaufähigen Fläche begnügen mußten. Während die landwirtschaftliche Produktion, die für den inneren Konsum bestimmt war, stagnierte (die Regierung war zeitweise gezwungen, für die wachsende Bevölkerung Mais zu importieren), stieg die Produktion der landwirtschaftlichen Exportprodukte. Besonders wichtig waren Sisal, Kaffee und Zucker. Die Hacendados aus Yucatán, genannt die *casta divina*, monopolisierten die Herstellung und den Verkauf von Sisal und Kaffee, während sich die Zuckerproduktion in den Bundesstaaten Morelos, Sinaloa und Veracruz konzentrierte.

Die Lage der Arbeiter

Mit dem industriellen Wachstum in den Städten wie Mexiko-Stadt, Puebla, Monterrey und Guadalajara entstand ein industrielles Proletariat. Die ersten Proletarier waren Landarbeiter, die vom Lande in die Städte kamen, oder Handwerker aus Werkstätten, die der Konkurrenz der Großindustrie nicht gewachsen waren. Die Situation der Industriearbeiter war schlecht. Ohne die Möglichkeit der Gegenwehr gegen die Willkür der Arbeitgeber wurden sie Opfer von Mißhandlungen, Strafen, willkürlichen Lohnabzügen und Entlassungen. Ihre Arbeitszeit war von Sonnenaufgang bis Sonnenuntergang; es gab keine wöchentlichen Erholungstage, keine Feiertage, keine soziale Sicherheit, keine Krankenbeihilfe, weder Urlaub noch die Bezahlung von Überstunden. Fast die Hälfte der Fabrikarbeiter setzte sich aus Frauen (32%) und Kindern (12%) zusammen. Nicht weniger trist waren die Lebens- und Arbeitsbedingungen der *peones* auf den Haziendas, wobei es sich zumeist um Indianer handelte, denen man ihr Land genommen hatte. Es gab zwei Arten von *peones*: die *peones acasillados*, die permanent auf der Hazienda lebten, und die *peones apareceros*, die Saisonarbeiter. Die Landarbeiter wurden gezüchtigt und mißhandelt, sie hatten eine lange Arbeitszeit und einen miserablen Lohn. Es gab Haziendas mit privaten Gefängnissen, um die Landarbeiter zu bestrafen. Wer floh, ohne seine Schulden in der *tienda de raya* bezahlt zu haben, durfte gewiß sein, verfolgt zu werden. Dazu stand den Großgrundbesitzern eine Privatpolizei zur Verfügung.

Die Unterdrückung der Landarbeiter war in den einzelnen Regionen unterschiedlich. Im Norden war sie auf Grund der weniger ausgeprägten vorkapitalistischen Ausbeutungsformen, der wenigen indianischen Gemeinden, der Möglichkeit in die Vereinigten Staaten auszuwandern oder im Bergbau oder in der Industrie zu arbeiten, besser als im Zentrum Mexikos. Menschenunwürdig war sie im Süden, in Yucatán. Die weitgehende Isolierung der Halbinsel, der Mangel an Produktionszweigen und die traditionelle Ausbeutung der indianischen Landarbeiter, machten das Leben für die *peones* zu einer bedrückenden Situation, die Jahrzehnte später, in einem kaum veränderten Umfeld, Bruno Traven in seinen sozialkritischen Romanen beschreiben sollte.

Das Porfiriat hatte sehr wenig mit der propagierten inneren Sicherheit und Ordnung gemein. Während der gesamten Dauer der Díaz-Diktatur gab es sozialen Protest der unterdrückten Indianer und der Land- und der Industriearbeiter. Die Yaquis erhoben sich 1875 im Norden Mexikos. Zur Bestrafung wurden sie auf die Halbinsel Yucatán deportiert, wo sie aufständische Maya-Stämme, die in die Sklaverei nach Kuba verkauft wurden, als Arbeitskräfte ersetzten. In Sonora waren es die Mayos, die sich gegen den Raub ihrer Ländereien zur Wehr setzten. 1878 gab es eine Erhebung in Huasteca, 1882 in Juchitán, und der Pfarrer von Zumpahuacan, Felipe Castañeda, führte 1894 einen Aufstand, der in Guerrero stattfand. Alle diese und weitere lokale Aufstände wurden von der Armee und den *rurales* niedergeschlagen.

Die Fabrikarbeiter, die Bergarbeiter, die Eisenbahn-, Hafen- und Erdölarbeiter, fast 860000 im Jahre 1910, versuchten mit Streiks ihre Forderungen nach verbesserten Arbeitsbedingungen, höheren Löhnen, kürzerer Arbeitszeit und Gleichstellung mit den ausländischen Arbeitern, denen bessere Arbeitsbedingungen als ihren mexikanischen Kollegen eingeräumt wurden, durchzusetzen. Die Arbeiterorganisationen hatte Díaz in den 90er Jahren durch sein *pan o palo*-System desavouieren können, als er die moderaten Gruppen bestach und die radikalen verfolgen ließ, aber die Streiks konnte er nicht eindämmen. Zwischen 1881 und 1911 gab es 250 Streiks, obwohl jede Art von Streik untersagt war. Destabilisierend auf das Regime wirkten sich die Streiks der Textilarbeiter in Puebla sowie die Konflikte von Cananea im Jahre 1906 aus, da sie deutlich machten, daß das Porfiriat unfähig war, eine positive Antwort auf die Forderungen der Arbeiter zu geben. In beiden Fällen war die Armee gegen mexikanische Arbeiter eingesetzt worden, um ausländische Interessen zu schützen. Unter den Arbeitern machten sich nationalistische Gefühle breit, und die Verachtung des Generals und seines Regimes wuchs.

Auch im liberal-bürgerlich Lager mehrten sich die Stimmen, die auf eine Ablösung des Generals drängten. Treibende Kraft waren die Brüder Ricardo und Jesús Flores Magón, die auch Mitbegründer der Oppositionszeitung *Regeneración* waren und später

El Hijo del Ahuizote herausgaben, in der die führenden Politiker der Regierung karikiert und lächerlich gemacht wurden. Im Februar 1901 fand der erste liberale Kongreß statt. Die Teilnehmer forderten, die Reformgesetze aus den 50er Jahren zu beachten und einen „echten" Liberalen für die nächsten Präsidentschaftswahlen aufzustellen. Die liberalen Klubs, die sich bildeten, wurden jedoch verboten, ihre Mitglieder festgenommen. In der Folgezeit spaltete sich ein radikaler Flügel unter Ricardo Flores Magón ab, der sich mehr und mehr den Ideen des europäischen Anarchismus verschrieb. Flores Magón mußte ins Exil gehen und setzte von den Vereinigten Staaten aus die politischen Aktivitäten gegen das Regime fort. Ihm gelang es, mit Gleichgesinnten im September 1906 eine Liberale Partei zu gründen. Im *Manifiesto y programa del Partido Liberal Mexicano* fanden wesentliche Forderungen breiter Bevölkerungskreise Berücksichtigung. Die Magonisten planten schließlich den bewaffneten Umsturz des Regimes. Sie bildeten heimlich eine Organisation, legten Waffenlager an und hofften, daß ihr Aufstand dann in eine allgemeine Volkserhebung münden würde. Ein erster Aufstandsversuch wurde 1906 verraten, aber auch dann, als ihre wichtigsten Führer, unter ihnen Flores Magón der Polizei in das Netz gingen, wurden die Vorbereitungen für einen Aufstand fortgesetzt.

Die Krise des Regimes

Die letzte Präsidentschaft des greisen Porfirio Díaz stand ganz im Zeichen schwerer wirtschaftlicher Krisen, die zu breiter sozialer Unzufriedenheit bis hin zur Spaltung des herrschenden Machtblocks führten. Als Folge der weltweiten Silberüberproduktion sah sich die Regierung 1905 gezwungen, vom Silber- auf den Goldstandard überzugehen, wodurch der Peso um 50% abgewertet wurde und die Auslandsverbindlichkeiten bis 1910 auf 250 Millionen Dollar anstiegen. Die durch diese Maßnahme ausgelöste Inflation hatte katastrophale Auswirkungen auf die Bevölkerung, insbesondere auf Bauern, Handwerker und kleine Händler, während die ausländischen Investoren die Abwertung des Pesos nutzten, um Firmen und Immobilien zu Niedrigstpreisen zu erwerben. Noch verheerender erwies sich die kapitalistische Überproduktionskrise in den Industriestaaten, die 1907 in eine Weltwirtschaftskrise einmündete. Als die Nachfrage nach mexikanischen Rohstoffen zurückging, stieg die Arbeitslosigkeit, vor allem unter Bergbauarbeitern. Betroffen wurden von der Krise auch Hacendados, denen die Regierung, um das angeschlagene Bankensystem zu retten, die Kreditaufnahme einschränkte, was zahlreiche hochverschuldete Haziendas in den Ruin trieb. Gegen das Finanzestablishment in Mexiko-Stadt verbanden sich daraufhin in der Provinz Hacendados und Industrielle, die ebenfalls unter der Krise litten, aber im Gegensatz zu den ausländischen Monopolen über keine Ressourcen verfügten, um besser in der Krise bestehen zu können.

Die Wirtschaftskrise weitete sich zur Staatskrise aus, als Hacendados und Industrielle auf der einen und *científicos* auf der anderen Seite über die Frage der Nachfolge in der Präsidentschaft zu streiten begannen. Hacendados und Industrielle forderten für ihren Kandidaten General Bernardo Reyes, den Gouverneur von Nuevo León, das Amt des Vizepräsidenten, was die natürliche Nachfolge in der Präsidentschaft einschloß. Als dann Porfirio Díaz in einem Interview, das er dem amerikanischen Journalisten James Creelman im Februar 1908 gab, angekündigte, daß er am Ende seiner Amtszeit 1910 von der Macht zurücktreten werde und die Bildung einer Oppositionspartei begrüße, sahen sich die Anhänger Reyes' in ihrer Forderung bestärkt. Aber bereits im November 1908 gab Díaz seine neuerliche Kandidatur bekannt, und der amtierende Vizepräsident Ramón Corral, der Kandidat der *científicos*, wurde im Amt bestätigt. Vor die Wahl gestellt, sich mit Waffengewalt gegen die Entscheidung des Diktators zur Wehr zu setzen oder sie zu akzeptieren, entschloß sich Reyes für letzteres und ließ sich von Díaz auf einen Auslandsposten abschieben.

Die Opposition innerhalb des Machtblocks schien damit zerschlagen, aber ihr erwuchs in dem reichen Hacendado Francisco Madero ein neuer Führer, der 1908 ein Buch unter dem Titel *La Sucesión Presidencial en 1910* veröffentlichte, in dem er das Regime kritisierte, Demokratie und Reformen einklagte und die Überprüfung der rechtmäßigen Aneignung des indianischen Gemeindelandes durch die Haziendas forderte. Außerdem sprach er sich gegen die Wiederwahl des greisen Diktators aus. Maderos Buch wurde zum Programm für eine neue Oppositionspartei, den

Partido Nacional Antirrelecionista, der sich im April 1910 in Mexiko-Stadt konstituierte und damit endgültig den herrschenden Machtblock spaltete.

Unzufrieden mit dem Regime waren auch die Amerikaner. Beunruhigt durch das Vordringen des amerikanischen Imperialismus in der Karibik und in Zentralamerika hatte Díaz versucht, den verstärkten politischen und wirtschaftlichen Druck der Vereinigten Staaten durch ein Entgegenkommen gegenüber Europäern und Japanern, den Rivalen der Amerikaner im pazifischen Raum, auszugleichen, indem er europäischen Unternehmen Vorzugssteuern einräumte, Eisenbahnen, die Eigentum amerikanischer Firmen waren, verstaatlichte, nicht jedoch englische, und bei der Erdölförderung englische Erdölgesellschaften gegenüber amerikanischen begünstigte.

Im Gegenzug unterstützte die amerikanische Regierung die Aktivitäten der Opposition um Madero und gestattete ihr, was sie bislang mexikanischen Oppositionellen (fast) immer verweigert hatte, amerikanisches Territorium nahe der amerikanisch-mexikanischen Grenze als Zuflucht zu benutzen, als das Regime seine Repression gegen die Madero-Anhänger verstärkte, und als Aufmarschgebiet, wenn es zum Aufstand gegen Díaz kommen sollte. Zunächst schien es, daß der Diktator ein weiteres Mal seine politischen Gegner überspielen konnte. Aber seine Wiederwahl am 26. Juni 1910 sowie die glanzvollen Feste aus Anlaß seines 80. Geburtstages und der Unabhängigkeitsfeierlichkeiten am 15. und 16. September 1910 konnten nicht darüber hinwegtäuschen, daß sich ein tiefer Graben zwischen dem porfiristischen System und der breiten Masse sowie innerhalb des einstigen Machtblocks aufgetan hatte und daß das Bewußtsein weit verbreitet war, daß es notwendig sei, das Regime zu stürzen und die überfälligen politischen und sozialen Reformen durchzuführen.

Das 20. Jahrhundert

Umbruch und Kontinuität

Die Revolution, die 1910 ausbrach, war das blutigste Ereignis in der mexikanischen Geschichte. Sie hinterließ tiefe Spuren nicht nur in der sozialen und wirtschaftlichen Struktur des Landes, sondern auch im Bewußtsein der Mexikaner. Noch Jahrzehnte nach der Revolution ist ihr Denken und Handeln bei sozialen Konflikten eher von Ausgleichsbemühungen als von gewalttätigen Lösungsversuchen bestimmt.

Die Historiker unterteilen den Ablauf der Revolution in zwei Phasen. Die militärische Phase umfaßt die Jahre zwischen 1910 und 1920. Der Konflikt begann innerhalb der herrschenden Schichten, weitete sich aber zu einer Revolution mit riesigen Massen aus, die ihre eigenen Forderungen erhoben. Mindestens zwei große Bewegungen lassen sich unterscheiden. Auf der einen Seite befanden sich die Gruppen, die ihre Forderungen auf das politische Feld beschränkten, ein effektives Wahlrecht und keine Wiederwahl des Präsidenten verlangten; außerdem befürworteten sie die Demokratisierung von Gesellschaft und Wirtschaft. Der *maderismo* gehörte dieser Richtung an, auch der von Venustiano Carranza angeführte *constitucionalismo*, der sich gegen General Huerta und seinen Versuch wandte, nach dem Sturz Maderos eine konservative Restauration herbeizuführen. Auf der anderen Seite befanden sich diejenigen Gruppen, die den sozialen Wandel befürworteten, wozu die Verteilung von Land an landlose Bauern ebenso gehörte wie die Verbesserung der Arbeitsbedingungen für Industriearbeiter. Der *zapatismo* und der *villismo* prägte diese Gruppen, die ihre unmittelbaren Vorgänger in der *Partido Liberal Mexicano* (PLM) und den Brüdern Flores Magón hatten.

Der *constitucionalismo* ging aus den Auseinandersetzungen mit Villa und Zapata als Sieger hervor und schuf sich mit der Verfassung von 1917 die legalen Voraussetzungen für die soziale, wirtschaftliche und politische Umgestaltung Mexikos, die in der zweiten Revolutionsphase bis 1940 im wesentlichen ihren Abschluß fand. In einem ersten Schritt wurden die regionalen Machtbereiche einzelner Revolutionsführer zugunsten der zentralen Regierung eingeschränkt, um dann in einem zweiten Schritt die sozialen und politischen Reformen voranzutreiben, die unter Lázaro Cárdenas mit den umfangreichen Landverteilungs- und Verstaatlichungsmaßnahmen und der Schaffung des korporativen Staates ihren Höhepunkt erreichten.

Die postrevolutionäre Periode unterteilen die Historiker ebenfalls in zwei Phasen. In der ersten Phase, die bis etwa 1968/75 reicht, gelang es der politischen Machtelite, ihre beherrschende Position in einer auf Kompromiß orientierten, sozialkonservativen Wende abzusichern Das Ergebnis war der mexikanische *presidencialismo*, ein autoritäres Regierungssystem mit starker Stellung des Präsidenten und Interessensausgleich durch Einbindung aller gesellschaftlichen Kräfte in das Machtkartell. Die Jahrzehnte zwischen 1940 und 1970 sind auf der einen Seite gekennzeichnet durch einen bemerkenswerten wirtschaftlichen Aufschwung, das sogenannte mexikanische Wirtschaftswunder, auf der anderen Seite durch ein immenses Bevölkerungswachstum bei gleichzeitiger Landflucht in die Städte und Abwanderung in die Vereinigten Staaten. Mit der politischen Krise als Folge eines Studentenprotests, der 1968 blutig niedergeschlagen wurde, und mit dem Beginn einer Abschwächung des Wirtschaftswachstums seit den 70er Jahren machte sich auf dramatische Weise die eingeschränkte Handlungsfähigkeit des politischen Systems deutlich, das immer von der gleichen Partei beherrscht, nicht in der Lage war, in angemessener Weise zu reagieren.

Die Wirtschaftskrise, die sich im Laufe der Zeit eher verstärkte als abschwächte und zur Verelendung breiter Bevölkerungsschichten führte, förderte und stärkte die bislang unbedeutenden linken und konservativen Oppositionsparteien, die in den 90er Jahren die Regierung in immer mehr Bundesstaaten (von Norden nach Süden fortschreitend) übernehmen konnten. Seitdem sie sich zu einer ernstzunehmenden Alternative zur Staatspartei entwickelt haben, besteht die Möglichkeit, einen Machtwechsel herbeizuführen und mit alternativen Modellen Mexikos erstarrtes politisches und wirtschaftliches System zu demokratisieren und zu modernisieren.

Madero und die südliche Revolution

Anfang Oktober 1910 war es soweit: Francisco Madero, der in die Vereinigten Staaten geflohen war, forderte seine Landsleute auf, am 20. November 1910 einen nationalen Aufstand zu beginnen. Im *Plan de San Luis Potosí* erklärte er die Wiederwahl von Porfirio Díaz für ungültig und kündigte die Übernahme einer provisorischen Präsidentschaft bis zur Abhaltung freier Wahlen an. Sein Programm war einfach und klar. Er beabsichtigte, das politische Leben des Landes zu demokratisieren und die Kontrolle der Ausländer über die mexikanische Wirtschaft einzuschränken. Soziale Reformen schloß sein Programm nicht ein, da Madero annahm, daß sich die gesellschaftlichen Probleme nach Einführung der Demokratie von selbst lösen würden. Daß sich der *maderismo* in der sozialen Frage so zurückhaltend gab, war durchaus im Sinne seiner Anhängerschaft, die sich aus Vertretern der oberen Mittelschicht und der Oberschicht zusammensetzte, aber kaum im Interesse der Bauern und Industriearbeiter. Wenn sie trotzdem Maderos Aufruf Folge leisteten, dann in der Hoffnung, daß die neue Regierung doch noch weitergehende Reformen einleiten würde.

Nach einigen Anlaufschwierigkeiten, die damit zusammenhingen, daß der Polizei geheime Unterlagen in die Hände gefallen waren, die zur Verhaftung von Hunderten von Verdächtigen führten, begann die Erhebung im Norden von Chihuahua und breitete sich nach Sonora, Sinaloa und Coahuila aus. Die militärischen Führer des nördlichen Aufstandes waren Pascual Orozco und Francisco „Pancho" Villa, die um sich Bauern, Bergleute, *vaqueros* und arbeitslose Arbeiter sammelten und Bundestruppen angriffen, Eisenbahnverbindungen unterbrachen und Städte und Gebiete besetzten. Im Frühjahr 1911 weiteten sich die Aufstände bis nach Baja California und Morelos aus. In Morelos leitete Emiliano Zapata, ein Pferdehändler, Kleinbauer und Gemeindevertreter, die südliche Aufstandsbewegung, bei der es sich um die Fortsetzung eines in der Kolonialzeit begonnenen Kampfes der Indianer gegen die Aneignung ihrer Ländereien durch die Hacendados handelte, aber auch, wie einige Historiker mit Recht behaupten, um einen Kampf für die Bewahrung ihrer überkommenen Lebens- und Arbeitsgewohnheiten.

Während des Porfiriats hatten die Großgrundbesitzer in Morelos, wo Zuckerrohrplantagen und moderne Zuckerfabriken das Wirtschaftsleben bestimmten, zur Steigerung der Zuckerrohrproduktion den indianischen Kommunen große Teile ihrer Ländereien weggenommen und sich die alleinige Entnahme von Wasser aus Quellen und Flüssen zur Bewässerung ihrer Plantagen gesichert. Dem Protest der Bauern begegnete die Díaz-Regierung mit Einschüchterungsmaßnahmen: die Bauernführer wurden verfolgt und verhaftet, nicht selten ermordet. Da die legalen Wege ausgeschöpft waren, entschlossen sich die Anhänger Zapatas, die *zapatistas*, zu den Waffen zu greifen und Madero zu unterstützen. Die *zapatistas* hatten eine homogene soziale Basis, die aus den Bauern des Bundeslandes Morelos und den angrenzenden Gebieten mit Tlaxcala, México, Guerrero, und Puebla bestand. Es gab darüber hinaus Sympathisantengruppen in vielen anderen Bundesstaaten.

Im Mai 1911 eroberte Zapata die Städte Cuautla und Cuernavaca, zur gleichen Zeit nahmen Orozco und Villa die wichtige Grenzstadt Ciudad Juárez ein. Als Díaz erkannte, daß die Bundesarmee nicht in der Lage war, die Aufstände niederzuschlagen, kapitulierte er. Am 21. Mai unterzeichneten Madero und Regierungsvertreter den Vertrag von Ciudad Juárez (*El Tratado de Ciudad Juárez*), der zur Ablösung von Präsident Díaz und Vizepräsident Corral führte sowie Neuwahlen vorsah. Der Diktator verließ daraufhin Mexiko und lebte bis zu seinem Tod im Jahre 1915 in Frankreich. Der erste Fehler, den Madero beging, war der, daß er im wesentlichen die alten Führungsschichten in ihren Ämtern in Armee und Verwaltung beließ, sein zweiter Fehler bestand darin, daß er sich zu keinen größeren sozialen und wirtschaftlichen Reformen bereit finden konnte. Das hatte zur Folge, daß er sich bereits kurz nach seiner Wahl zum Präsidenten im November 1911 im Gegensatz zu allen gesellschaftlichen Gruppen befand: Den Bauern und Arbeitern mißfiel sein Beharren auf demokratischen Spielregeln, sie wollten eine schnelle Lösung ihrer Probleme; den Hacendados und amerikanischen Geschäftsleuten waren die Reformen, die in Maderos Umkreis diskutiert wurden, zu radikal; die Militärs befürchteten Einbußen ihrer Privilegien; und alle waren verärgert über Maderos Nepotismus.

Als erster rebellierte Zapata. Am 28. November 1912 proklamierte die *Junta Revolucionaria de Morelos* ihren *Plan de Ayala*, in dem die Zurückgabe der Ländereien, die den Dörfern geraubt worden waren, gefordert wurde sowie die Aneignung derjenigen Haziendas, die den Gegnern der Revolution gehörten. Die sofortige Abgabe der Ländereien sollte in einem kurzen bürokratischen Verfahren erfolgen, später jedoch sollte die Möglichkeit bestehen, die Legalität dieser Maßnahmen anhand von Besitzurkunden zu überprüfen. Ihr Programm versetzte die *zapatistas* in die Lage, relativ unabhängig zu bleiben, und das war für den weiteren Verlauf der Revolution von großer ideologischer Bedeutung. Die Schwäche des *zapatismo* lag in seiner Unfähigkeit, die Forderungen der anderen ausgebeuteten Schichten des Landes zu übernehmen und in einem Programm zu formulieren. Außerdem litt der *zapatismo* an einer starken regionalen Ausrichtung, wodurch die Bildung einer richtigen Armee verhindert und der Kampf der *Ejército Libertador del Sur*, der südlichen Befreiungsarmee, allein als Guerilla-Krieg geführt wurde.

Mit dem Ruf „*Tierra y libertad*" griffen *zapatistas* Haziendas an und nahmen Ländereien in Besitz. Madero entsandte Bundestruppen, die mit großer Brutalität vorgingen, ohne daß der Widerstand nachhaltig gebrochen werden konnte. Im März 1912 brach Pascual Orozco mit Madero. Im *Pacto de la Empacadora*, mit dem er sich die Unterstützung der *rancheros* und von Teilen der Mittelschichten sicherte, wurde der Präsident als Vaterlandsverräter bezeichnet, der beabsichtige, Mexiko in die Hände der Vereinigten Staaten zu spielen. Bis Juni 1912 konnte die Orozco-Rebellion niedergeschlagen werden. Erfolgreicher war die Konterrevolution von Armeegeneralen. Als im Februar 1913 in Mexiko-Stadt ein Militärputsch ausbrach, der von General Felix Díaz, einem Neffen des Diktators, angeführt wurde, beauftragte Madero, und das war sein dritter Fehler, General Victoriano Huerta, den er noch kurz zuvor abgelöst hatte, weil er ihm nicht loyal schien, mit der Niederschlagung des Aufstandes. Zehn Tage lang bekämpften sich Putschisten und Bundesarmee unter Inkaufnahme von Hunderten von zivilen Toten in der sogenannten *Decena trágica*. Unter Vermittlung des amerikanischen Botschafters Henry Lane Wilson gelangten sie schließlich zu einer Übereinkunft: Madero sollte abgesetzt werden, Huerta die provisorische Präsidentschaft übernehmen und Díaz nach den nächsten Wahlen den Posten des Vizepräsidenten bekommen. Madero wurde in Haft genommen und bei seiner Überführung in ein Gefängnis von Anhängern Huertas ermordet, ähnlich erging es auch anderen Politikern, die ihn unterstützt hatten.

Huerta und die nördliche Revolution

Der neue Präsident, der nicht ganz sechzehn Monate im Amt blieb, fand für seinen restaurativen Kurs die volle Unterstützung der alten konservativen Eliten in Armee, Verwaltung und Wirtschaft. Huerta, der unter den Anhängern Maderos bald als Usurpator verschrieen war, versuchte mit fester Hand dem Land Ordnung und Ruhe zu bringen, indem er die Armee personell aufstockte und den Kongreß mit Abgeordnetenhaus und Senat auflöste, als sich Widerstand gegen ihn regte, so daß er schließlich wie ein Diktator das Land regierte. Seine innenpolitischen Gegner manövrierte er aus, wie General Félix Díaz, den er nach Japan schickte, oder Orozco, den er überredete, sich ihm anzuschließen; und seine Wahl zum Präsidenten erreichte er durch massiven Wahlbetrug. Ihm gelang es jedoch nicht, trotz erheblicher Bemühungen, die Aufständischen in Morelos und den nördlichen Bundesstaaten auf seine Seite zu ziehen oder militärisch zu besiegen. Im Gegenteil, sein Verhalten führte dazu, daß die Revolution immer gewalttätiger wurde, wobei in den blutigen Auseinandersetzungen zwischen den rivalisierenden politischen Gruppierungen in zunehmendem Maße unbeteiligte Zivilisten den Tod fanden.

Historiker unterscheiden zwischen der Revolution im Süden, in der die *zapatistas* den Ton angaben, und der Revolution im Norden, die mit Chihuahua und Sonora zwei regionale Schwerpunkte besaß. Die Revolutionsbewegung in Chihuahua wurde von Pancho Villa, einem ehemaligen Banditen, dem der Aufstieg zu einem kleinen Geschäftsmann gelungen war, angeführt und wird deswegen *villismo* bezeichnet, der sich in einigen gravierenden Punkten vom *zapatismo* unterscheidet, was mit der andersartigen historischen Entwicklung der nördlichen Bundesstaaten zusammenhängt. Denn in dieser Region gab es, nachdem die nomadisierenden Indianer fast völlig ausgerottet worden waren, nur wenige indianische Gruppen, die Anspruch auf kultivierbaren Boden erhoben. Dadurch konnte sich der Kapitalismus ungehemmter als in anderen Regionen entwickeln, zudem trugen der Ausbau der Eisenbahn und amerikanische Investitionen in verschiedene Industrieprojekte zu einem schnelleren Wirtschaftswachstum als in den anderen Landesteilen bei. Auf der anderen Seite war der Norden von den Folgen der Wirtschaftskrisen weitaus härter betroffen als andere Gebiete. Am Ende des Porfiriats befanden sich alle sozialen Gruppen in Opposition zum Regime, da alle Nachteile erlitten hatten, das galt für die Industriearbeiter ebenso wie für die Mittelschicht und für die Hacendados.

Auf Grund der sozialen Heterogenität des *villismo* konnte nicht, wie das im *zapatismo* der Fall war, ein einheitliches Aktionsprogramm entwickelt werden. Vielmehr formulierten einzelne soziale Gruppen ihre spezifischen Forderungen, die entweder auf eine Verbesserung der Arbeitsbedingungen für Industriearbeiter oder die Verstaatlichung der Eisenbahnen hinauslief, aber auch die Verteilung von Regierungsland oder die Enteignung von Land, das nicht kultiviert wurde, betraf. Villas Absicht war es, die Lebensbedingungen der Armen zu verbessern, in dem er etwa die Fleischpreise für ärmere Stadtbewohner senkte. Erst viel später erließ er ein Agrargesetz, obwohl es offensichtlich war, daß in den Bundesstaaten, in der er seine Basis hatte, die bäuerliche Bevölkerung eine Minderheit darstellte. Während dem *villismo* ein Programm fehlte, besaß er in der Nordarmee, der *Ejército del Norte*, eine große, schlagkräftige Armee, die sich der Ressourcen der besetzten Haziendas bediente und auch mit amerikanischen Waffenlieferungen rechnen konnte.

Ganz anders war die Situation im Nordwesten, in Sonora, wo sich schon während der Kolonialzeit demokratieähnliche Strukturen herausgebildet hatten und der *maderismo* auf breite Zustimmung stieß. Im Gegensatz zur Nordarmee kam die politische und militärische Führung der Nordwestarmee, der *Ejército del Noroeste*, nicht aus den unteren Schichten, sondern aus der Mittelschicht, und es gab auch eine intakte Staatsregierung, die Truppen aushob und besoldete. Ihr Kampf gegen Huerta wurde nicht in erster Linie von dem Bemühen geleitet, revolutionäre Veränderungen in Gesellschaft und Wirtschaft herbeizuführen, sondern Madero zu rächen und seine Politik im wesentlichen durchzuführen. Es ist gewiß kein Zufall, daß nach 1920, nach Ende der militärischen Phase der Revolution, die Sonorenser die Macht in

Mexiko übernahmen, da sie als Aufsteiger aus der Mittelschicht eher als Großgrundbesitzer oder Arbeiter- und Bauernführer in der Lage waren, zwischen den Interessengruppen zu vermitteln und Reformen nicht nur zu versprechen, sondern auch in praktische Politik umzusetzen.

Die Verfassung von 1917

Villisten wie Sonorenser waren bereit, Venustiano Carranza als ihren politischen Führer anzuerkennen, als er am 26. März 1913 seinen *Plan de Guadalupe* verkündete und zur nationalen Erhebung gegen Huerta aufrief und die Wiedereinführung der Verfassung von 1857 forderte. Während des Porfiriats war der Hacendado Carranza Senator gewesen und in Opposition zu Díaz geraten, nach Beginn der Revolution hatte ihn Madero zum Gouverneur von Coahuila ernannt. Er legte sich den Titel Erster Chef, *Primer Jefe*, zu und seine Truppen, die von Pablo González *(Ejército del Noreste)*, Pancho Villa (*Ejército del Norte*) und Alvaro Obregón (*Ejército del Noroeste*) geführt wurden, erhielten die Bezeichnung Konstitutionalisten *(constitucionalista)*, womit sie ihre Verfassungstreue zum Ausdruck bringen wollten. Huerta geriet immer mehr in Bedrängnis, als die Revolutionsarmeen nach Süden vordrangen und die innenpolitische Kritik an seinem diktatorischen Regime wuchs. Das Ende des Huerta-Regimes kam im Juli 1914, als der Diktator, kurz bevor Obregón Mexiko-Stadt einnahm, nach Spanien flüchtete. Einen Monat später übernahm Carranza die Präsidentschaft.

Wie zu erwarten, konnten sich die Revolutionsführer zwar auf eine gemeinsame militärische Strategie, aber auf keine gemeinsame Politik einigen, da ihre politischen Vorstellungen und Ziele zu weit auseinanderlagen. Carranza geriet zunächst mit Villa aneinander, der sich weigerte, die riesigen Ländereien, die er sich angeeignet hatte, zurückzugeben, dann mit Zapata, den er aufforderte, die Aufteilung von Ländereien aus Haziendabesitz an Dörfer und Kleinbauern zu beenden. Im Oktober 1914 kam es in Aguascalientes zu einem Bündnis, zur *Convención de Aguascalientes*, zwischen Villa und Zapata, die Carranza als Regierungschef ablehnten und mit Eulalio Gutiérrez ihren eigenen Präsidenten wählten.

Carranza war gezwungen, vor den anrückenden Truppen der Konventionalisten, wie sich Villa und Zapata in Abgrenzung zu den Konstitutionalisten, den Anhängern Carranzas, nannten, mit seiner Regierung nach Veracruz auszuweichen. Wieder einmal besaß Mexiko zwei Regierungen. Der folgende Bürgerkrieg führte im Sommer 1915 zur Niederlage der Konventionalisten, die nicht in der Lage waren, ihre militärischen Operationen aufeinander abzustimmen und damit ihrem Gegner die Möglichkeit boten, sie nacheinander einzeln zu besiegen. Nach ihrer Niederlage spielten *villistas* und *zapatistas* keine Rolle mehr im weiteren Verlauf der Revolution, die von nun an von den Auseinandersetzungen innerhalb des konstitutionellen Lagers bestimmt wurde.

Carranzas politisches Hauptanliegen bestand darin, in Mexiko für Frieden und Ordnung zu sorgen. Er entsandte Armeen, die Rebellionen unterdrückten, und sprach sich dafür aus, die konfiszierten Ländereien an ihre früheren Besitzer zurückzugeben. Eher widerwillig erklärte er sich bereit, einige der revolutionären Veränderungen zu institutionalisieren. Zu diesem Zweck rief er im Dezember 1916 einen Verfassungsgebenden Kongreß in Querétaro ein, der eine neue Verfassung ausarbeiten sollte. Die Wahl der Delegierten wurde streng kontrolliert, damit keine Anhänger von Huerta, Zapata oder Villa an den Sitzungen teilnehmen konnten. Nach Carranzas Vorstellungen sollten nur einige politische Reformen, die im wesentlichen auf eine Stärkung der Staatsmacht hinausliefen, aber keine sozialen und Wirtschaftsreformen festgeschrieben werden. Bei den Beratungen setzten sich aber die Anhänger Obregóns, die für weitreichende Reformen plädierten und „Jakobiner" genannt wurden, gegenüber den Anhängern Carranzas, den „Liberalen", durch. Carranza war mit der Verfassung, die am 5. Februar 1917 in Kraft trat, nicht einverstanden, und er bemühte sich in der Folgezeit, sie zu ignorieren.

Die wichtigsten Neuerungen der Verfassung, bei der es sich im wesentlichen um eine Kopie der Verfassung von 1857 handelte, betrafen die Bereiche Religion, Arbeitsrecht und Besitzverhältnisse. Die einschneidendsten Bestimmungen beschäftigten sich mit der Kirche: jeglicher Besitz wurde ihr untersagt, und sie mußte ihren gesamten Besitz ohne Kompensationsausgleich abgeben; verboten wurde ihr die Mitwirkung an der Grundschulerziehung; verboten die Mönchsorden und begrenzt die Anzahl der Priester;

außerdem war keinem Priester erlaubt, Kritik an den fundamentalen Gesetzen des Landes zu äußern, auch nicht an der Regierung. Die Bestimmungen zum Arbeitsrecht machten Mexiko zum fortschrittlichsten Land seiner Zeit in diesem Bereich. Den Arbeitern wurde erlaubt, sich zu organisieren, Tarifverträge auszuhandeln und zu streiken; der Acht-Stunden-Tag wurde eingeführt und ein Tag pro Woche als Ruhetag angeordnet; Frauen wurde der gleiche Lohn wie Männern bei gleicher Arbeit zugestanden, und es wurde ihnen ein bezahlter einmonatiger Urlaub nach der Niederkunft gewährt. Die Besitzrechte wurden neu festgelegt: alles Wasser und Land und alle unterirdischen Reichtümer wurden zum Staatseigentum erklärt; der Großgrundbesitz sollte zugunsten der Dörfer und Kleinbauern verkleinert werden, die *ejidos* unveräußerlich sein; Ausländern wurde der Landbesitz verboten, außer sie nahmen die mexikanische Staatsbürgerschaft an. Vor allem die Neuordnung der Besitzrechte, die für die ausländischen Erdölfirmen große Bedeutung hatte, sollte die mexikanisch-amerikanischen Beziehungen auf Jahre hinaus belasten.

Carranza

Die Beziehungen zwischen Mexiko und den Vereinigten Staaten waren während der gesamten Dauer der Revolution von gegenseitigem Mißtrauen geprägt: Mexiko befürchtet, daß der nördliche Grenznachbar die Revolutionswirren zur territorialen Expansion ausnutzen könnte, und die Vereinigten Staaten, daß die Revolution negative Auswirkungen auf die amerikanischen Wirtschaftsinteressen haben könnte. Die amerikanische Regierung hatte noch Madero bei seinem Aufstand gegen Porfirio Díaz unterstützt, als sie Truppen an die Grenze entsandte und Kriegsschiffe in den Golf von Mexiko, um Druck auf den Diktator auszuüben. Aber das amerikanisch-mexikanische Verhältnis kühlte sich schnell ab, da in Maderos Umgebung Reformprojekte diskutiert wurden, die amerikanische Geschäftsleute befürchten ließen, daß ihr Besitz verstaatlicht werden könnte. Über ihren Botschafter waren die Vereinigten Staaten dann auch an Maderos Sturz im Februar 1913 beteiligt, trotzdem erkannten sie im Gegensatz zu den anderen Großmächten das Huerta-Regime nicht diplomatisch an, weil die

Art, wie Huerta an die Macht gekommen war, Präsident Woodrow Wilson nicht gefiel, und er nahm einen eher belanglosen Zwischenfall zum Anlaß, um im April 1914 Veracruz militärisch zu besetzen. Dadurch wurden die deutschen Waffenlieferungen an Huerta zwar nicht unterbunden, aber die antiamerikanischen Gefühle der Mexikaner weiter angeheizt, die ihren Höhepunkt erreichten, als eine amerikanische Strafexpedition im Oktober 1915 die Grenze überquerte, um Villa einzufangen, der zuvor auf seinen Raubzügen amerikanische Bürger getötet hatte (möglicherweise ein Racheakt, da die Vereinigten Staaten kurz zuvor die Carranza-Regierung diplomatisch anerkannt hatten). Carranza sprach sich mit aller Entschiedenheit gegen diese Polizeiaktion aus und gab sich während des Ersten Weltkrieges, als ihn verschiedene ausländische Staaten umwarben, darunter auch das deutsche Reich, zur Wahrung mexikanischer Interessen äußerst nationalistisch.

Innenpolitisch setzte Carranza trotz der Vorgaben durch die Verfassung, Reformen durchzuführen, seinen restaurativen Kurs fort: er bekämpfte Zapata und die Landverteilung in Morelos, was am 10. April 1919 zur Ermordung des Bauernführers führte; er ließ Luis Morones, den Führer des Gewerkschaftsverbandes *Confederación Regional Obrera Mexicana* (CROM), verhaften; er verbot Arbeiterstreiks und versicherte amerikanischen Geschäftsleuten, um sie zu Investitionen in Mexiko zu animieren, daß die Verfassungsbestimmungen auf ihren mexikanischen Industrie- und Landwirtschaftsbesitz nicht angewendet würden. Seine Stabilisierungspolitik war durchaus von Erfolg gekrönt. Im wirtschaftlichen Bereich sind deutlich Unterschiede in der Zeit vor und während seiner Regierungszeit auszumachen. Bis 1916 kam es durch das Kampfgeschehen zu erheblichen Zerstörungen in der Infrastruktur sowie zu beträchtlichen Produktionseinbußen in der Landwirtschaft und im Bergbau. Die restaurative Politik des *Primer Jefe* und die gesteigerte Nachfrage der kriegführenden Staaten im Ersten Weltkrieg führten zu Produktionssteigerungen, in einigen Bereichen kam es sogar zum Boom, wie in der Erdöl- und Sisalindustrie, und das Bruttosozialprodukt erreichte bis 1920 wieder den Stand von 1910.

Die sozialen Auswirkungen der Revolution waren beträchtlich. Während der Kämpfe kam einer von acht Mexikanern gewaltsam ums Leben, insgesamt zwischen ein und zwei Millionen Menschen. Viele Mexikaner flohen ins Ausland, um ihr Leben und ihr Eigentum zu retten, und es gab eine bedeutende Binnenwanderung vom Land in die Städte und von Norden nach Süden und von Osten nach Westen. In der Hauptstadt fand das vornehme Leben der Reichen rasch ein Ende, die eleganten Clubs verschwanden, Ausländer verließen in großer Zahl das Land. An ihre Stelle traten sozialistische, kommunistische und anarchistische Agenten, die ihre politische Kultur propagierten. Die *Decena trágica* führte zu erheblichen Zerstörungen in Mexiko-Stadt, und die Truppen der *villistas*, *zapatistas* und *constitucionalistas* begingen Plünderungen. Gewalt beherrschte das Land bis in die kleinsten Dörfer. Frauen wurden nicht selten Opfer von Exzessen, und sie wurden gezwungen, Rollen zu übernehmen, die sich von ihrem bisherigen Leben radikal unterschieden, indem sie als *soldaderas* ihre Männer auf den Kriegszügen begleiteten. Nach dem Sieg der Konstitutionellen kamen die Bohemiens und Schriftsteller der „verlorenen Generation" nach Mexiko, die bereit waren, am Aufbau eines modernen Mexiko mitzuarbeiten.

Auf politischer Ebene führte die Revolution zum Austausch der Machteliten und zur Neuformierung der Bundesarmee. An die Stelle der vorrevolutionären Machtelite trat eine revolutionäre, aus dem Mittelstand aufgestiegene Machtelite, die sich aus den Revolutionsführern und den Armeekommandeuren zusammensetzte. Und die porfiristische Armee, die in den Niederlagen von 1915 auseinandergebrochen war, wurde durch eine neue Bundesarmee ersetzt, die aus Truppenteilen der konstitutionellen Armeen gebildet wurde. Die Armee nahm im Laufe der Zeit eine immer stärkere Position im innenpolitischen Machtgefüge ein (bis 1946 stellte die Generalität die Präsidenten), da sich einzelne Armeekommandeure in der Provinz Machtbereiche, sogenannte *cacicazgos* schufen, von denen aus sie das nationale Geschehen beeinflußten. Der Sturz Carranzas erfolgte dann auch nicht, weil er die von der Verfassung geforderten Reformen nicht durchführte, sondern weil er sich mit der revolutionären Machtelite über die Frage der Präsidentschaftsnachfolge, vor allem mit den Sonorensern, anlegte. Am 23. April 1920 stellten sie sich unter Führung Obregóns mit dem *Plan de Agua Prieta* gegen ihn und forderten seine Entmachtung. Als dann auch die Bundesarmee ins gegnerische Lager umschwenkte, blieb Carranza nur noch die Flucht, die in der Nähe von Puebla endete, als er am 20. Mai 1920 von seinen Verfolgern im Schlaf erschossen wurde.

Venustiano Caranza gehört nach wie vor zu den umstrittensten Gestalten der mexikanischen Revolution. War er ein Revolutionär oder ein Konservativer? Für Präsident Manuel Ávila Camacho, der nach 1940 eine sozialkonservative Periode in Mexiko einleitete, war Carranza die alles überragende Persönlichkeit, Pancho Villa nur ein Schurke, und er ließ dann im Jahre 1942 auch nur die sterblichen Überreste des *Primer Jefe* ins Monumento a la Revolución in Mexiko-Stadt überführen, nicht aber Villa, der 1923 ermordet worden war, nachdem er seinen Guerillakrieg eingestellt und sich auf seine Hazienda in Durango zurückgezogen hatte. Der riesige Kuppelbau war unter Porfirio Díaz als Justizpalast geplant worden, aber der Sturz des Diktators hatte die Fertigstellung verhindert, und die Bauruine war dann zum Monumento umgebaut worden. In den 70er Jahren, als sich das politische Klima wieder geändert hatte, wurde Villa zur revolutionären Leitfigur aufgewertet, und Carranza zum Vertreter großbourgeoiser Interessen abgestuft. Präsident Luis Echeverría Alvarez war es schließlich, der Villa im Jahre 1976 ins Monumento überführen ließ, wo inzwischen auch Francisco Madero, Plutarco Elías Calles und Lázaro Cárdenas ihre letzte Ruhe gefunden hatten; die beiden letzteren gehörten nicht der militärischen, sondern der reformorientierten Phase der Revolution zwischen 1920 und 1940 an.

Die Sonorenser an der Macht

Mit General Obregón begann 1920 die Herrschaft der Sonorenser, die bis 1935 dauerte, und dem Land in Teilbereichen Reformen brachte, die Carranza bewußt ausgeklammert hatte. Obregón bemühte sich um breite Unterstützung für seine Reformvorhaben. Es gab zwar Parteien, aber die agierten eher als Wahlvereine, das galt auch für die Agrarpartei, den *Partido Nacional Agrarista* (PNA) und die Arbeiterpartei, den *Partido Laborista* (PN). Obregón fand schließlich seine Hilfstruppen im Gewerkschaftsverband CROM, in der Bauernorganisation, der *Confederación Nacional Agraria (CNA)*, sowie bei *zapatistas* und *villistas*, die er in sein Kabinett aufnahm. Der Präsident unterstützte die Arbeitsgesetzgebung, ermutigte die Bildung von Gewerkschaften, wobei er die von Luis Morones geleitete CROM favorisierte, und setzte spezielle Agrarkommissionen ein, die über eine Million Hektar Land, das sich die Hacendados unrechtmäßig angeeignet hatten, an ihre früheren Besitzer, die indianischen Kommunen und Kleinbauern in Morelos, zurückgaben. An die Konfiskation und Teilung der Haziendas traute er sich hingegen nicht, da sich konservative Hacendados und aufgeschreckte Revolutionsführer, die während der militärischen Auseinandersetzungen in den Besitz von Ländereien gelangt waren, verbündeten, um ein solches Vorgehen zu verhindern. Aufgeschlossen war Obregón auch gegenüber der revolutionären Forderung, das Erziehungswesen zu reformieren.

Der Mann, der sich ihm für diese Aufgabe anbot, war José Vasconcelos, ein gelernter Philosoph und Rechtsanwalt, der zwischen 1921 und 1924 das neu gegründete Erziehungsministerium übernahm und mit großem Engagement dem Analphabetismus im Lande den Kampf ansagte. Mehr als 1 000 ländliche Schulen ließ er errichten, an der hochmotivierte Lehrer für ein geringes Gehalt ihren Unterricht gaben. In manchen Indianergemeinden wurde zum ersten Mal Spanisch unterrichtet, und die Schulkinder erfuhren, daß sie Mexikaner waren. Öffentliche Büchereien entstanden, klassische Werke wurden im Auftrage der Regierung gedruckt und kostenlos verteilt, und sogenannte mobile Kulturmissionen, die *misiones culturales*, denen Lehrer, Sozialarbeiter und Landwirtschaftsexperten angehörten, wurden in ländliche Regionen entsandt, um zu helfen, aber auch, um zu indoktrinieren, denn, und das war Vasconceles zweites Ziel, die Nation sollte durch einen revolutionären Nationalismus zusammenwachsen, wobei vor allem der indianische Bevölkerungsteil, der bislang ausgegrenzt gewesen war, miteinbezogen und integriert werden sollte.

Zu diesem Zweck forderte er Musiker, Maler und Schriftsteller auf, den geschichtlichen Wurzeln des Mexikanertums nachzugehen und die Bedeutung von Unabhängigkeitskrieg und Revolution für die Entstehung der mexikanischen Nation zu propagieren. Er ermunterte Manuel Ponce, Carlos Chávez und andere Komponisten, Ballette und symphonische Musik zu schreiben, die auf indianischen Themen und Rhythmen basierten, und forderte Maler auf, im Stil der präkolumbianischen und spanischen kolonialen Traditionen Wände mit Freskomalerei zu bedecken.

Dutzende von Künstlern schufen daraufhin großartige *murales*, Wandgemälde, in öffentlichen Gebäuden, in Postämtern und Rathäusern, in Schulen und Hospitälern, zwischen 1923 und 1938 insgesamt 124 Fresken, die in erster Linie als „Lesebücher" für die Analphabeten gedacht waren, um sie mit Mexikos Vergangenheit, mit den Zielen der Revolution und mit den Helden und Schurken der nationalen Geschichte vertraut zu machen.

Die bedeutendsten Muralisten waren José Clemente Orozco, Diego Rivera und David Alfaro Siqueiros. Orozcos Malerei ist beängstigend und aggressiv; grell und feurig sind die Farben; zügellose Leidenschaft und die Roheit der Wirklichkeit sind die vorherrschendenden Themen. Seine bedeutendsten *murales* sind im Instituto Cultural Cabañas in Guadalajara zu sehen. In Riveras Gemälden stehen Glorifizierung und Ironie dicht nebeneinander. Er ist ein außergewöhnlicher Erzähler, verliebt in die indianische Welt und Volkskultur. Seine schönsten *murales* befinden sich in Mexiko-Stadt, wo sie die Wände in der Secretaría de Educación Pública, in der Capilla de Chapingo und im Palacio de Bellas Artes schmücken. Siqueiros besaß die ausgefeilteste Maltechnik, seine *murales* im Hospital de la Raza und der Esculea Nacional Preparatoria sind stark und kraftvoll und voller Dynamik. Rivera und Siqueiros waren Mitglieder der Kommunistischen Partei, und sie fügten ihren Revolutionsgemälden die rote Fahne mit Hammer und Sichel oder die geballte Faust bei.

In der nationalistischen Literatur wurde das Mexikanertum verherrlicht. Vasconcelos schrieb das Buch *La Raza cósmica* (1925), eine philosophische Abhandlung, in der er sich gegen Rassendiskriminierung aussprach und den Mexikanern eine glänzende Zukunft voraussagte, weil sich in ihnen das Blut und die Traditionen verschiedener Kontinente vermischt hätten. Hauptthema der Literatur war aber die Verarbeitung der Revolutionsereignisse, von denen kaum eine Familie verschont geblieben war. Dutzende von Romanen wurden veröffentlicht, allen voran die von Mariano Azuela, einem Arzt in Villas Armee, der 1916 in *Los de abajo* am Beispiel eines Dorfes die Zufälligkeit und Gewalt im Bürgerkrieg beschreibt. Ihm folgten Martín Luis Guzmán, zunächst ein Anhänger Maderos, dann ein *villista*, mit seinem Revolutionsroman *El águila y la serpiente* (1928) und Gregorio López y Fuentes mit *Campamento* (1931).

Obregóns Reformeifer waren durch die enorme Staatsverschuldung, hohe Auslandsverbindlichkeiten und die weltweite Rezession nach dem Ersten Weltkrieg, die den Preis für Silber und Kupfer dramatisch abstürzen ließ, Grenzen gesetzt, so daß er nicht alles verwirklichen konnte, was er sich vorgenommen hatte. Außerdem konnte er keine neuen Kredite bekommen, da die Vereinigten Staaten sich weigerten auf Druck amerikanischer Erdölgesellschaften und Hacendados, die eine Verstaatlichung ihres mexikanischen Besitzes befürchteten, sein Regime diplomatisch anzuerkennen. Nach monatelangen Verhandlungen konnte 1923 mit dem Bucareli-Vertrag (so benannt nach einer Straße in Mexiko-Stadt, wo die Gespräche stattfanden), ein Kompromiß ausgehandelt werden, der die amerikanischen Befürchtungen aus dem Weg räumte, aber im mexikanischen Kongreß wegen der Begünstigung der Amerikaner zu tumultartigen Szenen bei der Ratifizierung der Verträge führte. Auf Widerstand geriet Obregón auch bei der Benennung seines Nachfolgers, denn sein Finanzminister Adolfo de la Huerta forderte das Präsidentenamt für sich und löste deswegen einen Aufstand aus, der aber niedergeschlagen werden konnte, so daß der Revolutionsgeneral Plutarco Elías Calles, wie vorgesehen, Ende 1924 die Präsidentschaft übernahm. Obwohl der *jefe máximo*, wie sich Calles gern nennen ließ, nur vier Jahre im Amt war, blieb er weitere sechs Jahre die beherrschende politische Persönlichkeit in Mexiko, da er drei Nachfolger benannte, die das taten, was er von ihnen verlangte. Die Historiker nennen den Zeitabschnitt zwischen 1924 und 1934 *maximato*.

Calles und die cristero-Rebellion

Calles erwies sich als ein reformfreudiger Präsident, der aber die Akzente anders als sein Vorgänger setzte. Für ihn stand die soziale und strukturelle Modernisierung im Vordergrund. Er initiierte eine öffentliche Gesundheitskampagne gegen ansteckende Krankheiten; leitete riesige Bewässerungs- und Straßenbauprojekte ein; setzte den Ausbau des Erziehungswesens fort; gründete Landwirtschaftsschulen; und verteilte mehr als 3 Millionen Hektar Land, das dreifache, was unter Obregón zur Verteilung gelangt war. Mit einer rigiden Fiskalpolitik glich er den Staatshaushalt aus und konsolidierte die Auslandsschulden. Daß er auch brutal sein konnte, bewies er in seinem Streit mit der Kirche. Seit der Verabschiedung der Verfassung von 1917 waren die Beziehungen zwischen Staat und Kirche gespannt. Zum Eklat kam es, als der Gewerkschaftsverband CROM unter Billigung des Präsidenten seine Angriffe gegen die Kirche verschärfte und Erzbischof José Mora y del Río sich veranlaßt fühlte, den Widerstand des hohen Klerus gegen die Verfassungsbestimmungen zum Ausdruck zu bringen. Daraufhin erließ die Calles-Regierung antikirchliche Verordnungen, die zur Schließung von Klöstern und Konventen und zur Ausweisung ausländischer Priester und Nonnen führten. Als Gegenreaktion verriegelte die Kirchenleitung alle katholischen Kirchen, und die Geistlichen wurden angehalten, keine Sakramente mehr an die Gläubigen zu erteilen (dennoch hielten die Geistlichen heimlich in Privathäusern den Gottesdienst weiter ab). Calles gab nicht nach, im Gegenteil, er verschärfte den Konflikt weiter, indem angeordnet wurde, daß alle kirchlichen Gebäude in Staatsbesitz übergehen und der Kirchenbesitz eingezogen werden sollte. Später wurden viele Kirchengebäude in Büchereien, Schulen, Museen und Krankenhäuser umgewandelt.

Begleitet wurde der Streit zwischen Staat und Kirche von einem katholisch-bäuerlichen Aufstand, der *cristero*-Rebellion, die ihren Namen von „*Viva Cristo Rey*“, dem Ruf der Rebellen, ableitet. Diese bewaffnete Bewegung fanatischer Katholiken fand vor allem in den nördlichen und westlichen Bundesstaaten Jalisco, Colima, Guanjuato, Durango, Zacatecas und Michoacán statt. Dort zerstörten die *cristeros* Schulen und andere Regierungseinrichtungen, töteten Lehrer und Soldateten und verübten Sprengstoffanschläge gegen Eisenbahnen, bei denen Hunderte von Menschen den Tod fanden. Brutal nahm die Armee Rache an Priestern und tatsächlichen und vermeintlichen *cristeros* oder ihren Familien. Über 50000 Menschen wurden Opfer von Gewalt und Gegengewalt, ohne das die Armee den Aufstand niederschlagen konnte. Geheimgespräche zwischen Calles und Kirchenvertretern, vom amerikanischen Botschafter Dwight Morrow vermittelt, führten 1929 zur Öffnung der Kirchen und zum Absterben der *cristero*-Rebellion, jedoch nahm der Staat seine Anordnungen nicht zurück. Damit war, was die Liberalen im 19. Jahrhundert als Idealzustand angesehen hatten, Realität geworden: die totale

Trennung zwischen Kirche und Staat. Jedoch tat dies der Frömmigkeit der Mexikaner keinen Abbruch.

Während der Kirchenkontroverse verlängerte der Kongreß die Amtszeit des Präsidenten auf sechs Jahre. Obregón stellte sich ein zweites Mal zur Wahl, zwei Wochen nach seiner Wahl, noch bevor er eingeführt wurde, wurde er von einem fanatischen Katholiken ermordet – nach Madero, Zapata, Carranza und Villa der letzte Revolutionsführer, der eines gewaltsamen Todes starb. Auf Initiative von Calles, mit dem Ziel, die regionalen Führungsgruppen, die aus der Revolution hervorgegangen waren, besser kontrollieren zu können und um die Arbeit der Regierung zu legitimieren, wurde 1929 die offizielle Revolutionspartei, der *Partido Nacional Revolucionario* (PNR), gegründet. Die Revolutionspartei, die zwei Regenerationen und Namensänderungen durchmachte, 1939 in *Partido de la Revolución Mexicana* (PRM) und 1946 in *Partido Revolutionario Institucional* (PRI), blieb seit ihrer Gründung Staatspartei, ein Titel, den sie nicht nur deswegen erhielt, weil sie seit 1929 ununterbrochen den mexikanischen Präsidenten stellt, sondern weil alle Staatsangestellten einen gewissen Prozentsatz ihres Gehaltes an die Parteikasse abtreten mußten. Diese Regelung wurde erst in den 80er Jahren auf Protest der Oppositionsparteien aufgehoben.

Zwischen 1929 und 1934 traf die Weltwirtschaftskrise Mexiko unterschiedlich hart. Auf der einen Seite fiel der Außenhandel, die Haupteinnahmequelle der Staatsfinanzen, um die Hälfte; die Arbeitslosigkeit stieg im industriellen Sektor dramatisch; und Zehntausende von mexikanischen Gastarbeitern mußten aus den Vereinigten Staaten, die selbst schwer unter der Krise litten, nach Mexiko zurückkehren. Auf der anderen Seite war über die Hälfte der mexikanischen Bevölkerung von der Krise nicht unmittelbar betroffen, da sie in der Landwirtschaft tätig war und für den Eigenbedarf produzierte. Die Kommunistische Partei, der *Partido Comunista Mexicano* (PCM), forderte zur Bewältigung der Wirtschaftskrise einen Umbau der Gesellschafts- und Wirtschaftsstruktur, die Staatspartei legte ihrerseits einen Sechs-Jahres-Plan (*Plan Sexenal*) vor, in dem ein Wirtschaftssystem unter Staatskontrolle als Ausweg vorgeschlagen wurde und weiter die Befreiung Mexikos von der ausländischen Wirtschaftsdominanz. Um dieses Programm auszuführen, unterstützte die Partei

General Lázaro Cárdenas, den Präsidentschaftskandidaten des *jefe máximo*.

Cárdenas

Dem ehemaligen Gouverneur von Michoacán ging der Ruf voraus, fortschrittlich orientiert zu sein. Daß er seinen Mentor Calles alsbald in die Schranken weisen und in der Wirtschafts- und Sozialpolitik so tiefgreifende Änderungen durchführen würde, konnte niemand voraussehen, als er 1934 die Präsidentschaft antrat. Sein Ziel, das wesentlich von seinen radikalsozialistischen Beratern mitbestimmt wurde, war der korporative Staat, in dem ein mit großer Machtfülle ausgestatteter Präsident in Zusammenarbeit mit den in Korporativen zusammengefaßten gesellschaftlichen Gruppen einen Ausgleich der Interessen anstrebt, um die Ursachen für soziale Spannungen abzubauen oder erst gar nicht entstehen zu lassen. Trotz sozialistischer Rhetorik sollte der korporative Staat keine kommunistische Diktatur sein, aber schon gar nicht ein demokratisches Gemeinwesen, sondern die mexikanische Antwort auf die seit über einem Jahrhundert nicht abreißenden Bürgerkriege, Revolutionen und Militärputsche um Besitzstandswahrung und Besitzaufteilung, um Mexiko inneren Frieden, die Grundvoraussetzung für sozialen und wirtschaftlichen Fortschritt, zu geben.

Der korporative Staat war kein origineller Gedanke des Präsidenten, denn schon die Sonorenser hatten in diese Richtung gedacht und einige Voraussetzungen geschaffen, auf die Cárdenas aufbauen konnte. So hatten sie die Armee unter zivile Kontrolle gebracht, und damit der Putschbereitschaft des Militärs ein Ende bereitet; sie hatten auch die Organisierung der Bauern und Arbeiter sowie die Bildung einer Staatspartei unterstützt. Aber es bleibt das Verdienst von Cárdenas, daß er die letzten, schwierigen Hürden zur Verwirklichung des korporativen Staates genommen hat. Er ging recht methodisch an die Sache heran. Da er damit rechnen konnte, daß er auf Widerstand stoßen würde, war Zeit ein wichtiger Faktor: es mußte alles sehr schnell gehen, damit er seine Gegner überrumpeln konnte. In einem ersten Schritt besetzte er alle wichtigen Machtpositionen in Verwaltung, Armee und in den Arbeiter- und Bauernorganisationen mit seinen Vertrauensleuten. In einem zweiten Schritt förderte er den Zusammenschluß der Arbeiter und Bauern in mächtigen Gewerkschaftsverbänden, für die Arbeiter war dies die *Confederación de Trabajadores de México* (CTM), für die Bauern die *Confederación Nacional Campesina* (CNC). Und in einem dritten Schritt erfolgte die Zwangsvereinigung der Unternehmer in die *Confederación de Cámaras Industriales* (CONCAMIN) sowie der Händler in die *Confederación de Cámaras Nacionales de Comercio* (CONCANACO), die, wie es im Gesetz hieß, „zu Organen der Zusammenarbeit mit dem Staat“ wurden.

Mit Hilfe der Arbeitergewerkschaft bereitete er durch Streiks den Weg für die Verstaatlichung der Eisenbahngesellschaften und der Erdölindustrie im März 1938 vor. Während sich die Eisenbahn zum größten Teil schon in Staatsbesitz befand, gehörte die Erdölindustrie vor allem amerikanischen und englischen Gesellschaften. Die Reaktion der Vereinigten Staaten und Großbritanniens auf dieses Vorgehen waren durchaus berechenbar, denn beide Nationen waren durch die politischen Krisen in Europa und Ostasien am Vorabend des Zweiten Weltkrieges an einer direkten Konfrontation mit Mexiko nicht interessiert, und nachdem die Entschädigungsfrage durchaus in ihrem Sinne gelöst war, war für sie die Angelegenheit im wesentlichen erledigt. Nicht jedoch für die betroffenen amerikanischen und englischen Erdölgesellschaften, die aufgrund ihrer beherrschenden Position auf dem Weltmarkt noch jahrzehntelang, bis in die 70er Jahre hinein, den mexikanischen Erdölexport boykottierten, so daß das Erdöl vorrangig der mexikanischen Binnennachfrage zur Verfügung stand. Mit Hilfe der Bauernorganisation machte sich Cárdenas dann an die Lösung der Agrarfrage. Auf Kosten der Haziendas, die zum ersten Mal in Nationalisierungsmaßnahmen eingeschlossen waren (sieht man einmal von den gegen die Kirche erlassenen Verfügungen ab), wurden über 20 Millionen Hektar Land an landlose Bauern in ganz Mexiko, vor allem aber an Kommunen und an Produktionsgemeinschaften, sogenannte *ejidos colectivos*, übertragen, die auf eine kommerzielle Nutzung ihrer Ländereien angelegt waren und nicht wie die traditionellen *ejidos*, die nur für den Eigenbedarf produzierten.

Außenpolitisch schlug Cárdenas einen antifaschistischen Kurs ein. Während des Spanischen Bürgerkrieges unterstützte Mexiko diplomatisch und mit Waffenlieferungen die Republikaner. Als Franco triumphierte, versagte ihm Cárdenas die diplomatische Anerkennung (wie auch alle ihm folgenden Regierungen bis zum Tod des spanischen Diktators), und Mexiko sprach sich als Gründungsmitglied der Vereinten Nationen 1946 für eine Verurteilung des Franco-Regimes und für weitreichende Sanktionen aus. Zehntausende republikanischer Flüchtlinge erhielten Asyl in Mexiko, darunter viele Intellektuelle, die sich in der Casa de España eine Begegnungsstätte schufen, die später in Colegio de México umbenannt wurde, und heute das angesehenste geisteswissenschaftliche Institut in Mexiko ist. Asyl wurde auch dem russischen Revolutionär Leo Trotzky gewährt, der 1940 im Auftrage Stalins brutal ermordet wurde.

Widerstand gegen Cárdenas' korporativen Staat, seine Reformen und seine antifaschistische Außenpolitik ging im wesentlichen von drei Gruppierungen aus: den konservativen Revolutionsführern, der faschistischen *Unión Nacional Sinarquista* (UNS) und dem katholisch-konservativen *Partido Acción Nacional* (PAN). Der PAN wurde im September 1939 von einigen Unternehmern, Mitglieder aus der Mittelschicht und katholischen Gelehrten an den Universitäten gegründet, die rechtsradikale UNS bereits 1937, ihr gehörten vor allem Kaufleute und Unternehmer an, der Deutsche Hellmuth Oskar Schreiter war einer ihrer Hauptorganisatoren. Beide Parteien waren antikommunistisch ausgerichtet und wurden von der katholischen Kirche unterstützt. Der PAN forderte unter anderem Freiheit in der Erziehung, Begrenzung des Staatseinflusses auf die Wirtschaft und Zusicherung des Privatbesitzes. Die UNS, die bis 1940 auf 200000 Mitglieder kam und zum Sammelbecken für geflüchtete Nationalsozialisten nach dem Zweiten Weltkrieg wurde, gab sich rassistisch, hielt die Kolonialzeit für den Höhepunkt in der Geschichte Mexikos, Hernando Cortez, nicht Miguel Hidalgo, für den *Padre de la Patria* und bewunderte Hitler, Franco und Mussolini.

Alle diese Oppositionsgruppen bezeichneten Cárdenas als Kommunisten, obwohl er weder Kommunist noch Sozialist war. Jedoch bewirkte die innenpolitische Opposition, daß sich Cárdenas zur Sicherung des Erreichten und zur Beruhigung seiner Gegner bei der Benennung seines Nachfolgers für den moderaten

Verteidigungsminister General Manuel Ávila Camacho und nicht für den Exponenten des radikalen Flügels seiner Partei, den Verkehrsminister General Francisco Múgica, aussprach. Obwohl weder die Präsidenten nach Cárdenas noch die Staatspartei bis heute das Ende der Revolution verkündet haben, im Gegenteil die weiteren Reformen immer mit ihrem Revolutionsauftrag begründeten, geht für Historiker die Revolutionszeit 1940 zu Ende, und sie nennen die folgenden Jahre die „institutionalisierte Revolution", um damit die weitere, in weitaus ruhigeren Bahnen verlaufene Entwicklung von der vorangegangen, stürmischen Zeit mit ihren militärischen Auseinandersetzungen und tiefgreifenden Reformen abzuheben.

Das moderne Mexiko

Mexiko und der Zweite Weltkrieg

Mit Ávila Camacho begann die postrevolutionäre Zeit, die bis auf den heutigen Tag durch eine sozialkonservative Innenpolitik gekennzeichnet ist. Nicht Veränderungen, sondern Ausgleichsbemühungen standen für Ávila Camacho im Vordergrund seiner Politik, die unter dem Motto „Nationale Einheit", *unidad nacional*, zur Zusammenarbeit aller Klassen aufrief. Er erklärte die sozialistische Erziehung für beendet und verwies sie wieder in konventionelle Bahnen. Öffentlich bezeichnete sich der Präsident als praktizierender Katholik, was ihm erlaubte, das Verhältnis zwischen Staat und Kirche zu entspannen. Der Kirche blieb zwar weiterhin der öffentliche Erziehungsbereich versperrt, aber ihr wurde gestattet, private Schulen und Universitäten zu gründen, die in der Ober- und Mittelschicht auf breite Akzeptanz stießen, da sie, wie sich bald herausstellen sollte, weit aus besser waren als die staatlichen Institutionen. Die Landverteilung wurde in eingeschränktem Umfang beibehalten, und mit Hilfe der Rockefeller Foundation die „grüne Revolution", *revolución verde*, umgesetzt, um die Produktivität der landwirtschaftlichen Betriebe zu verbessern. Die Regierung verstärkte die Kontrolle über die Bauerngewerkschaft CNC, betrieb 1941 den Rücktritt des radikalen Arbeiterführers Vicente Lombardo Toledano und setzte an seine Stelle den moderaten Fidel Velásquez Sánchez, der mit einer kurzen Unterbrechung zwischen 1947 und 1950 bis 1998, bis zu seinem Tod im Alter von 98 Jahren, die Arbeitergewerkschaft CTM leitete. Wenn kein Widerstand gegen den Kurs des Präsidenten laut wurde, dann lag dies auch daran, daß angesichts des Zweiten Weltkrieges die nationale Einheit ein Gebot der Stunde war.

Seit Beginn des Krieges nahm Mexiko eine proalliierte Haltung ein und brach nach dem Überfall Japans auf Pearl Harbor am 7. Dezember 1941 die diplomatischen Beziehungen zu den Achsenmächten Deutschland, Italien und Japan ab. Da Befürchtungen laut wurden, die Japaner könnten die amerikanische und mexikanischen Westküste angreifen, kam es zu einer Annäherung zwischen den Vereinigten Staaten und Mexiko. Die Amerikaner halfen bei der Modernisierung der mexikanischen Streitkräfte, während Mexiko strategisch wichtige Rohstoffe dem nördlichen Nachbarn lieferte. Die Beziehungen vertieften sich, als Mexiko nach der Torpedierung von zwei Tankern an der Seite der Alliierten in den Krieg eintrat, ein Kampfgeschwader (*El Escuadrón 201*) mit 300 Soldaten in den Pazifik entsandte (das ab Juni 1945 zum Einsatz kam) und über 300000 Arbeiter, die sogenannten *braceros*, den Vereinigten Staaten zur Verfügung stellte, die vor allem in der Landwirtschaft die in die Streitkräfte eingezogenen Amerikaner ersetzten.

Das mexikanische Wirtschaftswunder

Der Zweite Weltkrieg stimulierte die wirtschaftliche Entwicklung Mexikos. Während des Krieges verdoppelte sich der Außenhandel, der zu 90% mit den Vereinigten Staaten abgewickelt wurde. Da die kriegführenden Staaten in Europa keine Waren mehr liefern konnten, baute Mexiko seine industriellen Anlagen aus oder modernisierte sie, um die Binnennachfrage und die amerikanischen Wünsche erfüllen zu können. Eine mit Präsident Miguel Alemán Valdés, dem Nachfolger von Ávila Camacho, 1946 in zentrale Positionen gelangte technokratische Elite benutzte das im Krieg angelegte Devisenpolster, um der Wirtschaftsentwicklung Mexikos weitere Impulse zu geben. Der Staat finanzierte den Ausbau der Infrastruktur mit Straßen, Brücken, Eisenbahnlinien und Flughäfen sowie die Wasser- und Energieversorgung, indem riesige Staudämme zur Gewinnung von Elektrizität und zur Bewässerung weiter Landstriche errichtet wurden, etwa in Oaxaca der Staudamm (*presa*) Miguel Alemán und vor allem die Staudämme Alvaro Obregón und Miguel Hidalgo in Sonora. Er vergab Kredite, gewährte steuerliche Vergünstigungen, erhöhte die Einfuhrzölle zum Schutz der im Aufbau begriffenen Industrie und förderte die ausländische Investitionstätigkeit unter der Bedingung, daß den Mexikanern die mehrheitliche Beteiligung in den Unternehmen erhalten blieb. Schließlich benutzte er seine korporative Kontrolle über die Arbeiterorganisationen, um die Forderungen der Arbeiter nach Lohnerhöhungen und sozialen Leistungen zu regulieren.

Die günstigen wirtschaftlichen und politischen Rahmenbedingungen lockten viele Ausländer an und förderten die einheimische Investitionstätigkeit, so daß Mexiko bis Mitte der 70er Jahre, als sich erste Krisenerscheinungen bemerkbar machten, einen wirtschaftlichen Aufschwung mit jährlichen Steigerungsraten von 6,5% erlebte, der als mexikanisches Wirtschaftswunder (*milagro económico mexicano*) bezeichnet wird. Der Aufschwung, der in den 50er Jahren seinen Höhepunkt erlebte, erfolgte im wesentlichen in den Bereichen Industrie, Landwirtschaft und Tourismus und führte zu starken Veränderungen in der Beschäftigungsstruktur. Waren 1940 noch 65,5% der berufstätigen Bevölkerung im Agrarsektor beschäftigt, so sank ihr Anteil bis 1970 auf 39,5%, während der Anteil der in der Industrie Beschäftigten von 12,7% auf 21,1% und im Dienstleistungssektor von 21,9% auf 37% anstieg.

Die Wachstumsraten in der Landwirtschaft waren mit 4,4% deutlich niedriger als in der Industrie mit 8% und weitaus höher in den exportorientierten landwirtschaftlichen Großbetrieben als im Bereich der Kleinbauern und landwirtschaftlichen Genossenschaften und fielen seit den 50er Jahren kontinuierlich. Das lag vor allem daran, daß der Staat in seiner Agrarpolitik eindeutig Prioritäten setzte. So konnten die effektiver produzierenden Großbetriebe, die sich aus den Restbeständen der Haziendas und den in der Revolutionszeit von den Revolutionsführern angeeigneten Ländereien in den Bewässerungsgebieten bildeten, eher mit staatlicher Unterstützung in Form von Krediten rechnen als die Kleinbauern, die *ejidatarios*, mit ihrer traditionellen Getreidelandwirtschaft oder die *ejidos colectivos*, die mehr und mehr als systemfremd empfunden wurden. Hinzu kam, daß die Regierung die Agrarpreise für die Verbraucher in den Städten niedrig hielt, wodurch die für den lokalen Markt produzierenden Bauern ein weiteres Mal gegenüber den Großbetrieben benachteiligt wurden.

Diese Benachteiligungen allein waren es aber nicht, die zu einer neuerlichen Polarisierung auf dem Lande, die abzubauen, ein wesentliches Ziel der Revolution gewesen war, führten, sondern vor allem die geradezu explosionsartige Bevölkerungsentwicklung seit den 40er Jahren. Im Porfiriat bewohnten 13 Millionen Mexikaner ihr Territorium, 1959 bereits 25 Millionen, 1970 waren es 48 Millionen und an der Jahrtausendwende fast 100 Millionen. Damit hatte sich die Bevölkerung seit 1940 alle 25 Jahre verdoppelt, und Mexiko gehört damit zu den Ländern mit der höchsten Geburtenziffer. Das Bevölkerungswachstum war einerseits die Folge des Ausbaus des Gesundheitswesen mit mehr Ärzten, mehr Hospitälern und umfangreichen Impfkampagnen und besseren Medikamenten. Die Sterberate der Frauen im Kindbett und der Kinder unter 5 Jahren konnte drastisch gesenkt werden, die Lebenserwartung stieg von 41 Jahren (1940) auf 60 Jahre (1980) und lag im Jahr 1999 bei 77 Jahren für Frauen (72 für Männer). Andererseits förderte der Staat das Bevölkerungswachstum. Die beiden Bevölkerungsgesetze von 1936 und 1947 mit ihren späteren Ergänzungen forderten den demographischen Anstieg als Garantie für den Erhalt der staatlichen Souveränität und für wirtschaftliches Wachstum. Aber auch die traditionellen Leitbilder trugen zum Bevölkerungswachstum bei. Für die Bauern bedeuteten viele Kinder soziale Sicherheit im Alter, und für Gläubige waren Verhütungsmittel ein Frevel.

Der Bevölkerungsdruck auf dem Lande führte zu Unterbeschäftigung, die Zahl der Tagelöhner, der *jornaleros*, wuchs rapide und übertraf bald die Zahl der landlosen *peones* am Beginn der Revolutionszeit. Dieses Problem konnte nicht wie früher durch Landverteilung im großen Maßstab gelöst werden; es waren zuviele, außerdem war das kultivierbare Land schon verteilt, und die vor kurzem in den Genuß der Landverteilung gelangten Bauern kaum bereit, zu teilen, zudem lief der Trend hin zur Konzentration und Effektivität im Agrarbereich, nicht zur Parzellierung. Der einzige Ausweg aus diesem Dilemma war die Landflucht, die in einer Richtung verlief: von Süden nach Norden, in die Großstädte, oft nur als Zwischenstation, und dann weiter über die Grenze in die Vereinigten Staaten. Bei einem jährlichen Wachstum von 5%, in manchen Fällen sogar 14%, überschritten Großstädte wie Mexiko-Stadt, Guadalajara und Monterrey bald mehrfach die Millionengrenze. Aber auch die in den Ballungsräumen der Großstädte konzentrierte Industrie konnte nur einen gewissen Prozentsatz der Arbeitssuchenden absorbieren, so daß ihnen, wollten sie nicht durch Betteln und Gelegenheitsarbeiten überleben, nur die Vereinigten Staaten die Chance bot, Arbeit zu finden. Zunächst wurden in zwischenstaatlichen Verträgen Quoten für eine vorübergehende Arbeitserlaubnis festgelegt, aber der Druck wurde immer stärker, der illegale Grenzübertritt zur Norm. Die Gesamtzahl der Mexikaner in den Vereinigten Staaten belief sich im Jahre 1988 auf mehr als 4 Millionen, von denen sich 29% illegal im Lande aufhielten und weitere 30%, für die kurz zuvor durch ein Amnestiegesetz im Jahre 1987 der Aufenthalt legalisiert worden war.

Im Gefolge von rapidem Wirtschaftswachstum kommt es im allgemeinen zu sozialer Ungleichheit, auf die die Betroffenen mit Streiks und sozialen Unruhen reagieren. Mexiko blieb davon weitgehend verschont, da durch die enge Verbindung zwischen Staat und Gewerkschaften die unzufriedenen Arbeiter durch ein flexibles Nachgeben beruhigt werden konnten. So gut wie nichts unternahm die Regierung gegen die immer weiter auseinanderklaffende Einkommens- und Vermögensverteilung. Eine kleine Oberschicht wurde im „Wirtschaftswunder" immer reicher, während der Anteil der Unterschichten mit 80% an der Bevölkerung kaum abnahm und die Mittelschicht leicht zunahm.

Presidencialismo

Daß Mexiko nicht wie andere lateinamerikanische Staaten in den Nachkriegsjahrzehnten von politischer Instabilität gekennzeichnet war, was ausländische Investoren mit Genugtuung zur Kenntnis nahmen, hing ohne Zweifel mit dem wirtschaftlichen

Wachstum zusammen, aber auch mit dem politischen System, das sich in den 40er und 50er Jahren herausbildete und wegen seines autoritären Charakters *presidencialismo* genannt wird. Der *presidencialismo* ruhte auf drei Säulen, die ihm Halt und Kontinuität verliehen. Das waren der Präsident, die Staatspartei PRI und der Korporativismus. In der Verfassung von 1917 wurde dem Präsidenten, so wie es Venustiano Carranza wollte, eine außerordentlich starke Stellung auf Kosten der Legislative und Judikative zugestanden. Er ist Staatschef und Regierungschef zugleich, darüber hinaus Oberbefehlshaber der Streitkräfte und Chef der Bundespolizei. Ohne sich für sein Tun rechtfertigen zu müssen, kann er Gesetze vorschlagen, sie umsetzen, über die öffentlichen Finanzen verfügen, die Kabinettsmitglieder ernennen und entlassen. Er besetzt die höchsten Ränge in den Streitkräften und ernennt die Mitglieder des Obersten Gerichtshofes. Solange Oppositionsparteien noch keine Rolle spielten, und dies war bis Ende der 80er Jahre der Fall, bestand die Tätigkeit der Legislative und der Judikative nur darin, die präsidialen Entscheidungen zu unterstützen oder wie im Falle der öffentlichen Finanzen, nur eine symbolische Kontrollfunktion zu übernehmen.

Über diese Machtbefugnisse hinaus, die ihm verfassungsmäßig zustehen, war der Präsident auch Führer der politischen Klasse, der *clase política*, die sich aus den höheren Staatsbeamten sowie den Spitzenfunktionären der Staatspartei PRI und der Massenorganisationen zusammensetzte. Er war berechtigt, alle relevanten Stellen, vom Bürgermeister aufwärts über die Gouverneure bis zu den Kongreßmitgliedern (Senatoren und Abgeordnete) zu ernennen. Wenn es zu Meinungsverschiedenheiten innerhalb der politischen Klasse kann, stand ihm das Recht zu, als Richter den Konflikt zu lösen, indem er strafte, belohnte oder verzieh.

Durch Gesetz ist die Amtszeit des Präsidenten auf sechs Jahre begrenzt, obwohl es immer wieder Versuche der Amtsträger gab, ihnen eine zweite Amtszeit zuzubilligen. Dem Präsidenten stand aufgrund seiner herausgehobenen Position in der politischen Klasse das Recht zu, seinen Nachfolger zu benennen. Handelte es sich bei Obregón, Calles und Cárdenas um die Entscheidung eines starken Führers, eines *caudillo*, so wurde die Benennung eines Nachfolgers seit Ávila Camacho institutionalisiert. Auf wen letztlich der *dedo*, der Finger des Präsidenten zeigte, war mit den mächtigen Funktionären abgestimmt, die teilweise seit Jahrzehnten die gleiche Position besetzt hielten und wegen ihres hohen Alters die *dinosaurios* genannt wurden. Trotzdem wartete er mit der Bekanntgabe, dem *tapado*, bis zum letztmöglichen Zeitpunkt, um Unruhen unter der Anhängerschaft der möglichen Kandidaten auf das höchste Staatsamt zu verhindern. Denn mit dem Erwählten, den die Mexikaner bisher mit dem Stimmzettel immer bestätigt hatten, gelangte auch dessen Anhängerschaft in höchste Positionen, die Ansehen und Luxus verhießen.

Da ihre Amtszeit ebenfalls auf sechs Jahre begrenzt war, verleitete dies zur Korruption, gewissermaßen als vorbeugende Maßnahme für den Fall, daß nach der Sechs-Jahre-Periode keine adäquate Position zur Verfügung stünde, was aber eher die Ausnahme als die Regel war. Der Ämtertausch bei jedem Präsidentenwechsel setzte sich von oben nach unten bis zu den Abteilungsleitern im öffentlichen Dienst fort. Alle sechs Jahre hatten die Möbelpacker in den luxuriösen Vororten der Großstädte alle Hände zu tun, da die *jefes* in einer anderen Stadt, in einem anderen Bundesland eine neue Stelle antraten, nicht immer in dem Bereich, auf den sie sich spezialisiert hatten. Das führte in einem äußerst spektakulären Fall dazu, daß nach der Verstaatlichung der Banken Anfang der 1980er Jahre die neuen Bankdirektoren nicht nur keine Ahnung hatten, wie Bankgeschäfte funktionieren, sondern sich mit den ihnen anvertrauten Geldern in dubiose Geschäfte einließen. Wer in dieses Stellenrotationssystem mit einbezogen sein wollte, der mußte eine Grundvoraussetzung erfüllen, er mußte Mitglied der Staatspartei PRI sein, der zweiten Hauptstütze des *presidencialismo*.

Die Macht der Staatspartei PRI ergab sich aus der Unterstützung, die sie durch den Staat erhielt, und aus ihrer Kontrolle, die sie über die gewerkschaftlichen und sonstigen Massenorganisationen ausübte. Durch die Unterstützung des Staates, die etwa in der Manipulation der Wahlen bestand, konnte bis Ende der 1980er Jahre jeder PRI-Kandidat sicher sein, die Wahlen auf Bundes-, Landes- und Stadtebene zu gewinnen. Die Kontrolle über die Massenorganisationen erhielt sich die Partei durch die Vergabe von sogenannten Machtquoten, *cuotas de poder*. Jede Organisation erhielt ein Kontingent öffentlicher Ämter zugewiesen, die unter den Spitzenfunktionären zur Aufteilung kamen. Es gab

Regionen in Mexiko, in denen sich die Funktionäre Herrschaftsgebiete, *cacigazcos*, geschaffen hatten, in denen sie die Kontrolle nicht nur über die Gewerkschaften ausübten, sondern zugleich über die Medien, Stadtbusse und Taxis. Busfahrer, die schuldhaft einen Verkehrsunfall verursachten, konnten damit rechnen, daß ihr einflußreicher *cacique* sie vor einer Verurteilung schützen würde.

Die wirtschaftliche Entwicklung im Lande, das Industriewachstum, der Anstieg des Lebensstandards der Bevölkerung und die Verteilung von Ländereien waren in den drei Nachkriegsjahrzehnten die besten Wahlargumente des PRI, der fast alle Wahlen mit Ergebnissen zwischen 80 und 98% gewann, so daß die Hegemonie im staatlich-öffentlichen Bereich und oft auch darüber hinaus total war. Eine Situation, die es Oppositionsparteien unmöglich machte, Profil zu gewinnen. Und mehr aus einem Gefühl der Stärke heraus bewilligte der PRI den Oppositionsparteien ein gewisses Kontingent von Sitzen im Abgeordnetenhaus.

Die dritte Säule des politischen Systems war der Korporativismus (*corporativismo*), worunter die Organisierung der Gesellschaft in Massenorganisationen, die vom Staat über die Staatspartei kontrolliert wurden, verstanden wird. Eine Aufgabe der privilegierten Führer der Massenorganisationen bestand darin, Streiks zu unterbinden, indem sie als eine Art Vermittlungsstelle dienten, über welche die Regierung gewisse Vorteile und Sozialleistungen sowie kleinere Privilegien und Lohnerhöhungen den organisierten Arbeitern und Bauern bewilligte. Eine weitere wichtige Aufgabe betraf die Unterdrückung und Säuberung der Gewerkschaften von Oppositionsgruppen, was notfalls mit Gewalt geschah, wie 1959 bei einem Streik der Eisenbahnarbeiter, der dazu benutzt wurde, nicht nur die Eisenbahngewerkschaft, sondern auch gleich die anderen Gewerkschaften von Abweichlern zu säubern.

Die lange Krise

Die erste große Krise machte der *presidencialismo* im Jahre 1968 durch, als die Regierung in einer Weise auf Studentenunruhen reagierte, die viele Intellektuelle, die zu den eifrigsten Befürwortern des „mexikanischen Modells“ gehörten, veranlaßte, der

Partei den Rücken zu kehren. Mexikanische Studenten, die wie überall in der westlichen Welt Ende der 60er Jahre stark marxistisch geprägt waren, forderten die Abkehr vom Kapitalismus und eine Rückbesinnung auf die ursprünglichen revolutionären Ziele, die Mexiko ihrer Ansicht nach während des „Wirtschaftswunders" aus den Augen verloren hätte. Die Auseinandersetzung mit den Ordnungskräften eskalierten, Hunderte von Studenten wurden verhaftet, die Universidad Nacional Autónoma de México (UNAM) in Mexiko-Stadt von der Armee besetzt. Bei einer Demonstration am 2. Oktober 1968 auf der Plaza de las Tres Culturas wurde auf Befehl von oben geschossen, nach Angaben der Regierung starben 32 Studenten, neutrale Beobachter schätzen die Anzahl der Toten auf mindestens 300. Militante Studenten bildeten in den folgenden Jahren den Kern von Stadtguerillas, die mit einem bewaffneten Kampf die Staatsmacht in die Knie zwingen wollten. Industrielle wurden entführt, in Guadalajara der amerikanische Konsul, andere ermordet, Sprengkörper in Geschäften gezündet.

Die Regierung von Luis Echeverría Alvarez (1970–76) versuchte mit einem betont linken Populismus die Situation zu beruhigen, indem sie staatliche Unterstützungsprogramme für einzelne Gesellschaftsgruppen, die im „Wirtschaftswunder" besonders benachteiligt waren, förderte, zahlreiche privatwirtschaftliche Unternehmen verstaatlichte und eine linksorientierte Außenpolitik betrieb. Viele Aktivisten gaben den Kampf auf, als sie erkennen mußten, daß sie gegen die Staatsmacht nicht ankommen konnten, nicht wenige ließen sich durch Versprechungen korrumpieren. Einige wenige, die der „Nationalen Befreiungsarmee", der *Fuerza de Liberación Nacional* (FLN) angehörten, gingen Anfang der 80er Jahre nach Chiapas, wo sie ein neues Betätigungsfeld fanden. Sie standen hinter der zapatistischen Bewegung, der *Ejército Zapatista de Liberación Nacional* (EZLN), die am 1. Januar 1994 mit einem Aufstand auf die menschenunwürdigen Verhältnisse der Indianer in dieser Region aufmerksam machen wollte.

Der starke Anstieg der öffentlichen Ausgaben für die Unterstützungsprogramme trieb die Staatsschulden weiter in die Höhe, außerdem hatten die Unternehmer der Regierung den Kampf angesagt. Auf die Verstaatlichungsmaßnahmen reagierten sie mit einem Investitionsstreik und der Transferierung von Kapital ins

Ausland. Als sich erste Anzeichen von einer Abkühlung der Konjunktur bemerkbar machten, wurden überraschend riesige Ölvorkommen im Golf von Mexiko entdeckt. Der neue Reichtum ließ das Wirtschaftswachstum mit jährlichen Steigerungsraten von 9% wieder in die Höhe schießen, aber die Staatsschulden konnten mit den Gewinnen aus dem Erdölverkauf nicht abgetragen werden, da sie zum größten Teil für die Modernisierung der Erdölindustrie und die technisch schwierige Erdölförderung benutzt wurden. Der Erdölboom öffnete Mexiko den internationalen Kapitalmarkt, der großzügig den mexikanischen Kreditwünschen entsprach. Als jedoch Mitte 1981 die Ölpreise weltweit fielen und gleichzeitig die Zinsen stiegen, sah sich Mexiko im August 1982 nicht mehr in der Lage, seinen Verpflichtungen an Zinszahlungen nachzukommen und erklärte seine Zahlungsunfähigkeit, was nicht nur in Mexiko, sondern im gesamten lateinamerikanischen Raum, eine schwere Wirtschaftskrise auslöste. Der *presidencialismo* geriet ein weiteres Mal in die Krise. Wenn die Zahlungs- und Wirtschaftskrise, die zu einer Verarmung breiter Bevölkerungsschichten führte (1986 wurden 60% der Bevölkerung als arm eingestuft), nicht zu sozialen Unruhen führte, dann lag das daran, daß es keine starke Opposition im Lande gab, die den Unmut der Bevölkerung für sich hätte ausnutzen können.

Präsident José López Portillo (1976–82) reagierte auf die Krise, indem er Privatbanken verstaatlichte, da sie seiner Ansicht Schuld an dem Desaster hatten. Sein Nachfolger Miguel de la Madrid Hurtado (1982–1988) setzte seine Hoffnung auf eine rigide neoliberale Wirtschaftspolitik, zu der ihn seine Mitarbeiter drängten, die Absolventen amerikanischer Eliteuniversitäten waren und sich an der vom amerikanischen Präsidenten Ronald Reagan initiierten Wirtschaftspolitik orientierten. Die Folgen des neuen Wirtschaftskurses, der mit einer Öffnung der Wirtschaft nach außen, dem Abbau der Rechte des Staates und der Privatisierung der Unternehmen und Banken verbunden war, bedeuteten den Abschied vom postrevolutionären Wirtschaftsmodell mit seiner staatlich kontrollierten Wirtschaftsentwicklung. Während der internationale Kapitalmarkt die mexikanischen Bemühungen um einen Abbau der inneren Schulden mit einem Entgegenkommen bei Entschuldungsaktionen honorierte, trug die neue Wirtschaftspolitik zu einer Verschärfung der sozialen Verhältnisse bei, da die Reallöhne fielen, die Arbeitslosigkeit stieg und die Inflation 1987 mit 159% ihren Höchststand erreichte. Teilweise konnten die sozialen Folgen der Krise durch eine höhere Auswanderung in die Vereinigten Staaten abgemildert werden.

Unter Carlos Salinas de Gortari (1988–1994) wurde der neoliberale Kurs weiter fortgesetzt, der mit dem Abschluß eines Freihandelsabkommens mit den Vereinigten Staaten und Kanada, dem *Tratado de Libre Comercio* (TLC), der am 1. Januar 1994 in Kraft trat, seinen Höhepunkt erreichte. Erste Erfolge stellten sich ein, als die Inflationsrate bis 1991 auf 19% zurückging und das Wirtschaftswachstum 3% betrug. Der propagandistisch geschickte Salinas verstand daraus politisches Kapital zu schlagen, indem er den gepeinigten Mexikanern den bevorstehenden Eintritt Mexikos in die erste Welt suggerierte. Daß seine Prognose keinen realen Hintergrund hatte, wurde Ende 1994, kurz nach Amtsantritt von Ernesto Zedillo Ponce de León (1994–2000) allzu deutlich, als die zweite Finanz- und Wirtschaftskrise über das Land hereinbrach. Die Auslandschulden waren zwischen 1989 und 1994 von 100 auf 160 Milliarden Dollar weiter gestiegen und führten mit der von der Regierung Zedillo vorgenommenen Abwertung des überbewerteten Peso zum Abzug ausländischer Investitionen und zu einem sprunghaften Anstieg der Inflation auf 50%, die in einem schmerzhaften Prozeß bis 1999 auf 20% gesenkt werden konnte. Die Inflationsrate für 2006 beträgt laut der Banco de México 3,45%.

Durch die beiden Finanz- und Wirtschaftkrisen schwand das Vertrauen der Mexikaner an ihrer Regierung merklich, und bei Wahlen gaben immer mehr ihre Stimme einer der Oppositionsparteien. Erste Erfolge erzielte der konservative PAN bei Kommunalwahlen 1987 in Coahuila. Eine Linkskoalition unter Cuauhtémoc Cárdenas, dem Sohn des legendären Präsidenten Lázaro Cárdenas, der sich mit einer Dissidentengruppe von der PRI getrennt hatte, konnte bei den Präsidentschaftswahlen 1988, wie Beobachter vermuten, nur durch Wahlbetrug am Sieg gehindert werden. In der Folgezeit nahm vor allem der PAN in der Gunst bei Wählern aus dem Mittelstand zu, die unter der Krise am meisten zu leiden hatten, da die Armen kaum noch ärmer werden konnten. Bis zur Jahrtausendwende gingen fast alle nördlichen Bundesstaaten an den PAN, während das Bündnis linker Parteien, der *Partido de la Revolución Democrática* (PRD) in einigen südlicheren Staaten und vor allem mit dem Wahlsieg von Cárdenas 1998 im Distrito Federal Erfolge verbuchen konnte. Regierung und Staatspartei reagierten auf den Wählerschwund mit Ankündigungen, das politische System zu demokratisieren und Wahlen ohne Wahlbetrug durchzuführen, eine Strategie, die schon früher, in den 70er Jahren, unter dem Motto „demokratische Öffnung", *apertura democrática*, eingeschlagen wurde, aber nur zu minimalen Korrekturen führte.

Mit Hilfe des amtierenden Präsidenten Zedillo, der entgegen den Interessen seiner Partei den Wahlsieg des PAN-Kandidaten bei den Präsidentschaftswahlen Mitte 1999 frühzeitig anerkannte und damit Wahlmanipulationen verhinderte, fand der von vielen Mexikanern erhoffte politische Machtwechsel statt. Die Wahlniederlage bedeutete nicht nur das Ende der Alleinherrschaft des PRI nach mehr als 70 Jahren, sondern auch das Ende des *presidencialismo* in der von dem PRI geschaffenen Form. An die Stelle des *presidencialismo* treten mehr und mehr demokratisch legitimierte Institutionen, außerdem verpflichten Transparenzgesetze *(Leyes Estatales y Federal de Transparencia)* Bundes- und Landesregierungen sowie Kommunen, ausführliche Angaben über Personalien, Gehälter, Tätigkeiten und Ausgabenpolitik im Internet verfügbar machen. Die Presse unterstützt den Demokratisierungsprozeß, indem sie Verfehlungen der Politiker und Mißstände in einer Art und Weise veröffentlicht, wie das unter dem *presidencialismo* nicht möglich gewesen war. Bislang findet der Demokratisierungsprozeß weitgehend im Rahmen der bestehenden Gesetze statt, da verfassungsändernde Maßnahmen, die dringend notwendig wären, um die Verfassung zu modernisieren und zu demokratisieren, am Widerstand der Oppositionsparteien PRI und PRD scheiterten. Dem PRI gelang es nach dem Machtverlust nicht, dem Trend folgend innerparteiliche demokratische Strukturen aufzubauen. Bei den Präsidentschaftswahlen Mitte 2006 erhielt der PRI-Kandidat nur noch 23% der Stimmen, nachdem schon vorher PRI-Politiker den Übertritt zu anderen Parteien vollzogen hatten. Der PRI steht vor einem vor ein paar Jahren kaum für möglich gehaltenen Wendepunkt: Als drittstärkste Partei nach PAN und PRD hat er für absehbare Zeit kaum noch die Möglichkeit, an die Regierung zu kommen; ihm bleibt nur die Rolle einer marginalen Oppositionspartei oder, was nicht auszuschließen ist, die Selbstauflösung, wobei sich die Mitglieder entweder dem PRD oder dem PAN anschlössen.

Die Präsidentschaft von Vicente Fox Quesada (2000–2006), der als charismatischer PAN-Präsidentschaftskandidat dem PRI die Macht entriß, konnte nur teilweise die von ihm geweckten Erwartungen erfüllen. Das lag vor allem auch daran, daß er als erster Präsident Mexikos nicht die Mehrheit des Zwei-Kammern-Parlaments *(Congreso)* hinter sich hatte. Obwohl seine Amtszeit als eine der wirtschaftlich stabilsten der mexikanischen Geschichte gilt, konnte er mit seiner Reformpolitik keine Akzente setzen, und seine zögerliche Politik gegenüber den ärmsten Schichten des Landes wäre dem PAN bei den Präsidentschaftswahlen 2006 fast zum Verhängnis geworden, als Andrés Manuel López Obrador, der Präsidentschaftskandidat des linken Wahlbündnisses *Coalición Por el Bien de Todos,* nur ganz knapp den Sieg verpaßte. Von Wahlbetrug konnte jedoch nicht die Rede sein, da die von dem PRD geforderten und vom Wahlgericht *(Tribunal Electoral del Poder Judicial de la Federación)* zugelassenen öffentlichen Nachzählungen einzelner Wahlbezirke diese Anschuldigung nicht bestätigten, so das Felipe Calderón Hinojosa als gewählter Präsident ab 1. Dezember 2006 sein Amt antreten konnte. Calderón steht wie kaum ein Präsident vor ihm unter Zugzwang. Die mexikanischen Ölreserven gehen innerhalb der nächsten zehn Jahre zur Neige, dann kann die Regierung nicht mehr mit den Gewinnen der staatlichen Ölgesellschaft PEMEX rechnen. Gelingt es Calderón während seiner Präsidentschaft nicht, das Armutsproblem in Mexiko in den Griff zu bekommen, sind die Chancen für die Wiederwahl eines PAN-Präsidentschaftskandidaten im Jahre 2012 äußerst gering und Mexiko würde dem Linkstrend folgen, der sich in Lateinamerika auf dem Vormarsch befindet.

Anhang

Literaturverzeichnis

Allgemein

Handbuch der Geschichte Lateinamerikas. 3 Bde., Stuttgart 1974 ff.

Colegio de Méxiko (Hg.): Historia general de México. 2 Bde., México 4. Aufl. 1994

Léon-Portilla, Miguel (Coord.): Historia de México. 13 Bde., México 1974

Meyer, Michael/Sherman, William/Deeds, Susan: The Course of Mexican History, New York 6. Aufl. 1999

Hochkulturen

Arqueología Méxicana. Revista bimestral 1993 ff.

Coe, Michael: Mexiko. From the Olmecs to the Aztecs, New York 4. Aufl. 1994

Ibarra García, Laura:

Ibarra García, Laura: La visión del mundo de los antiguos mexicanos, Guadalajara 1995

Piña Chan, Román: Los olmecas, la cultura madre, México 1990

Prem, Hanns J.: Die Azteken. Geschichte-Kultur-Religion, München 1996

Riese, Berthold: Die Maya. Geschichte-Kultur-Religion, München 2. Aufl. 1997

Soustelle, Jacques: Das Leben der Azteken. Mexiko am Vorabend der spanischen Eroberung, Stuttgart 3. Aufl. 1993

Thomas, Hugh: Die Eroberung Mexikos. Cortez und Montezuma, Frankfurt 1998

Kolonialzeit

Calderón, Francisco R.: Historia económica de la Nueva España en tiempo de los austrias, México 1988

Israel, Jonathan I.: Race, Class and Politics in Colonial Mexico, 1610–1670, London 1975

Pietschmann, Horst: Die staatliche Organisation des kolonialen Iberoamerika, Stuttgart 1980

Ricard, Robert: La conquista espiritual de México. Ensayo sobre el apostolado y los métodos misioneros de las órdenes mendicantes en la Nueva Españna de 1523–1524 a 1572, 4. Aufl. México 1995

Ruiz Medrano, Ethelia: Gobierno y sociedad en Nueva España. Segunda audiencia y Antonio de Mendoza, México 1991

Vargaslugo, Elisa: México barroco. Vida y arte, México 1993

Victoria, José Guadalupe: Pintura y sociedad en Nueva España. Siglo XVI, México 1986
Young, Eric van: La crisis del orden colonial, estructura agraria y rebeliones populares de la Nueva España, 1750–1821, México 1992
Zerón-Medina, Fausto (Hg.): La antorcha encendida, México 1996

19. Jahrhundert

Bernecker, Walther L.: Die Handelskonquistadoren. Europäische Interessen und mexikanischer Staat im 19. Jahrhundert, Saarbrücken 1987
Cardoso, Ciro (Hg.): México en el siglo XIX (1821–1910). Historia económica y de la estructura social, México 14. Aufl. 1998
González Pedrero, Enrique: País de un solo hombre: El México de Santa Anna, México 1993
Ibarra Bellon, Araceli: El comercio y el poder en México, 1821–1864. La lucha por las fuentes financieras entre el Estado central y las regiones, México 1998
Knowlton, Robert J.: Church Property and the Mexican Reform, 1856–1910, DeKalb 1976
Nickel, Herbert J.: Soziale Morphologie der mexikanischen Hacienda, Stuttgart 1978
Roeder, Ralph: Hacia el México moderno. Porfirio Díaz, México 1973
Zoraida Vázquez, Josefina und Lorenzo Meyer: México frente a Estados Unidos. Un ensayo histórico, 1776–1993, México 2. Aufl. 1999

20. Jahrhundert

Boris, Dieter: Mexiko im Umbruch. Modellfall einer gescheiterten Strategie, Darmstadt 1998
Cárdenas, Enrique: La política económica en México, 1950–1994, México 1994
Harvey, Neil: The Chiapas Rebellion. The Struggle for Land and Democracy, Durham 1998
Mendoza Berrueto, Eliseo: El presidencialismo mexicano. Una tradicón ante la reforma del Estado, México 2. Aufl. 1998
Meyer, Jean: La cristiada, 3 Bde., México 1974
Mols, Manfred: Mexiko im 20. Jahrhundert. Politisches System, Regierungsprozeß und politische Partizipation, Paderborn 2. Aufl. 1983
Rueda Peira, Isabel: México: crisis, reestructuración económica, social y política 1982–1996, México 1998
Tobler, Hans Werner: Die mexikanische Revolution. Gesellschaftlicher Wandel und politischer Umbruch 1876–1940, Frankfurt 1992
Valdez Zepeda, Andrés: Democracia y oposición. El Partido Acción National y la transición política en México, Guadalajara 1999

Personen- und Sachregister